Cesar Augusto Costa
José Ricardo Caetano Costa
(orgs.)

Pensamento
Latino-Americano e
Justiça Social
Perspectivas Críticas

Conselho Editorial

Profa. Dra. Andrea Domingues
Prof. Dr. Antônio Carlos Giuliani
Prof. Dr. Antonio Cesar Galhardi
Profa. Dra. Benedita Cássia Sant'anna
Prof. Dr. Carlos Bauer
Profa. Dra. Cristianne Famer Rocha
Prof. Dr. Cristóvão Domingos de Almeida
Prof. Dr. Eraldo Leme Batista
Prof. Dr. Fábio Régio Bento
Prof. Ms. Gustavo H. Cepolini Ferreira
Prof. Dr. Humberto Pereira da Silva
Prof. Dr. José Ricardo Caetano Costa

Profa. Dra. Ligia Vercelli
Prof. Dr. Luiz Fernando Gomes
Prof. Dr. Marco Morel
Profa. Dra. Milena Fernandes Oliveira
Prof. Dr. Narciso Laranjeira Telles da Silva
Prof. Dr. Ricardo André Ferreira Martins
Prof. Dr. Romualdo Dias
Profa. Dra. Rosemary Dore
Prof. Dr. Sérgio Nunes de Jesus
Profa. Dra. Thelma Lessa
Prof. Dr. Vantoir Roberto Brancher
Prof. Dr. Victor Hugo Veppo Burgardt

©2017 Cesar Augusto Costa; José Ricardo Caetano Costa
Direitos desta edição adquiridos pela Paco Editorial. Nenhuma parte desta obra pode ser apropriada e estocada em sistema de banco de dados ou processo similar, em qualquer forma ou meio, seja eletrônico, de fotocópia, gravação, etc., sem a permissão da editora e/ou autor.

P4181

Pensamento Latino-Americano e Justiça Social: Perspectivas Críticas / organização Cesar Augusto Costa e José Ricardo Caetano Costa – Jundiaí: Paco Editorial, 2017.
    192 p.: il. ; 21 cm.

   Inclui bibliografia
   ISBN: 978-85-462-0973-6

   1. Sociologia. 2. América Latina. I. Costa, César Augusto. II. Costa, J. R. C. III. Título.

CDD 301

Av. Carlos Salles Block, 658
Ed. Altos do Anhangabaú, 2º Andar, Sala 21
Anhangabaú - Jundiaí-SP - 13208-100
11 4521-6315 | 2449-0740
contato@editorialpaco.com.br

Foi Feito Depósito Legal

SUMÁRIO

Entre os caminhos da América Latina   5
CESAR Augusto Costa (UCPEL)
JOSÉ RICARDO Caetano Costa (Furg)

O programa de promoção das reformas educacionais na América Latina e Caribe: O agronegócio vai às escolas públicas formar seus intelectuais orgânicos subalternos   7
RODRIGO de A. C. Lamosa (UFRJ)

A formação em educação ambiental crítica na periferia do capitalismo: Contribuições marxistas   25
INNY Accioly (UFRJ)
CESAR Augusto Costa (UFRJ)

Ontologia do ser social e epistemologia crítica: Contribuições para a questão ambiental   45
CARLOS Frederico B. Loureiro (UFRJ)

Uma pedagogia cosmopolita descolonial: Utopia e emancipação   63
DANILO R. Streck (Unisinos)
TELMO Adams (Unisinos)
CHERON Zanini Moretti (Unisc)

Frantz Fanon e seu pensamento descolonizante/anticolonialista: Cicatrizes, sequelas que permanecem nos países colonizados até os dias de hoje   81
RENEL Prospere (Furg)
ALFREDO Martin (Furg)

Estado, religiosidade e poder: Por uma pluritopia social de denúncia da colonialidade na América Latina   97
LIZANDRO Mello (Furg)
RAQUEL Fabiana Lopes Sparemberger (Furg)

A Pedagogia dos Afetados: A educação ambiental emergente dos movimentos socioambientais em luta contra os megaempreendimentos petroleiros   119
MARCELO Aranda Stortti (Feuduc)
CELSO Sanchez (Unirio)

Diálogos necessários na ciência moderna: Gêneros, sexualidades e justiça social   141
RENATO Duro Dias (Furg)
AMANDA Netto Brum (Furg)

A questão ambiental e os movimentos sociais: Um olhar a partir de Enrique Dussel   153
CESAR Augusto Costa (UFRJ)
CARLOS Frederico Loureiro (UFRJ)

Ensaios transversais de justiça, bioética e meio ambiente: O buenvivír como expressão da identidade latino-americana   177
FRANCISCO Quintanilha Veras Neto (Furg)
CLÊNCIO Braz da Silva Filho (Furg)
NATÁLIA Centeno Rodrigues (Furg)

ENTRE OS CAMINHOS
DA AMÉRICA LATINA...

Refletir a América Latina (AL) constitui um desafio teórico imenso! Qual a vitalidade que o pensamento latino-americano confere ao debate atual sobre a justiça social em seus variados enfoques?

Tal debate reitera na Academia estudos e análises sobre o conceito de "Norte-Sul", sobre os termos "emancipação ou libertação", sobre a validade de propostas de descolonização teóricas advindas de pensadores europeus. A AL seria um conceito "cultural" e não "geográfico"? Estaríamos diante de preciosismos acadêmicos? Lógico que não! Embates à parte, compreender a dinâmica dos processos sociais, políticos, culturais e econômicos constitui uma tarefa primordial neste projeto societário capitalista que assumiu uma feição sócio-metabólica na AL.

Assim, a intencionalidade política deste livro parte da urgência do debate e reflexão acerca de questões as quais o continente latino-americano historicamente enfrenta em suas variadas relações de dominação, tanto geográfica quanto epistêmica. Temos em conta que o projeto eurocêntrico desembocado na AL, sob a lógica do sistema mundo moderno-colonial (Dussel), impactou de forma violenta nossas culturas, economias e sociedades, bem como "encobriu" o rosto de nossos povos.

Assim, queremos refletir esta encoberta realidade latino-americana à luz da feição colonial que o capitalismo assumiu como um todo, tendo em vista a dinâmica da exclusão social neste continente sob vários vieses: a questão ambiental (bioética e meio ambiente, epistemologia ambiental); indígena, de gênero e raça; bioética; opressão e denúncia da colonialidade; movimentos sociais; agronegócio e impactos no processo educativo na AL. Temas que sinalizam relações assimétricas e de subjugação ao sistema capitalista periférico.

Através do desafio de compreender estes aspectos, esta obra coletiva intitulada *Pensamento crítico latino-americano e Justiça Social* é resultado do estudo de pós-doutoramento, realizado junto ao Programa de Pós-Graduação em Direito e Justiça Social (no período de 2015-2016) da Universidade Federal de Rio Grande (Furg). O conjunto de textos reunidos visa, a partir dos aportes teóricos trazidos pelos pesquisadores convidados, fornecer pistas e reflexões que tornem o enfrentamento crítico e de transformações no contexto da América Latina uma "necessidade sempre atual".

Prof. Dr. Cesar Augusto Costa
Prof. Dr. José Ricardo Caetano Costa
Pelotas, agosto de 2017.

1
O PROGRAMA DE PROMOÇÃO DAS REFORMAS EDUCACIONAIS NA AMÉRICA LATINA E CARIBE: O AGRONEGÓCIO VAI ÀS ESCOLAS PÚBLICAS FORMAR SEUS INTELECTUAIS ORGÂNICOS SUBALTERNOS

Rodrigo de A. C. Lamosa[1]

Introdução

A burguesia tem promovido mundialmente um intenso processo de reorganização dos instrumentos de mediação do conflito de classe, desde a década de 1970, incluindo o Estado e suas principais agências. A reforma do aparelho estatal se estendeu às agencias relativas à educação pública e teve no Programa de Promoção das Reformas Educacionais na América Latina e Caribe (Preal), fundado em 1996 e dirigido por três organizações, um importante instrumento para sua realização no Brasil. A agenda produzida pelo Preal teve na mobilização empresarial para a privatização da educação pública sua principal estratégica. Neste sentido, as organizações representativas do "agronegócio" iniciaram a inserção nas escolas públicas, destacando-se a Associação Brasileira do Agronegócio (Abag) que, desde 2001, desenvolve o Programa Educacional Agronegócio na Escola.

A inserção empresarial nas escolas públicas de educação básica no Brasil foi impulsionada, nos anos 1990 e 2000, através da multiplicação de projetos e programas, com formatos muitos diferenciados, em um movimento que não se restringiu a regiões ou níveis de ensino. No mesmo sentido, diversas frações burguesas vêm participando ativamente deste movimento, dentre as quais se destacam aquelas que reunidas em torno do objetivo de valorizar a imagem do agronegócio vêm difundindo no país iniciativas pedagógicas. Em pesquisa realizada no estado de São Paulo, em escolas públicas de dezenas de redes municipais de ensino, foram

---

1. Historiador. Doutor em Educação/UFRJ. Professor/Pesquisador no Programa de Pós-Graduação em Educação/UFRRJ. Pesquisador do Laboratório de Investigações em Educação, Ambiente e Sociedade (Lieas/UFRJ).

realizadas entrevistas com docentes que participam do Programa Educacional Agronegócio na Escola, formulado pela Associação Brasileira do Agronegócio que, desde 2001, difunde através de projetos desenvolvidos no espaço escolar com alunos do ensino fundamental uma imagem de responsabilidade socioambiental.

O Programa de Promoção das Reformas Educacionais na América Latina e Caribe

Ao longo de toda a década de 1990 a reforma educacional ocorrida nos países na América Latina e Caribe foi um dos desdobramentos de um movimento iniciado, em 1990, na Conferência Mundial Educação Para Todos, realizada em Jomtien, na Tailândia. Nesta conferência, organizada pelo Banco Mundial em parceria com as entidades ligadas à Organização das Nações Unidas (ONU), dentre as quais a Unesco (Organização das Nações Unidas para a Educação, a Ciência e a Cultura), a Unicef (Organização das Nações Unidas para a Infância) e o PNUD (Programa das Nações Unidas para o Desenvolvimento). Na conferência foram destacados os números superlativos relacionados às taxas de analfabetismo no mundo, ressaltando que estes estavam concentrados em países em desenvolvimento e com grandes densidades populacionais. Estes países compuseram o grupo com as nove nações com as maiores taxas de analfabetismo do mundo (Bangladesh, China, Paquistão, Nigéria, Brasil, Índia, Egito, México e Indonésia) e passaram a receber a assessoria e consultoria do Fórum Mundial Educação para Todos (Education For All – EFA).

Na Conferência Mundial Educação Para Todos os cento e cinquenta e cinco países signatários ficaram responsáveis por organizar planos decenais que dessem prioridade ao atendimento à educação básica e, mais especificamente, à luta pela erradicação do analfabetismo. A meta estabelecida aos países foi desenvolver uma educação que suprisse as "Necessidades Básicas de Aprendizagem" (Nebas) que consistiriam saberes para lidar com sete situações: 1) sobrevivência; 2) desenvolvimento pleno de suas capacidades; 3) vida e trabalho dignos; 4) participação plena no desenvolvimento; 5) melhoria na qualidade de vida; 6) tomada de decisões; 7) possibilidade de continuar apreendendo ao longo da vida. Segundo Shiroma, Moraes e Evangelista (2011), de acordo com as recomendações do Fórum Mundial Educação para Todos, as Nebas deveriam variar de acordo com o país, cultura e grupos sociais (raça, idade, gênero, cultura, religião, território e outros). Ainda de acordo com as autoras supracitadas,

> [...] o polêmico conceito de educação básica, sobre o qual divergem até os quatro patrocinadores do evento, prioriza a universalização da educação primária que, no caso brasileiro, correspondeu ao ensino fundamental. (Shiroma; Moraes; Evangelista, 2011, p. 49)

No horizonte político da Carta de Jomtien foram estabelecidas metas e condições para os países signatários. Dentre estas estaria a necessária mobilização dos empresários em cada país para que estes participassem do projeto de expandir a educação básica. Esta tarefa deveria ser encampada por todo o conjunto da sociedade e, neste sentido, deveriam se somar ao Estado outras organizações sociais. A expansão da educação deveria ser encarada como uma questão fundamental para a paz mundial. No mesmo ano, a Comissão Econômica para a América Latina e o Caribe (Cepal) produziu o documento *Tranformación Productiva com Equidad*, através do qual reforçou a necessidade de realização de uma ampla reforma educacional com o objetivo de integrar os países da região ao processo de globalização mundial.

O documento da Cepal, em 1990, reafirmou as diretrizes da Carta de Jomtien, recomendando aos países da região ênfase na reorganização dos sistemas educacionais com foco na formação de trabalhadores flexíveis, versáteis, inovadores, comunicativos e motivados. Esta formulação foi desenvolvida durante a década de 1990, através de outros documentos produzidos pelos organizadores da Conferência Mundial Educação Para Todos, através do qual se destaca o Relatório Educação: um tesouro a descobrir, de 1996 (Organização das Nações Unidas Para a Educação, a Ciência e a Cultura, 2010). As diretrizes da Conferência Mundial Educação para Todos em relação às Nebas foram aprofundadas no relatório da Unesco Educação: um tesouro a descobrir, formulado em 1996 pela Comissão Internacional de Educação para o século XXI, coordenada por Jacques Delors. No relatório destaca-se o papel da *educação ao longo da vida* como aspecto fundamental para o alívio à pobreza e para a transformação da educação em capital social (Delors, 2001). A educação ao longo da vida se efetivaria a partir de quatro pilares: aprender a conviver, aprender a conhecer, aprender a fazer e aprender a ser (Organização das Nações Unidas Para a Educação, a Ciência e a Cultura, 2010, p. 14).

No mesmo ano do lançamento do Relatório Jacques Delors foi criado o Programa de Promoção das Reformas Educacionais na América Latina e Caribe (Preal). Desde sua formação, em 1996, o Preal é dirigido por três entidades: Diálogo Americano, Usaid e Banco Interamericano de Desenvolvimento (BID). Ao longo de seus vinte anos de existência o programa produziu um conjunto de trabalhos de pesquisas sistematizados em documentos sob a encomenda do Banco Mundial. Neste sentido, o programa tem cumprido a função de intelectual orgânico do Estado maior do capital no processo de recomposição dos instrumentos de mediação de classe, destacadamente na reforma da educação, objetivo maior deste instrumento organizativo do projeto de poder da classe dominante.

> Em 2001, em Miami, nos Estados Unidos, o Preal realizou um encontro que reuniu cento e vinte lideranças empresariais que atuam na educação que culminou com a *Declaração de Ação*. Através da declaração foi estabelecida uma lista de ações que deveria fornecer aos empresários as diretrizes para uma ação unitária e coesa no campo educacional. No discurso presente no documento os empresários se responsabilizam pelo esforço em universalizar a educação básica como tarefa daqueles que são os maiores interessados no destino do produto final dos processos educacionais: a formação da força de trabalho que seriam por eles empregada em seus empreendimentos. No boletim do Preal, as diretrizes ficam assim definidas, tais como: estabelecer padrões educacionais que definam claramente que os alunos devem saber e ser capazes de fazer em cada grau ou nível e área de estudos, a serem introduzidos de forma sequencial, com período de transição apropriado; implementar sistemas de avaliação independentes associados a estes padrões e metas; possibilitar o acesso dos professores a sistemas de aperfeiçoamento e mecanismos de desenvolvimento profissional; medir o progresso dos estudantes com o objetivo de que cumpram os padrões; dar maior autoridade e responsabilidade aos diretores de escola; exigir prestação de contas sobre a utilização de recursos; utilizar todas as oportunidades para outorgar decidido apoio público a quem promova reformas baseadas nestes princípios; difundir as melhores práticas e a utilização de tecnologias associadas à internet em relação ao aperfeiçoamento dos professores; convocar líderes de outros setores, incluindo os meios de comunicação, para promover estes objetivos; estimular a criação de consórcios empresariais nos diversos países com o fim de apoiar a inovação, pesquisa e desenvolvimento na reforma educacional; reconhecer e premiar a excelência na promoção das reformas delineadas nesta agenda; avaliar anualmente o progresso alcançado na região. (Programa de Reformas Educacionais da América Latina, 2001)

No Brasil, o Preal estabeleceu uma sucursal em associação com a Fundação Getúlio Vargas no mesmo período em que a reforma do Estado brasileiro ganhou grande impulso, sobretudo a partir do governo do presidente Fernando Henrique Cardoso e a criação do Ministério da Administração Federal e Reforma do Estado (Mare). A direção imprimida pela reforma do aparelho estatal, segundo Martins e Neves (2015), se desdobrou em uma reorganização da administração pública, produzindo novos modelos de gestão que preconizam as parcerias público-privadas como forma ideal de expansão dos serviços públicos. A ampliação da oferta de matrículas escolares no país ocorreu neste contexto, desencadeando num processo de escolarização minimalista, dirigido à formação de força de trabalho voltada para o trabalho simples e difusão da ideologia da responsabilidade social e ambiental do capital, respaldada por uma ampla campanha midiática em defesa da superioridade empresarial na gestão dos interesses públicos.

O Preal propôs, nos últimos vinte anos, uma pedagogia do consenso. Segundo Santos (2012), "[...] o consenso é uma presença expressiva em todos os textos, o que chama a atenção para seu significado político, se considerarmos que, para Gramsci, este é o principal instrumento na afirmação da hegemonia [...]" (Santos, 2012, p. 155).

No documento nº 3, intitulado *Obstáculos à reforma educativa no Brasil*, o consenso é apresentado entorno da defesa da ampliação da educação no país, explicitando, inclusive, o exemplo das eleições no estado de São Paulo, em 1989, quando as propostas dos candidatos alinhavam-se a ideias comuns: "idênticas, tanto nos objetivos que definem, como na falta comum de especificação de onde virão os recursos para tais objetivos" (Preal, 1999, p. 10). Nos anos 1990 e 2000, no mesmo estado de São Paulo, os programas educacionais desenvolvidos pelos governos estaduais encamparam a agenda definida pelo Preal. O apoio dos maiores empresas da imprensa, neste sentido, foi incondicional e a participação empresarial foi decisiva e protagonista.

O Capital e as escolas públicas no Brasil: as estratégias de conformação no estado de São Paulo

No Brasil a inserção dos projetos empresariais nas escolas ocorreu no contexto de difusão de projetos de responsabilidade socioambiental empresarial no país e ganhou grande destaque nacionalmente. Em São Paulo, desde os primeiros anos da década de 1990, uma verdadeira campanha foi orquestrada, tanto na sociedade civil, através da imprensa, quanto na sociedade política, através da Secretaria Estadual de Educação. O foco desta campanha foi a convocação do empresariado brasileiro a tomar a direção da expansão da educação básica. É possível afirmar que o empresariado realizou, no decorrer dos anos 1990, uma transição entre a posição crítica aos governos responsáveis pela má gestão do dinheiro público e uma posição de vanguarda no movimento de inserção do capital nas escolas públicas brasileiras.

É possível verificar, através de pesquisa nas fontes da imprensa, com destaque para a *Folha de São Paulo* e a *Revista Veja*, ambos de grande circulação no estado de São Paulo, que o empresariado brasileiro resistiu a se lançar sobre as escolas públicas da educação básica. Em diversas matérias publicadas neste período é possível perceber que o empresariado brasileiro, até os anos 2000, permaneceu entendendo o investimento nas áreas sociais como custo, embora a imprensa permanentemente tenha realizado o esforço de divulgar e propagar as ações empresariais existentes (Lamosa, 2016).

Desde o fim da década de 1980, todos os governos no estado de São Paulo criaram políticas, a partir da Secretaria de Educação, de incentivo às parcerias empresa-escola. Estas políticas estiveram presentes, tanto nos governos que tiveram à frente governadores do PMDB quanto naqueles que estiveram sob a direção do PSDB. No governo Quércia/PMDB (1985-1990), foi criado o programa "Adote uma Escola". O governo Fleury/PMDB (1991-1994) criou o "Programa de Parceria Empresa-Escola Pública". O governo Covas/PSDB (1995-2002) criou o programa "Escola em parceria", através da Resolução SE-234/1995, publicada no Diário Oficial do estado de São Paulo, e mantido até os dias atuais, nos governos Geraldo Alckimin/PSDB (2001-2006/ 2011-2013) e José Serra (2007-2010), tendo modificado de nome em 2005, quando passou a ser chamado "Empresa Educadora" (Souza, 2011).

O programa "Adote uma escola", criado em 1987, previu o incentivo aos empresários que se interessassem em apoiar alguma(s) escola(s) da rede estadual. Esta adoção poderia resultar no apoio financeiro, material ou pedagógico, através de projetos ou programa empresariais. Entre as formas de apoio, a empresa poderia financiar reformas nos prédios, remunerar funcionários ou contratar ajudantes.

Durante toda a década de 1990, o jornal *Folha de São Paulo* publicou diversas matérias que tinham como principal característica a divulgação de ações bem-sucedidas do empresariado brasileiro junto à educação básica visando entusiasmar o empresariado brasileiro a adotar as escolas públicas. Em 1993, o jornal *Folha de São Paulo* publicou duas matérias e um artigo do atual Ministro da Educação que defendiam maior participação das empresas nos destinos da educação básica brasileira. Ambas as redações destacaram a relação entre o investimento educacional e o crescimento das riquezas do país, citando casos bem-sucedidos, tanto de países que seguiram este exemplo quanto de empresários que assumiram o papel de vanguarda neste sentido, destacando que este ainda era um movimento remoto no país.

Em agosto de 1993, sob o título "Educação: exigência da economia contemporânea", a *Folha de São Paulo* publicou o artigo de Aloísio Mercadante (PT/SP), ex-deputado federal e atual Ministro da Educação. Naquela conjuntura o economista defendeu que:

> precisamos de uma revolução na educação, novos instrumentos de financiamento do ensino público, onde as empresas privadas assumam com maior responsabilidade o desafio histórico de universalizar o Ensino Fundamental. (*Folha de São Paulo*, 25.08.1993, p. 1-3 apud Lamosa, 2016, p. 213)

Neste mesmo ano, segundo Martins e Neves (2015), a principal organização nacional dos trabalhadores da educação, a Confederação Nacional dos Trabalhadores da Educação (CNTE), dirigida por lideranças advindas dos quadros do Partido dos Trabalhadores, assinou o Plano Decenal Educação Para Todos, produzido no governo do presidente Itamar Franco (1992-1994) como decorrência da assinatura do país na Conferência Mundial Educação para Todos, realizada em 1990, em Jomtiem na Tailândia. A adesão de representantes da classe trabalhadora às estratégias do capital, em especial à inserção das empresas nas escolas, em nome da expansão da expansão da educação básica no Brasil, produziu o consentimento ativo à reforma educacional em curso.

Em 1994, a *Folha de São Paulo* publicou mais uma matéria e um artigo com o objetivo de ratificar a mobilização empresarial em torno da expansão da educação básica. Em março, Carlos Estevam Martins, então, secretário de educação do estado de São Paulo, escreveu o artigo "Três idéias para a escola pública", em que destaca o papel do empresariado na resolução da "crise educacional". Naquele contexto, o Secretário afirmara que tinha clareza de que esta resolução desta crise não seria resolvida no âmbito do Estado, mas que exigiria a parceria com o setor privado (Lamosa, 2014). Neste ano, o "Programa de Parceria Empresa-Escola

Pública", criado ainda no governo Fleury, sugeriu formas de parceria entre empresas e escolas e expunha três objetivos: facilitar e ampliar a participação de empresários e agentes da comunidade na gestão do ensino público; captar recursos financeiros e aprimorar seu gerenciamento em benefício da escola pública; e regionalizar ações e desenvolver mecanismos que facilitem a interação Escola-Comunidade.

Em julho, ainda em 1994, a *Folha de São Paulo* publicou um caderno especial sob o título "Empresas adotam escolas públicas" em que retrata a situação deste tipo de iniciativa no Brasil e em São Paulo. Nesta reportagem são divulgados exemplos bem-sucedidos, como o projeto do Pensamento Nacional de Bases Empresariais (PNBE) para orientar aquelas empresas que se interessarem adotar uma escola pública (*Folha de São Paulo*, 12.07.1994, Especial p. A1 apud Lamosa, 2014, p. 199). A *Revista Veja* foi uma importante articuladora desta mudança de perspectiva. Em 1995, a revista deu grande destaque para o "Programa de Parceria Empresa-Escola Pública", desenvolvido pela Secretaria de Educação do governo do estado de São Paulo, desde 1991, durante o governo Fleury/PMDB (1991-1994). O programa criou um cardápio com vinte propostas possíveis de parceria e distribuiu para cinco mil empresários. Segundo reportagem da *Veja*, "o nível de adesão foi zero" (Veja, 15.02.1995, p. 23-24 apud Lamosa, 2014, p. 198).

No governo Covas/PSDB (1995-2002), o programa iniciado no governo Fleury/PMDB foi reformulado, mantendo, no entanto, as mesmas diretrizes. Ao invés, entretanto, de utilizar o termo "adoção", passou a utilizar uma categoria menos pejorativa às escolas: "parceria". O "novo" programa se chamou "Escola em parceria" e entrou em vigor através da Resolução SE-234/1995, publicada no Diário Oficial do estado de São Paulo.

A proposta, organizada ainda no governo Fleury/PMDB e reformulada nos governos Covas/PSDB, sendo válida nos primeiros dez anos de governos do PSDB. Em 2005, durante o primeiro governo de Geraldo Alckimin/PSDB (2001-2006), um novo programa denominado como Empresa Educadora atualizou as propostas do governo de São Paulo para as "parcerias" entre empresas e escolas públicas. A alteração da denominação de programas que incentivam as "adoções" ou "parcerias" em São Paulo segue a lógica dos governos de imprimirem suas marcas através das políticas educacionais (Souza, 2011).

Desde 2001, em parceria com a Secretaria Estadual de Ensino do estado de São Paulo, a Associação Brasileira do Agronegócio iniciou o desenvolvimento do Programa Educacional Agronegócio na Escola. Entre 2001 e 2008, o programa foi realizado em parceria com a Secretaria Estadual da Educação e desenvolvido em escolas pertencentes a dez Diretorias de Ensino da macrorregião de Ribeirão Preto. O programa foi destinado, segundo o site oficial da Abag, aos estudantes do ensino médio com o objetivo de "levar os conceitos fundamentais do agronegócio para as salas de aula, de forma multidisciplinar" (site oficial da Abag). No entanto, segundo as representantes da Abag, as exigências do vestibular trouxeram muitas dificuldades para a realização do programa. Após este período inicial, a associação passou a trabalhar exclusivamente com as redes municipais da macrorregião de Ribeirão Preto que possuem escolas com o segundo segmento do ensino fundamental.

A Associação Brasileira do Agronegócio (Abag), entidade nacional fundada em Brasília, em 1993, realiza, por intermédio da sua entidade coirmã, a Abag-RP, situada em Ribeirão Preto, o Programa Educacional Agronegócio na Escola, desde 2001, nas escolas públicas. Do ponto de vista do ideário ambiental, o discurso de sustentabilidade anunciado pela entidade e promovido em suas ações educativas propõe a possibilidade de uma sociedade sem conflitos baseada nas parcerias público-privadas, na responsabilidade individual e na racionalização do uso dos recursos naturais. Em mais de uma década, o programa já se inseriu em dezenas de redes de ensino do estado de São Paulo, centenas de escolas, envolvendo docentes e milhares de alunos com o propósito de valorizar a imagem do agronegócio, inclusive como protagonista de um desenvolvimento sustentável garantido pela "modernização" do campo e uso de tecnologias de ponta.

A estratégia de inserir nas escolas um programa de educação ambiental do Agronegócio visa promover a valorização da imagem do agronegócio, segundo o próprio site da Abag. O programa objetiva educar jovens, filhos de trabalhadores, apresentando o ideário da responsabilidade social e ambiental do agronegócio, enquanto caminho moderno e viável para a sustentabilidade, em uma região marcada pelo conflito social e ambiental. Em seu site oficial, a Abag justifica o investimento no programa agronegócio na escola, pois entende que um dos instrumentos mais eficazes para promover a valorização da imagem do agronegócio é a educação. A valorização da imagem do agronegócio deve ser feita pelo programa através da ampliação da consciência dos estudantes sobre as atividades agroindustriais da região (Lamosa, 2016).

Os professores e a função de intelectual orgânico subalterno do agronegócio

> "Abag 1: Este programa é a menina dos olhos de ouro dos nossos associados. Então, a gente tem que ter tudo bem controladinho, com todos os dados." (Lamosa, 2014, p. 171)

A declaração proferida pela diretora executiva da Abag-RP a respeito do Programa Educacional Agronegócio na Escola apenas confirmou aquilo que a pesquisa suspeitava: esta é uma ação fundamental na sociabilidade do patronato rural na capital do agronegócio. A necessidade de ter "tudo bem controladinho" obriga que as responsáveis pelo programa mantenham uma memória de cada edição do programa. Esta memória é composta por diferentes tipos de fontes: número de participantes, número de visitas, todos os projetos inscritos no Prêmio Professor, as redações, frases e desenhos inscritos nos concursos voltados para os alunos das escolas participantes do programa.

O programa que já existe há quinze anos sofreu ao longo da sua história alterações que visaram ampliar a ação pedagógica da associação no sentido proposto de melhorar a imagem o agronegócio e adaptar a proposta diante das dificuldades impostas. A assimilação da comunidade é realizada por meio de visitas aos associados da Abag-RP e concursos que premiam alunos e professores. No entanto, como foi possível identificar pelas fontes, as mesmas condições que facilitam a entrada da associação nas escolas são as mesmas que limitam a plena realização dos objetivos do programa.

O programa Agronegócio na escola está inserido no projeto de hegemonia da Abag. Através do programa Agronegócio na escola a Abag incorporou em seu projeto de hegemonia os profissionais de educação básica, associados ao sistema público de educação, com o objetivo de difundir uma imagem de responsabilidade socioambiental. Neste sentido, estes docentes passam a compor uma camada de intelectuais orgânicos da associação: os intelectuais orgânicos subalternos.

A Abag-RP, através da entrevista com a diretora executiva em Ribeirão Preto, "garante que entende o seguinte: cada um trabalha a sua maneira e nós fornecemos este material de apoio" (Lamosa, 2014, p. 371). A Abag, segundo a coordenadora do programa, "não entra em sala de aula". De fato, nenhum dos professores entrevistados identificou que qualquer profissional da associação tenha entrado no interior da sala de aula. Este é um dos elementos centrais no processo de cooptação dos professores. O

Programa Educacional Agronegócio na escola, diferente da maioria dos projetos empresariais que se inserem atualmente nas escolas públicas, não impõe um único formato de projeto a ser desenvolvido. Isto restringiria muito as possibilidades de ação do programa. O programa da forma como é executado garante aos professores uma autonomia limitada que permite que estes executem a proposta de divulgação da Abag sem se sentirem funcionários do agronegócio. Como disse uma professora em Dourado: "Eu não sou funcionária da Abag" (Lamosa, 2014), mas seu projeto divulgou a mensagem da associação, através de blog e um jornal com tiragem de mil exemplares em uma cidade com cinco mil pessoas.

A autonomia relativa que o programa da Abag-RP permite aos professores oferece a associação ter acesso a toda produção criativa do espaço escolar. Sem engessar o trabalho docente em um único formato, a associação expropria o conhecimento produzido nas escolas públicas com um gasto relativamente reduzido. Segundo as coordenadoras da Abag-RP, o programa educacional custa à associação "cerca de cem mil reais por ano" (Lamosa, 2014). Este valor é bastante alto, quando pensamos nos parcos recursos existentes no interior da escola pública, mas é muito pouco ao lado dos números apresentados pelo programa que já chegou a mobilizar mil e oitocentos professores. O custo do programa para a Abag-RP é muito baixo e isto acontece à custa da privatização dos recursos públicos e pela precarização do trabalho docente. O trabalho dos professores que participam do programa, ora é pago pelas prefeituras, através da destinação de parte da carga de trabalho remunerada dos docentes para o desenvolvimento de projetos inscritos no programa, ora é realizado de forma voluntária. Segundo as representantes da Abag-RP, a associação desconhece qualquer tipo de remuneração paga aos professores pelas secretarias de educação para a participação no programa.

Entre os professores entrevistados, nenhum negou a existência de interesses privados no programa, mas todos, ao mesmo tempo, afirmam possuir autonomia para trabalhar nas escolas. A autonomia gozada pelos profissionais da educação que trabalham nas escolas participantes do programa é o elemento fundamental na assimilação destes intelectuais. Esta autonomia é relativa, uma vez que garante à Abag-RP inserção de seu programa educacional, garantindo a capacitação, o material didático e o tema gerador segundo seus interesses, sem, entretanto, retirar da escola sua capacidade criativa. Assim, dezenas de docentes que participam do programa criam projetos anualmente, expropriados pela Abag-RP, uma vez que podem ser utilizados em futuras campanhas, programas e ações da associação. A estratégia que garante a autonomia relativa do trabalho docente permite a valorização do agronegócio com pouca resistência nas escolas e baixos custos para seus proponentes. Esta fórmula tem garantido a manutenção do programa a mais de uma década.

A Abag-RP, através da entrevista com a diretora executiva, garante que entende o seguinte: cada um trabalha à sua maneira e nós fornecemos este material de apoio. Ainda neste sentido, a Abag-RP não entra em sala de aula. De fato, nenhum dos professores entrevistados identificou a presença de qualquer representante do programa em sala de aula. Este fato, no entanto, é um dos elementos centrais do processo de cooptação que torna os próprios professores os representantes da associação. O Programa Educacional Agronegócio na escola, diferente da maioria dos projetos empresariais que se inserem atualmente nas escolas públicas, não impõe um único formato de projeto a ser desenvolvido pelos professores. Isto restringiria muito as possibilidades de ação do programa. O programa da forma como é executado garante aos professores uma autonomia limitada que permite que estes executem a proposta de divulgação da Abag-RP sem se sentirem funcionários do agronegócio. Como disse uma professora no município de Dourado (SP): "Eu não sou funcionária da Abag".

A professora da escola em Dourado (SP) argumenta que seu projeto deverá "abordar os dois lados", resultando em um blog e um jornal com tiragem de mil exemplares em uma cidade com cinco mil pessoas. A pesquisa não teve acesso ainda ao jornal. Portanto, seria precipitado avaliar se o objetivo de levar os alunos a tirarem suas próprias conclusões será atingido. Isto só será possível ser realizado no fim da edição 2013, quando a professora deverá apresentar os resultados do seu projeto na culminância do Programa Educacional Agronegócio na Escola. Entretanto, a julgar pela compreensão que a professora tem sobre o agronegócio a perspectiva que deverá ser evidenciada não está tão distante daquela proposta pela Abag-RP. Embora argumente que aborde "os dois lados", a professora identifica que trabalha visando "levar a informação sob a ótica positiva". O argumento de que a "realidade está aí e não vai mudar" parece justificar sua posição que difere da postura do secretário de educação de Matão, caracterizada como "radical", que vem impedindo a entrada do programa nas escolas da rede municipal daquele município.

> **Professora**: Só que de boa, a Abag pode não gostar, mas eu abordo os dois lados da questão. E o que eu viso no meu trabalho, pelo menos neste ano, é levar a informação sob a ótica positiva sim. Eu

não tenho essa visão tão radical quanto deste Secretário, entendeu? Eu estou trabalhando este outro lado. Eu estou tentando ver no feio o bonito. Vamos assim dizer, vendo o lado positivo. Pra que as pessoas, já que a realidade está aí e não vai mudar. Na minha cidade não tem como. Não tem opção. Hoje você não tem outra opção. Tem a opção das marcenarias, mas são pequenas. Cada uma emprega cinco, seis no máximo. Então, tentar ver o lado bom disso, das pessoas tentarem se profissionalizar e entrar na área, não pra cortar cana, mas pra ser alguém lá dentro da empresa que vai poder puxar mais alguém que vai crescer que vai abrir a mente. Agora, quanto a postura dele, eu não sei. Eu acho que tem um fundo nisto. Eu concordo, de uma certa forma, com o discurso dele, mas como ele tem o agronegócio como um...sabe o que acontece? Matão tem os caciques, né? É um Douradão. É uma cidade pequena maior, mas ela tem os caciques ainda ali que devem dar as cartas. Matão é Matão e talvez ele queira que os alunos percebam isto, não de uma maneira rebelde, mas de uma maneira crítica. (Lamosa, 2014, p. 267)

A professora, embora afirme trabalhar "os dois lados" da questão agronegócio, reconhece nunca ter se questionado sobre os efeitos de seu trabalho para Abag-RP. A associação, segundo a professora, foi apenas a "mola propulsora" que "abriu uma porta". A professora argumenta que não é uma "funcionária da Abag" e que, portanto, não estaria preocupada com os interesses da associação empresarial, embora reconheça que "existe uma intenção dela por trás disto". No entanto, segundo a professora, é melhor não parar pra pensar muito em quanto está sendo usada pela associação, pois, caso contrário, "não faço o projeto":

Professora: Sinceramente, eu não me preocupo muito com a Abag. De verdade, a Abag pra mim foi a mola propulsora do projeto. Eu me preocupo com o projeto na minha cidade, com a repercussão que ele vai ter aqui. A repercussão que vai ter aqui é positiva. Então, óbvio que vai rebater lá na Abag, mas de verdade se você me perguntar se eu penso nisso, eu não penso na Abag. Eu não sou uma funcionária da Abag, eu sou uma educadora e a Abag me deu uma oportunidade de trabalhar num projeto. É assim que eu penso. Ela viabilizou, ela pra mim abriu uma porta, um caminho pra eu trabalhar o projeto que eu achei legal, por isso comprei a ideia e tô trabalhando. O tipo de resultado que vai ter pra Abag, de verdade, nunca parei pra pensar, nunca. É lógico que eu sei que existe uma intensão dela por trás disto, mas eu nem parei pra pensar nem na intenção da Abag. Pra falar a verdade, se eu parar pra pensar muito na intenção da Abag eu vou sentir usada pela Abag e aí não faço o projeto igual o cara em Matão. É isso que não pode. [...] A expectativa da Abag certinho eu nunca parei pra pensar. Acho que é lógico que se eu fizer um bom trabalho para a Abag será ótima, porque o nome dela está indo junta. É isso. (Lamosa, 2014, p. 243)

Em Descalvado (SP), assim como em Dourado (SP), a professora entrevistada relatou que tenta realizar o projeto "mostrando os dois lados". A professora argumenta que é possível separar a visão da Abag-RP que tem "as preocupações dela" e a influência que o programa terá na escola. Segundo a docente:

Professora: "Eu sou da opinião de que se vai mostrar, você não vai elencar como sendo uma diretriz, não é uma lei a ser seguida. Essa é a visão da Abag porque ela almeja neste sentido, da indústria, do plantio, das coisas, das preocupações dela. A nossa visão na escola é tentar entender como isso vai influenciar aqui na escola. Influenciou, porque isso fez eles pensarem em alguns momentos coisas que eles nunca pensariam. E refletiu nos alunos da seguinte forma: num momento que era pra você trabalhar seguindo os moldes da Abag que a gente tem até um roteiro pra ser feito, pra pesquisar e tudo, mas a escola conseguiu transformar este roteiro numa coisa que estimulasse ela. Eu acho que produziu alguma coisa de diferente. Mostrar o potencial de alguns alunos para os outros alunos da escola e falar você também é capaz. Veja, esta é uma ideia, entendeu? (Lamosa, 2014, p. 267)

Em Monte Alto (SP), a professora responsável pelo programa também afirmou que tenta trabalhar o seu projeto de forma crítica. Esta professora participou do programa na edição 2012, quando inscreveu um projeto sem, contudo, conseguir entregar os relatórios finais. Em razão disto, não teve a possibilidade de apresentar seu trabalho na culminância do programa e nem participar do Prêmio Professor. A sua escola também não foi relacionada no prêmio "Escola Destaque" nesta edição.

Esta professora de Monte Alto (SP) tinha uma diferença importante em relação aos demais entrevistados, pois já havia participado do programa como aluna. A sua dupla participação, como aluna e professora, foi um elemento que a tornava importante para a pesquisa. Afinal, se o programa tem a capacidade de influenciar a opinião dos estudantes e professores que participantes, como seria com uma pessoa que teria participado como aluna e professora? Qual seria sua postura diante do programa e seus objetivos? A professora, ao ser entrevistada, assim como aqueles que foram entrevistados anteriormente, afirmou que "tudo depende da forma como você vai trabalhar". O argumento central é que os professores que trabalham no programa possuem autonomia para desenvolver seus projetos

> **Professora**: Então, eu me perguntei, assim, diversas vezes sobre o que eu penso disto. E aí eu cheguei na seguinte conclusão: no meu caso, eu acho que tudo depende da forma como você vai trabalhar. Ideologia tem em tudo. Não é só neste projeto. Eu trabalho com outros projetos e a gente nota que há uma ideologia neles também. Então, eu acredito que o jeito que a gente trabalha pode aguçar isto ou anular, não anular, mas diminuir esta relação. Em nenhum momento, pelo menos na minha fala, enquanto eu trabalhei no projeto, a gente ficou preocupada com estas questões. Eu procurava trabalhar as questões num viés histórico e, se possível, até sociológico da coisa, trabalhando com eles a partir de um ponto de vista tentando ver com eles a aplicação na vida deles, na realidade deles. Então, eu procurei não focar nestas questões, entendeu? Então, no meu caso. Eu acho que pode ter impacto, mas depende de como é trabalhado. Porque, assim, a gente, pelo menos os alunos em nenhum momento eu acho que isto foi, como que eu vou dizer? Isto foi colocado em questão desta forma, entendeu? Tanto que nem sei se os alunos sabem que tem a questão da iniciativa privada. (Lamosa, 2014, p. 232)

O argumento central dos professores que relataram participar do programa de forma crítica é o mesmo apresentado pelas representantes da Abag-RP quando afirmam que a associação "não entra em sala de aula". Ambos reafirmam que os projetos desenvolvidos nas escolas não são controlados pela Abag-RP e, assim, os professores teriam autonomia para manter sua criticidade diante dos interesses privados. Entre os professores entrevistados todos afirmaram ter autonomia para criticar o programa. É importante, no entanto, identificar que, com exceção do professor que teve contrato com a prefeitura de Ribeirão Preto, nenhum dos demais entrevistados declarou ser contrário ou levantou qualquer crítica a iniciativa da associação em realizar nas escolas públicas um projeto que tem como objetivo valorizar a imagem do agronegócio.

O argumento apresentado pelos professores, no entanto, não foi possível de ser constatado pela pesquisa que resulta neste capítulo. Entre os projetos apresentados na culminância do Programa Educacional Agronegócio na Escola, durante a edição de 2012, somente o projeto "Desenvolvendo a autonomia na escola: reflexões sobre sustentabilidade por meio de pesquisa, análise e crítica" foi frontalmente crítico ao agronegócio. Talvez, por isto, este projeto tenha sido avaliado como o pior projeto entre aqueles avaliados pela Abag-RP na respectiva edição. Fica evidente, portanto, a perda de autonomia dos docentes frente à associação.

A principal implicação do novo modelo de regulação é a perda do protagonismo do educador na produção do conhecimento. Esse é o principal aspecto que atualiza as teses de proletarização e desprofissionalização docente (Lamosa, 2014). Nesse contexto, os professores vêm perdendo sua autonomia para conduzir o processo de ensino-aprendizagem, elemento indispensável à carreira docente. Os estudos mais significativos a respeito da reorganização do trabalho docente datam de duas décadas atrás. Foi nessa conjuntura que as teses de desprofissionalização e proletarização do magistério se popularizaram no debate acadêmico brasileiro. Segundo Oliveira (2004), essa formulação, contraditoriamente, foi difundida em um momento (décadas de 1970 e de 1980) em que a história do movimento docente foi profundamente marcada pela luta por profissionalização do magistério e reconhecimento dos direitos e deveres desses trabalhadores.

De acordo com Enguita (1991), um grupo profissional pode ser considerado como uma categoria autorregulada de pessoas que trabalham diretamente para o mercado numa situação de privilégio monopolista. Ressalta que, diferentemente de outras categorias de trabalhadores, os profissionais são plenamente autônomos em seu processo de trabalho, não tendo de submeter-se à regulação alheia. A perda da autonomia do trabalho docente, nesse sentido, seria resultado da histórica expropriação do saber docente. Nas últimas décadas, o trabalho docente, assim como a escola pública, assumiu as mais variadas funções, que requerem desse profissional exigências que estão além de sua formação (Shiroma, 2003, 2004). Tais exigências contribuem para um sentimento de desprofissionalização que se acentua com a perda da identidade profissional, resultando em uma reestruturação do trabalho docente, podendo alterar, inclusive, sua natureza e definição (Oliveira, 2000). Neste sentido, é possível afirmar a existência na atual conjuntura de uma intensificação da proletarização do trabalho docente.

Considerações finais

A entrada das organizações representativas da classe dominante no interior da escola é um fenômeno internacional, tendo, destacadamente nos últimos trinta anos, grande impulso, a partir das conferências e programas que definiram uma agenda de reformas nos Estados nacionais, com grandes desdobramentos na educação pública. A agenda produzida pelo Preal na América Latina e Caribe, por exemplo, teve na mobilização empresarial para a privatização da educação pública sua principal contribuição. Neste contexto, uma miríade de políticas públicas e uma intensa campanha na imprensa se responsabilizaram por realizar a mobilização empresarial.

A inserção empresarial nas escolas públicas de educação básica no Brasil foi impulsionada, nos anos 1990 e 2000. Diversas frações burguesas vêm participando ativamente deste movimento, dentre as quais se destacam aquelas reunidas em torno do objetivo de valorizar a imagem do agronegócio. Os desdobramentos destas iniciativas têm assimilado docentes às estratégias de dominação e hegemonia do capital, reproduzindo no espaço escolar uma imagem associada à responsabilidade social e ambiental.

Referências

DELORS, Jacques (Org.). **Educação um tesouro a descobrir**: Relatório da Unesco da Comissão Internacional sobre Educação para o Século XXI (1996). 6. ed. São Paulo: Cortez; Brasília: MEC: Unesco, 2001.

ENGUITA, Mario F. A ambigüidade da docência: entre o profissionalismo e a proletarização. **Revista Teoria e Educação**, n. 4, p. 1127-1144, 1991.

LAMOSA, Rodrigo de Azevedo Cruz. **Estado, classe social e educação**: uma análise crítica da hegemonia do agronegócio. 2014. 434 f. Tese (Doutorado em Educação) – Universidade Federal do Rio de Janeiro, Rio de Janeiro.

_____. **Educação e Agornegócio**: a nova ofensiva do Capital sobre as escolas públicas. Curitiba: Editora Appris, 2016.

MARTINS, André Silva; NEVES, Lúcia Maria Wanderley. **Educação Básica**: tragédia anunciada? São Paulo: Editora Xamã, 2015.

OLIVEIRA, Dalila Andrade. A reestruturação do trabalho docente: precarização e flexibilização do trabalho docente. **Educação e Sociedade**, v. 25, n. 89, p. 1127-1144, set./dez. 2004.

_____. **Educação básica**: gestão do trabalho e da pobreza. Petrópolis-RJ: Vozes, 2000.

ORGANIZAÇÃO DAS NAÇÕES UNIDAS PARA A EDUCAÇÃO, A CIÊNCIA E A CULTURA. **Educação**: um tesouro a descobrir: relatório para a Unesco da Comissão Internacional sobre Educação para o século XXI. Brasília-DF: Unesco, 2010.

PROGRAMA DE REFORMAS EDUCACIONAIS DA AMÉRICA LATINA. Resumen Ejecutivo. **Boletim Informativo**, Santiago, (Chile), n. 09, maio 2001.

SANTOS, Aparecida de Fátima Tiradentes. **Pedagogia do Mercado**: neoliberalismo, trabalho e educação no século XXI. Rio de Janeiro: Editora IbrisLibris, 2012.

SHIROMA, Eneida Oto. Implicações da política de profissionalização sobre a gestão e o traba- lho docente. In: SIMPÓSIO SOBRE TRABALHO E EDUCAÇÃO, 2., 2004, Belo Horizonte. **Anais**. Belo Horizonte: Nete: Faculdade de Educação da UFMG, nov. 2004. 17 f.

_____. O eufemismo da profissionalização. In: MORAES, Maria Célia (Org.). **Iluminismo às avessas**: produção de conhecimento e políticas de formação docente. Rio de Janeiro: DP&A, 2003, p. 61-79.

SHIROMA, Eneida Oto; EVANGELISTA, Olinda; MORAES, Maria Célia Marcondes de. **Política educacional**. Rio de Janeiro: Lamparina, 2011.

SOUZA, Sandra M. Zákia L. Escola e Empresa: iniciativas de parceria no Estado de São Paulo. In: FERREIRA, N.; AGUIAR, M. (Orgs.). **Gestão da Educação**: impasses, perspectivas e compromissos. São Paulo: Editora Cortez, 2011.

A FORMAÇÃO EM EDUCAÇÃO AMBIENTAL CRÍTICA NA PERIFERIA DO CAPITALISMO: CONTRIBUIÇÕES MARXISTAS

Inny Accioly[2]; Cesar Augusto Costa[3]

Introdução

Os elevados níveis de degradação ambiental impostos às regiões "periféricas" (Fernandes, 1975) no atual estágio de desenvolvimento do capitalismo – caracterizado por Chesnais (1996) de "mundialização do capital" – impõem à educação ambiental um duplo papel histórico: como ferramenta para o exercício da hegemonia por parte das frações dominantes (Accioly, 2013; Lamosa, 2010) e como instrumento de luta a ser apropriado pela classe trabalhadora em seu movimento de "libertação" (Freire, 2011).

Neste sentido, por nos posicionarmos enquanto classe trabalhadora, advogamos a categoria marxista da "totalidade" – que fundamenta a dialética marxista (Carvalho, 2007) – como elemento fundamental nos processos de formação em educação ambiental com vistas à transformação da realidade concreta.

Nosso objetivo neste texto é, além de apresentar argumentos que possam sustentar esta defesa, discutir as implicações práticas que a compreensão desta categoria oferece aos processos educativos no âmbito da "educação ambiental transformadora" defendida por Loureiro (2004) e a "Educação no processo de gestão ambiental" apresentada por Quintas (2004) em espaços formais e não formais de ensino.

Justificamos este posicionamento baseado na "necessidade prática" (Sánchez-Vázquez, 2011) de transformação da realidade concreta, imposta pela situação histórica com a qual se depara a classe trabalhadora nas regiões "periféricas" do capitalismo (Fernandes, 1975).

Nestas regiões, o processo de "desenvolvimento" induzido em benefício da expansão capitalista (Fernandes, 1975) constituiu uma organi-

---
2. Doutoranda em Educação/UFRJ. Pesquisadora do Laboratório de Investigações em Educação, Ambiente e Sociedade (Lieas/UFRJ) e do Colemarx (UFRJ).
3. Sociólogo. Pós-Doutor em Direito e Justiça Social/Furg. Professor/Pesquisador no Programa de Pós-Graduação em Política Social/UCPEL. Pesquisador do Laboratório de Investigações em Educação, Ambiente e Sociedade (Lieas/UFRJ).

zação social extremamente desigual, em que os direitos e as garantias sociais assegurados pela ordem legal concretizam-se como privilégio de uma minoria que possui condições econômicas, sociais e políticas para desfrutá-los, excluindo a maioria de quaisquer direitos.

Foco da luta ambientalista, o direito ao "meio ambiente ecologicamente equilibrado, bem de uso comum do povo e essencial à sadia qualidade de vida" – fundamentado no artigo 225 da Constituição Federal Brasileira – tem sido reconhecido enquanto importante luta a ser travada na esfera política, especialmente nos "espaços de gestão ambiental pública" (Quintas, 2004) em que são definidas as regras de uso e apropriação dos territórios e seus "recursos naturais".

Na história da expansão capitalista em escala global, foram estabelecidas diversas "divisões internacionais do trabalho", nas quais adquire sentido o papel fundamental que a América Latina desempenha como região fornecedora de metais preciosos, matérias-primas e alimentos desde a etapa colonial até o atual período, que Osório (2012) caracteriza como padrão de acumulação "exportador de especialização produtiva".

Este atual padrão de acumulação – que é posterior ao "padrão industrial" (Osório, 2012) que, no Brasil, reforçou o caráter de "modernização-conservadora" (Fernandes, 1985) – é potencializado pelas inovações na microeletrônica que multiplicam e aceleram as comunicações, pela redução nos preços dos transportes de mercadorias, pela redução de barreiras alfandegárias e pela flexibilização das leis trabalhistas e ambientais. Todas estas "facilitações" corroboraram para a efetiva segmentação dos processos produtivos que, por sua vez, geram intenso impacto na vida dos trabalhadores.

As consequências deste processo são particularmente sentidas nos países da periferia do capitalismo, pois estes são impelidos a abrigar as indústrias extrativas e poluidoras renegadas pelos países centrais e a operar terceirizações e subcontratações de trabalhadores em condições análogas à escravidão para alimentarem a cadeia produtiva das grandes marcas cujas sedes estão estabelecidas, principalmente, na Europa e Estados Unidos.

Florestan Fernandes (1975) analisa a lógica do capitalismo nas economias "periféricas", "capitalistas-dependentes", e verifica que estas possuem a sua própria lógica econômica, que consiste na articulação entre os mecanismos "de fora para dentro" (dos centros capitalistas hegemônicos para as economias capitalistas dependentes) e "de dentro para fora" (da periferia para os centros hegemônicos). Quanto a esses dois fatores, o externo e o interno, ressalta que um não se fortalece sem o outro, nem contra o outro. Neste sentido, as burguesias locais tomam parte importante nessa articulação, fator que muitas vezes permanece encoberto nas análises sobre o "imperialismo".

Nas últimas décadas na América Latina, como consequência de planos operados pelo "Estado", como o "Plano de Aceleração do Crescimento" (o PAC no Brasil), Plano de "Integração da Infraestrutura regional Sul-Americana" (IIRSA) e do controle da agricultura pelas corporações multinacionais, tanto os povos e comunidades tradicionais[4] quanto a classe trabalhadora dos centros urbanos, vem sendo expropriados do "direito ao meio ambiente equilibrado", reconhecidamente essencial à sadia qualidade de vida.

Ao mesmo tempo, a histórica luta popular pelo acesso à educação de qualidade nos seus diferentes níveis vem sendo apropriada pelas classes dominantes organizadas em confederações empresariais, associações do agronegócio, "Movimento Todos Pela Educação" e outros, de forma a conformar os processos educacionais às estritas necessidades do mercado capitalista (Colemarx, 2014).

Desta forma, a função social da educação é subjugada às necessidades de formação de "força de trabalho" para um mercado de trabalho altamente precarizado; de adequação de um "exército de reserva" de trabalhadores "empreendedores" desempregados, disponíveis e desejando vender sua força de trabalho; de "amansamento" (Accioly, 2013) dos conflitos sociais e obscurecimento da luta de classes.

Está em curso um novo ciclo de expropriação em diversas ordens (Fontes, 2010) que compromete dramaticamente a vida das classes trabalhadoras urbanas e rurais e dos povos e comunidades tradicionais. É neste horizonte que as expropriações e os conflitos ambientais provocados pelo padrão de acumulação do capital são redefinidos por um desenvolvimento desigual e combinado. Isso reitera que a forma de articulação e subordinação das frações burguesas hegemônicas, ao qual a força dinâmica do capital, impulsionado pelo setor financeiro e por megacorporações cuja intensificação se dá pelas expropriações e exploração do trabalho (Leher, 2015). A nova reconfiguração do Brasil como produtor de *commodities* para atender às necessidades de potências mundiais como a China teve apogeu nos governos progressistas que não hesitaram em aprofundar a referida subordinação da economia brasileira às necessidades da nova potência.

Para Leher (2015, p. 25):

---

4. Indígenas, quilombolas, ribeirinhos, pescadores artesanais, camponeses, povos faxinalenses, povos de cultura cigana, catadoras de mangaba, quebradeiras de coco-de-babaçu, povos de terreiro, comunidades tradicionais pantaneiras, caiçaras, extrativistas, pomeranos, retireiros do Araguaia, comunidades de fundo de pasto e outros.

é forçoso reconhecer que a exportação de *commodities* foi convertida em carro chefe da economia, visto que, além da exportação de produtos brutos, primários, muito dos produtos semimanufaturados e manufaturados são intensivos em recursos naturais e foram manufaturados por meio de tecnologias intermediárias [...] as conseqüências socioambientais são evidentes, pois esse verdadeiro saqueio de recursos naturais é indissociável das expropriações que, por sua vez, adensam os conflitos socioambientais no Brasil, América latina, África e em grande parte da Ásia. Em outros termos: as frações burguesas locais, seus sócios majoritários e os governos que manejam o Estado (como se depreende do BNDS, do novo Código florestal, do desmembramento do Ibama, etc.) aprofundam o capitalismo dependente, as expropriações e a exploração).

Desta forma, Gonçalves (2014, p. 92) reafirma esta conjuntura, pois:

Há o destaque para o conjunto de problemas que são próprios às *commodities*: baixa elasticidade-renda da demanda; elasticidade-preço da demanda desfavorável; pequena absorção dos benefícios do progresso técnico; reforço de estruturas de produção retrógradas baseadas nas grandes propriedades, que gera maior concentração do excedente e o poder econômico; concentração da riqueza e da renda; que causa vazamento da renda e pouco dinamismo do mercado interno; restrição externa, visto que as *commodities* se caracterizam por alta volatilidade de preços e instabilidade de preços e instabilidade da receita da exportação.

Tais elementos aprofundam o horizonte da trajetória das lutas sociais e ambientais, tornando evidente considerar que o controle dos recursos naturais é estratégico, pois significa a materialidade indispensável para assegurar o atual padrão de *acumulação do capital* (Leher, 2007), bem como determina a esfera *material da política* (Dussel, 2007) e da *natureza* (Costa; Loureiro, 2015).

Assim, impõem-se lógicas perversas de não reconhecimento dos direitos e da "remoção" territorial de povos indígenas e comunidades tradicionais, submetendo o Estado a um "balcão de negócios" gerenciados pelas classes hegemônicas, os quais flexibilizam leis e direitos trabalhistas; reduzem direitos sociais (previdência social); precarizam condições de trabalho; "achatam" políticas públicas e ambientais (Loureiro, 2009) em consonância com o capital internacionalizado (Fernandes, 2008).

Neste sentido, consideramos que na periferia do capitalismo o desafio de transformação da realidade é apresentado enquanto urgente necessidade prática.

Totalidade e crítica radical

Ao justificar uma posição teórica argumentando a necessidade prática de transformação da realidade concreta, reconhecemos que a teoria por si só não transforma o mundo real. Por si própria, a teoria é inoperante, ou seja, não se realiza. A sua eficácia é condicionada pela "existência de uma necessidade radical que se expressa como crítica radical e que, por sua vez, torna possível sua aceitação" (Sánchez-Vázquez, 2011, p. 120).

A passagem da teoria à prática, ou da crítica radical à práxis radical (Vasquez, 2011) é condicionada por uma situação histórica determinada. Ou seja, este processo sofrerá tanto os impactos limitadores impostos pela falta do tempo livre, dos recursos materiais e organizacionais e das armadilhas da batalha ideológica, quanto os impactos impulsionadores advindos do avanço na consciência política coletiva.

> Para que a crítica vingue, tem de ser radical. "Ser radical" – diz Marx – "é atacar o problema pela raiz. E a raiz para o homem é o próprio homem". Crítica radical é crítica que tem como centro, como raiz, o homem; crítica que responde a uma necessidade radical. "Em um povo, a teoria só se realiza na medida em que é a realização de suas necessidades". (Sánchez-Vázquez, 2011, p. 119)

A crítica radical envolve a profunda compreensão sobre as bases sociais e históricas sob as quais os homens (seres humanos) se relacionam, o que implica a profunda análise e crítica sobre os fundamentos, as dimensões, as implicações e as consequências do modo de produção capitalista, que é compreendido pela corrente marxista como uma "totalidade contraditória".

Carvalho (2007) aponta que a categoria "totalidade", considerada central na gnosiologia dialética marxista, vem sofrendo ataques e sendo suprimida mesmo por aqueles que reivindicam esta tradição. Para o autor, a categoria totalidade permanece atual, necessária e insubstituível para pensar as mais diversas esferas da sociabilidade burguesa e o processo de sua superação. Sem esta categoria, "qualquer interpretação teórica do mundo fica reduzida a um amontoado incoerente, amorfo e desarticulado de fragmentos" (Carvalho, 2007, p. 180).

> Numa totalidade, o conhecimento das partes e do todo pressupõe uma reciprocidade, porque o que confere significado tanto ao todo quanto às diversas partes que o formam são determinações, dispostas em relações, que exatamente perpassam e completam a transversalidade do todo, de modo que não pode haver conhecimento de um todo ou de partes dele se, amputada a totalidade, isolados os seus elementos entre si e em relação à totalidade e desconhecidas suas leis, não é possível captar a amplitude de determinações ontológicas das partes e da totalidade – determinações que só podem ser apreendidas se a análise percorre a transversalidade essencial do todo. (Carvalho, 2007, p. 181)

Loureiro (2004) também ressalta a importância da categoria totalidade como princípio para a compreensão da realidade, ela mesma uma totalidade concreta e contraditória.

> Como princípio metodológico, não significa um estudo de tudo de uma só vez, visto que a realidade é inesgotável, o que seria uma premissa totalitária ou a crença de que o todo é igual a um "tudo estático e absoluto". Existe a compreensão de que na realidade há todos estruturados e variáveis, nos quais não se pode entender um aspecto sem relacioná-lo com o conjunto, por exemplo, a humanidade em sua especificidade fora da natureza e a natureza sem considerar a sociedade pela qual se "olha". Significa racionalmente compreender que o singular ganha sentido em suas relações e que o todo é mais que a soma de singularidades, num movimento de mútua constituição. (Loureiro, 2004, p. 71)

Como nos aponta Kofler (2010), o conceito de todo não pode representar, na dialética, algo rígido nem unívoco no sentido da lógica formal. O que decidirá acerca dos limites do todo que se investiga em cada caso é a realidade efetiva, assim como o problema que se aborda. Desta forma, é necessário efetuar recortes, "decompor em totalidades subordinadas o recorte do todo que inicialmente constituiu o objeto" (Kofler, 2010, p. 56), sem, com isso, perder de vista a conexão universal das manifestações.

> [...] a partir da análise da relação entre partes e o todo, a riqueza concreta das contradições dialéticas se desenvolve crescentemente no interior de um processo unitário, descobrindo-se assim a essência das manifestações. (Kofler, 2010, p. 61)

Miriam Limoeiro Cardoso, em sua análise do método em Marx (Cardoso, 1990), nos aponta que o "concreto" (aquilo que à primeira vista é reconhecido como concreto) só ganha sentido quando a análise vai descobrindo suas determinações, pois a realidade social é uma realidade determinada, os fatos sociais são como são por alguma razão.

> Há relações específicas que os engendram, eles respondem a uma certa causalidade. Neste sentido, são determinados e, assim, sua explicação só pode ser conseguida quando se apreende sua determinação. (Cardoso, 1990, p. 12)

> Se a realidade é um todo dialético e estruturado, o conhecimento concreto da realidade não consiste em um acrescentamento sistemático de fatos a outros fatos, e de noções a outras noções. É um processo de *concretização* que procede do todo para as partes e das partes para o todo, dos fenômenos para a essência e da essência para os fenômenos, da totalidade para as contradições e das contradições para a totalidade; e justamente neste processo de correlações em espiral no qual todos os conceitos entram em movimento *recíproco* e se elucidam mutuamente, atinge a concreticidade. (Kosik, 1976, p. 41)

É preciso estar atento para não confundir e não substituir a noção de totalidade concreta por uma totalidade abstrata que despreza a riqueza do real, a sua contraditoriedade e multiplicidade de significados, de forma a considerar, de antemão, todos os fatos como sendo predeterminados, pois, "a totalidade sem contradições é vazia e inerte, as contradições fora da totalidade são formais e arbitrárias" (Kosik, 1976, p. 51).

Igualmente abstrata é a noção de totalidade que despreza que:

> é o homem, como *sujeito histórico real*, que no processo social de produção e reprodução cria a base e superestrutura, forma a realidade social como totalidade de relações sociais, instituições e ideias; e nesta criação da realidade social objetiva cria ao mesmo tempo a si próprio, como ser histórico e social, dotado de sentidos e potencialidades humanas, e realiza o infinito processo da "humanização do homem". (Kosik, op. cit., p. 51)

Desta forma, a passagem da crítica radical à práxis radical coloca-se como desafio primordial a ser enfrentado pela educação ambiental crítica no caminho para a "humanização do homem" que, sob a égide das relações capitalistas, se desumaniza (Freire, 1996).

Totalidade, prática pedagógica e práxis radical

Paulo Freire, importante referência para a educação crítica no Brasil e no mundo, dedicou sua trajetória de educador popular à "necessidade prática" de transformação da sociedade.

> Na verdade, não há humanização, assim como não há libertação sem transformação revolucionária da sociedade de classes, em que a humanização é inviável [...]. Analfabetos ou não, os oprimidos, enquanto classe, não superarão a situação de explorados a não ser com a transformação radical. (1984, p. 48; 112)

A aproximação do pensamento de Freire ao marxismo é tema de intensos debates e aparece de formas mais explícitas em algumas obras, especialmente a partir do período do exílio em 1964. Segundo suas palavras:

> Em última análise, devo dizer que tanto minha posição cristã quanto a minha aproximação de Marx, ambas jamais se deram ao nível intelectualista, mas sempre referidas ao concreto. Não fui às classes oprimidas por causa de Marx. Fui a Marx por causa delas. O meu encontro com elas é que me fez encontrar Marx e não o contrário. (1979, p. 74-5)

A partir do momento em que a contribuição marxista se delineia de forma mais clara no conjunto de suas ideias, Freire investe não mais em "aspectos políticos" da educação, mas em sua "totalidade política" (Scocuglia, 2001).

Ao defender a "compreensão mais rigorosa dos fatos" (Freire; Macedo, 2011), Freire busca desafiar os sujeitos do processo educativo a compreender a realidade social e histórica como "processo do vir a ser". Enquanto sujeitos históricos, os sujeitos do processo educativo – considerados "intelectuais" no sentido que Gramsci deu ao termo[5] – desempenham papel fundamental.

Freire argumenta que:

> É preciso desafiar os alunos a compreender que, como sujeitos cognoscentes, a relação que se tem com objetos cognoscíveis não se pode reduzir apenas aos objetos. É preciso atingir um nível de compreensão da totalidade complexa de relações entre os objetos. Ou

---

5. "Todos os homens são intelectuais, mas nem todos os homens têm na sociedade a função de intelectuais" (Gramsci, 2001, p. 18).

> seja, é preciso desafiá-los a tratar criticamente o "varal de informação" com que estão trabalhando. [...] Mediante a prática política, a sensibilidade menos coerente do mundo começa a ser superada e as buscas intelectuais mais rigorosas dão origem a uma compreensão mais coerente do mundo. (Freire; Macedo, 2011, p. 155)

A "compreensão mais rigorosa dos fatos", longe de encerrar-se apenas no nível intelectual, ganha a dimensão da "práxis radical".

> O que Marx nos diz é que o proletariado não pode emancipar-se sem passar da teoria à práxis. Nem a teoria por si mesma pode emancipá-lo, nem sua existência social garante por si só sua libertação. É preciso que o proletariado adquira consciência de sua situação, de suas necessidades radicais e da necessidade e condições de sua libertação. (Sánchez Vázquez, 2011, p. 120)

A "compreensão mais coerente do mundo", conforme expressa Freire, é ancorada na visão dialética e em nada se assemelha a uma perspectiva de "harmonia". Compreendemos que a "totalidade complexa" sobre a qual se refere, Freire vai além das "banalidades" que aponta Kosík (1976): "que tudo está em conexão com tudo, e que o todo é mais que as partes" (p. 34).

O "todo" sobre o qual se refere não é uma mera representação caótica, mas uma "rica totalidade que possui múltiplas determinações e relações" (Marx apud Kofler, 2010, p. 72).

> No varal [de informação], podemos ter um fluxo de informação e, no entanto, permanecer incapazes de ligar uma peça de informação à outra. Uma pessoa politizada é aquela que pode classificar as peças diferentes, e muitas vezes fragmentadas, contidas no fluxo. Essa pessoa deve ser capaz de esquadrinhar o fluxo de informações e relacionar, por exemplo, Pinochet a Reagan, ou compreender o conteúdo ideológico da expressão "combatentes da liberdade" quando aplicadas aos *Contras*, empenhados em sabotar o processo revolucionário na Nicarágua. [...] A nitidez política é possível na medida em que se reflita criticamente sobre os fatos do dia a dia e na medida em que se transcenda à própria sensibilidade (a capacidade de senti-los, ou de tomar conhecimento deles) de modo que, progressivamente, se consiga chegar a uma compreensão mais rigorosa dos fatos. (Freire; Macedo, 2011, p. 154-155)

Freire fala dos "obstáculos" que ofuscam a "nitidez política", aos quais chama de "obstáculos ideológicos" (Freire; Macedo, 2011, p. 155).

Em Marx, o conceito de ideologia está relacionado a um conjunto de mecanismos e processos (que se apresentam em todas as manifestações de vida individual e coletiva) que dificulta o reconhecimento e a compreensão, por parte dos explorados, acerca do próprio processo de exploração e opressão no seio das relações de produção. As ideologias não são expressas por uma falsa consciência que nos coloca em um terreno de equívocos. Elas são sustentadas por uma firme base material, que torna a sua análise e crítica um processo bastante complexo.

Considerando que o meio é formado pelos homens e que o meio forma os homens, a reprodução da ordem capitalista pressupõe uma estrutura ideológica, ou seja, uma organização material voltada para manter, defender e desenvolver a "frente" teórica ou ideológica da dominação (Gramsci, 2011).

Como exemplos, o projeto de "desenvolvimento sustentável" da Unesco e a "solução" do "consumo sustentável" ou "consumo consciente" são fundamentados em problemáticas concretas e aparentam buscar "transformar" a realidade social para solucionar problemas sociais e ambientais. No entanto, estes envolvem os fundamentos da exploração capitalista em um "véu de névoa", tornando-os inalterados. Não por acaso, estas perspectivas recebem mais financiamento e apoio em comparação às abordagens críticas e são largamente difundidas pelos instrumentos da mídia e do poder público, chegando às escolas por meio de cartilhas e materiais didáticos.

A análise crítica das ideologias nos permite melhor conhecer a atual forma de produção e reprodução da vida social e nos instrumentaliza para a organização e a ação consciente.

Freire não se dedicou especificamente ao estudo da educação ambiental, mas suas amplas reflexões abrem possibilidades para refletirmos a partir de sua teoria do conhecimento e do seu método pedagógico. Através de suas reflexões sobre a "práxis", ele oferece meios para refletirmos sobre o ético, o político e o pedagógico na ação de ensinar e aprender. Assim, encontramos em sua obra os pressupostos teóricos para subsidiar a educação ambiental crítica vista na sua totalidade (Tozoni-Reis, 2006).

As contribuições de Paulo Freire para a educação ambiental crítica auxilia os educadores na adoção de estratégias políticas dirigidas à emancipação/libertação inscritas nos marcos de um processo de radicalização da questão social. Suas reflexões oferecem importantes aportes àqueles que se posicionam contrários às lógicas neoliberais hegemônicas que o capitalismo assume na América Latina, pois coloca em evidência os fundamentos filosófico-políticos da "educação libertadora" (Tozoni-Reis, 2006). Os referenciais do legado freireano para a educação ambiental apontam para:

> – uma relação de interioridade entre política e educação; – a educação como produto de uma relação histórica e socialmente instituída e, portanto, politicamente alterável; – a introdução do conceito de educação dialógica, que se opõe à educação bancária e indica que o processo educacional não conduz necessariamente à reprodução do poder dominante; – a educação dominante como resultado das lutas políticas e sociais; – o educador e o educando como *posições* não-essenciais, não-inamovíveis e, portanto, suscetíveis de ser ocupadas por sujeitos sociais distintos; – o estudo das particularidades do tecido político-pedagógico como objetos de interesse para toda pedagogia democrática. (Puiggrós, 2000, p. 109)

Conceito relevante na obra de Paulo Freire é o da "conscientização". Para Freire, isto significa que os sujeitos, ao se aprofundarem no conhecimento da realidade vivida concretamente, têm as possibilidades de emergir no conhecimento de sua própria condição humana, ou seja, de sua própria vida.

Em vista disso, a "educação libertadora" é uma alternativa política à educação tradicional, que ele denominou "educação bancária" – que por opção política e metodológica possui caráter "pacificador". A educação bancária é aquela em que a transmissão de conhecimentos é de educadores para educandos, sem promover uma crítica radical tanto da sociedade como do processo educativo.

Por sua vez, a educação libertadora objetiva questionar as relações dos homens entre si e deles com o mundo, criando condições para um processo de desvelamento do mundo que tem como prioridade transformá-lo socialmente.

Para Freire, a educação não é a garantia das transformações sociais, mas as transformações são impossíveis sem ela, sem uma visão crítica da realidade (Freire, 2011).

Paulo Freire, em um dos subtítulos do primeiro capítulo de sua *Pedagogia do Oprimido* (2011), revela que ninguém liberta ninguém, ninguém se liberta sozinho: os homens se libertam em comunhão. A *Pedagogia do Oprimido*, de Paulo Freire, tem seu projeto histórico-político pertencente à humanidade, dada a sua universalização pedagógica e libertadora. O contexto histórico da "pedagogia da libertação" surge de um processo histórico de libertação dos povos latino-americanos, expresso, também, em outras formulações teórico-metodológicas, como a "filosofia da libertação" ou "ética da libertação", a "teologia da libertação", o "teatro do oprimido" de Augusto Boal e dos movimentos de educação e de cultura popular (Andreola, s/d).

> Paulo Freire, já entre meados da década de 60 a meados da década de 70, defende a "educação numa perspectiva libertadora", como método de ação transformadora. Mais que uma pedagogia, Freire desenvolve elementos de uma filosofia da educação. Considerando a práxis como a relação dinâmica entre prática e teoria, ação e reflexão, mundo e consciência, em que ambos os pólos se fazem e se refazem continuamente pela sua relação dialética, Freire esclarece que tal unidade entre teoria e prática existe tanto em uma educação orientada à "libertação" quanto em uma outra orientada à "domesticação". A educação libertadora é o "procedimento no qual o educador convida os educandos a conhecer, a desvelar a realidade do modo crítico" (Freire, 1970, p. 89) não podendo o educador portanto impor o conhecimento aos educandos: "a educação para a libertação é um ato de conhecimento e um método de ação transformadora que os seres humanos devem exercer sobre sua realidade" (Freire, 1970, p. 90). Como características próprias dessa educação, inscrevem-se: a problematização e a dialogicidade. (Mance, s/d, p. 21)

Para Freire, a libertação[6] é dialeticamente compreendida no processo de vir-à-ser superado na contradição opressor-oprimido/colonizador-colonizado. Assim, Freire aponta que *A Pedagogia do Oprimido*, como pedagogia humanista e libertadora, terá dois momentos: o primeiro é aquele em que os oprimidos vão desvelando o mundo da opressão e vão comprometendo-se na práxis com a transformação; já o segundo é aquele em que, transformada a realidade opressora, esta pedagogia deixa de ser do oprimido e passa a ser a pedagogia dos homens em processo de permanente libertação (Freire, 2011).

---

6. "Libertação autêntica é práxis para transformar o mundo. O quefazer do educando nesse processo não é meramente como se fosse a posição de um vaso no contexto da tela, mas antes a de um pintor que esquadrinha a nova realidade. Dota-se de uma futuridade revolucionária em que se faz a denúncia da opressão e depois se encaminha para fazer o anúncio do novo tempo, aliás, muito próximo do que teorizara Dussel. A inconclusão do homem e a consciência por ele da mesma é que o levaria à busca por ser-mais, numa solidariedade dos existentes. Então, a concepção problematizadora tem um aporte crítico que rompe com o fatalismo da prática da dominação e dirige-se à libertação" (Pazzelo, s/d, p. 16).

Desta forma, a *Pedagogia do Oprimido* impõe-se como uma pedagogia do ser humano nas mais diversas e complexas relações. Assim, o educador é instado a agir na práxis. Para isso, ele precisa ser educado/educar/educar-se, não lhe sendo suficiente o simples contato distanciado com aqueles aos quais se destina a sua tarefa. É neste horizonte que o pensamento de Paulo Freire possui reconhecimento em suas premissas políticas, que se tornam essenciais para a educação ambiental.

A concepção política de Freire dá sentido à utopia de construção da nova sociedade livre, solidária e humanista. Tal projeto impele uma pedagogia da luta política a ser elaborada no processo da luta libertadora que os oprimidos travam historicamente. É por esta razão que não devem existir receitas prontas e previsões de como acontecerá o processo político libertador.

Porém, existe a exigência radical do cultivo da dialogicidade para que juntos, educadores e educandos, possam superar as práticas que reproduzem a opressão por uma nova cultura essencialmente humanizadora (Zitkoski, 2007).

Totalidade e formação em educação ambiental

Conforme aponta Loureiro (2004):

> Em nossa atuação como educadores, para fins de delimitação da ação e estratégias no planejamento, fazemos recortes e escolhas. Isso é correto e necessário para não se gerar o imobilismo diante do desafio posto, mas o que não se pode fazer é pensar no recorte em si, desconsiderando o contexto, as opções feitas, as condicionantes e o que se pretende alcançar com a prática cotidiana. Desarticular a atuação na realidade local do contexto societário e natural global favorece a fragmentação do conhecimento e o resultado pragmático visto como um fim, com desdobramentos na "esfera pública" muitas vezes contrários ao que se pretendia. Este é o problema de uma vinculação não-dialética entre economia, política e ética. Agir e pensar em um lócus pressupõe agir e pensar no todo. (Loureiro, 2004, p. 73)

De forma semelhante, já indicamos que a eficácia de uma teoria é condicionada pela existência de uma necessidade radical que, ao se expressar como crítica radical, torna possível a sua aceitação e a passagem a uma práxis radical.

Ao delimitar os objetivos do processo educativo e efetuar os necessários recortes, o educador deve se perguntar sobre qual "necessidade radical" está a lidar no processo educativo. A resposta a esta pergunta, contudo, deverá ser fruto do processo educativo coletivo. Isso implica reconhecer que o processo educativo ocorre com sujeitos concretos, em contextos sociais e ambientais concretos.

Desta forma, a passagem da pura teoria (ou de processos educativos conservadores) à práxis radical só é possível quando coletivamente se reconhece uma "necessidade radical" de transformação. O reconhecimento da "necessidade radical" de transformação da sociedade não é algo fácil, visto o processo ideológico que é operado no sentido de convencer a classe trabalhadora oprimida de que as pequenas soluções dentro da ordem podem resolver os problemas sociais.

No entanto, a tomada de consciência sobre esta "necessidade radical" não é possível de ocorrer apenas no nível da "sensibilização", em que os educandos são apresentados, por exemplo, aos graves efeitos dos agrotóxicos na saúde humana ou dos fenômenos climáticos extremos que ocorrem em decorrência das mudanças climáticas.

Saber sobre os "graves efeitos dos agrotóxicos na saúde humana" não contribuirá, por si só, para uma transformação na forma de produzir alimentos; e reconhecer que as "mudanças climáticas" provocarão maior incidência de fenômenos climáticos extremos não contribuirá para amenizar os seus efeitos sobre as populações que são colocadas em situação de vulnerabilidade socioambiental (Quintas, 2004).

Nos exemplos acima, a realidade, por estar sendo pensada de forma fragmentada e caótica, é apresentada como um "amontoado" de informações que quando reunidas informam sobre a dimensão dos impactos humanos no planeta. No entanto, por mais "sensibilizados" que fiquem os sujeitos deste processo educativo, não é possível atingir ao que chamamos "necessidade radical" que poderá conduzir à práxis radical.

Compreendemos que "radical" significa "ir na raiz" e que "a raiz para o homem é o próprio homem". Uma teoria, para se realizar enquanto práxis radical, precisa contribuir para a compreensão das raízes. Para que o processo de transformação se configure enquanto "necessidade radical", estas raízes devem ser relacionadas aos sujeitos históricos participantes do processo educativo, de forma que ganhem sentido.

O "recorte" na delimitação dos objetivos do processo educativo, desta maneira, deve ser feito de forma a propiciar o processo de "concretização" (Kosík, 1976), no qual as "partes" e o "todo" se elucidam mutuamente. As "partes" podem ser repensadas ao longo do processo educativo, assim como os objetivos pedagógicos.

Ao ser concebido enquanto um processo de concretização – em movimento dialético das partes para o todo e do todo para as partes –, o processo pedagógico possibilita a compreensão das múltiplas determinações que permeiam a realidade concreta que, por sua vez, possibilita a tomada de consciência acerca da "necessidade radical" de transformação.

Para retomar os exemplos que já foram dados, a partir deste processo de concretização seria possível relacionar o modo de produzir alimentos e demais mercadorias (com uso intensivo de recursos naturais e exploração da força de trabalho) às causas da "crise ambiental" expressa por meio das chamadas "mudanças climáticas" e compreender as múltiplas determinações que fazem com que alguns grupos sociais sejam mais afetados que outros pelos efeitos dos eventos climáticos extremos.

O movimento de passagem para a práxis radical, conforme já apontamos, é, também, condicionado pela realidade concreta, sofrendo tanto limitações quanto propulsões.

Conforme aponta Marx, a realidade concreta material condiciona a consciência dos sujeitos.

> Os homens são produtores de suas representações, de suas ideias e, com efeito, os homens são condicionados pelo modo de produção de sua vida material, por seu intercambio material e seu desenvolvimento ulterior na estrutura social e política. [...] A consciência jamais pode ser outra coisa do que o ser consciente, e o ser dos homens é o seu processo de vida real. [...] Não é a consciência que determina a vida, mas a vida que determina a consciência. (Marx; Engels, 1993, p. 36-37)

Deixar de reconhecer os limites do processo educativo é conceber a educação como estando fora ou acima das dinâmicas da sociedade. Ao reconhecer os limites concretos de cada processo pedagógico é possível sair do "mundo das ilusões" e iniciar o movimento concreto de transformação da realidade.

Os limites do tempo, da infraestrutura, dos materiais didáticos, dos recursos organizacionais e/ou a falta deles, assim como os limites impostos por correlações de força desfavoráveis a um processo educativo de crítica radical e os limites de ordem cognitiva, condicionarão o processo educativo e, por isso, precisam ser considerados ao serem traçados os objetivos do processo pedagógico.

Consoante com Quintas (2004), acreditamos que devem ser traçados objetivos em dois níveis: um objetivo imediato e um objetivo a largo prazo, que informará sobre a própria finalidade do ato educativo em questão. Os objetivos imediatos, ou seja, os propósitos imediatos do ato educativo, devem ser pensados de forma a caminhar para atingir a finalidade, a diretriz maior. Assim, os objetivos gerais e específicos devem explicitar a articulação com esta diretriz maior.

Contudo, é preciso afirmar que os objetivos devem ser pensados de forma concreta, devem ser objetivos concretos e possíveis de serem atingidos no tempo estipulado e com os recursos disponíveis. Explicitar os objetivos do ato educativo é, também, parte do processo político-pedagógico de "concretização", pois, sendo assim concebidos, os objetivos informarão sobre as possibilidades e os limites do ato educativo.

Metodologicamente, o aporte que a compreensão da categoria totalidade fornece aos processos educativos é a compreensão de que os sujeitos envolvidos neste processo não podem ser amputados da totalidade concreta que é a realidade histórica, econômica, política, social e cultural em que estes se inserem ativamente. Isso implica o reconhecimento dos educadores e educandos enquanto sujeitos que corporificam a dialética do individual e do humano em geral e que, como seres históricos, modificam o meio e são modificados por ele.

O educador, ao trabalhar com grupos que enfrentam situação de vulnerabilidade socioambiental e que foram historicamente expropriados dos direitos à saúde, à educação, à seguridade social e ao meio ambiente ecologicamente equilibrado, precisa ter em consideração que todas estas "ausências" do Estado enquanto garantidor de direitos certamente impactaram profundamente tanto a história individual dos sujeitos quanto a história do coletivo. Não são poucos os casos em que esta "ausência" do Estado no provimento das necessidades básicas humanas são suplantadas pela forte presença repressora e criminalizadora de forças estatais.

Nestes casos, é bastante comum que o longo processo histórico de exclusão contribua para sentimentos de impotência, revolta ou apatia frente à situação em que se encontram. Como resgatar junto a estes grupos a esperança para que o reconhecimento da "necessidade radical" de transformação conduza à práxis radical? Voltamos a afirmar que o processo educativo por si só não é capaz de transformar a realidade e que não existem "receitas" infalíveis quando se fala em educação.

No entanto, afirmamos que a educação é parte indispensável para que os processos de transformação social se consolidem e atuem no sentido da garantia dos demais direitos sociais. Desta forma, acreditamos que é indispensável o fortalecimento do "sentido de público". Isso implica o reconhecimento de que, em uma sociedade cindida em classes, tanto o Estado – com seus aparelhos jurídicos, a polícia, as escolas públicas e demais instituições públicas – quanto os aparelhos da "opinião pública" (igrejas, sindicatos, jornais, revistas, mídias digitais e outros) estão em disputa e que historicamente vêm servindo a um projeto de sociedade que é desigual e excludente.

Assim, o fortalecimento do "sentido de público" demanda o fortalecimento de um projeto de sociedade que inclua as diferenças, mas que, primordialmente, garanta a igualdade entre todos os cidadãos.

O fortalecimento das instituições escolares públicas, ancorado na autonomia para o cumprimento da função de ampla formação humana; o fortalecimento dos serviços de saúde pública para o atendimento amplo e não discriminatório, com assistência social às gestantes e pessoas com necessidades especiais; o fortalecimento e cumprimento das legislações ambientais que punem severamente os "grandes poluidores" são alguns exemplos de lutas que estão sendo travadas por dentro dos espaços públicos de participação (conselhos municipais, câmaras técnicas etc.), por dentro de órgãos da administração pública por meio de servidores organizados em sindicatos, por dentro das universidades públicas e em determinados movimentos sociais.

A articulação dos espaços formais e não formais de educação; a aproximação da escola à comunidade em que se insere e atende; a aproximação de movimentos sociais, sindicais e partidos políticos; a integração de atividades curriculares e extracurriculares; a ação organizada em espaços públicos de tomada de decisão política; a construção coletiva e democrática do projeto político-pedagógico e a vinculação das atividades de cunho cognitivo com as mudanças das condições objetivas de vida são algumas possibilidades de ações a serem experimentadas de forma crítica na construção do processo permanente de "concretização" visando a uma práxis radical verdadeiramente transformadora.

Considerações finais

Acreditamos que a educação ambiental – por enfocar as articulações entre ambiente e sociedade e denunciar as consequências desastrosas da ação humana sobre o ambiente – para que tenha um caráter de crítica radical que almeje à transformação social, demanda as contribuições metodológicas e epistemológicas aportadas pela categoria marxista da totalidade.

Compreendemos que as posições de Paulo Freire contribuem para repensarmos os fundamentos de uma educação ambiental que atue na compreensão e no enfrentamento das desigualdades sociais.

A educação ambiental, por ser um campo de conhecimento transversal que agrega diferentes áreas e estar presente em espaços formais e não formais de educação, acaba por ser fortemente influenciada por perspectivas que apresentam a realidade como sendo "demasiadamente caótica para que se possa transformar". Estas perspectivas tendem a contribuir para o imobilismo ou para o "ativismo" ingênuo que perde força ao se deparar com o primeiro obstáculo do caminho.

Conforme apresentamos neste texto, são inúmeros os "obstáculos" e os desafios impostos à tarefa histórica da transformação social por parte da classe trabalhadora nos países da periferia do capitalismo.

Neste sentido, reivindicar a categoria marxista da totalidade e o método do materialismo histórico dialético na práxis da educação ambiental crítica se constitui como um ato de resistência às apropriações que este campo vem sofrendo por parte dos setores dominantes no seu exercício da hegemonia.

Referências

ACCIOLY, Inny B. **Ideário ambiental e luta de classes no campo**: análise crítica do Programa de Educação Ambiental e Agricultura Familiar do Ministério do Meio Ambiente. 2013. Dissertação (Mestrado em Educação) – Universidade Federal do Rio de Janeiro, Faculdade de Educação.

ANDREOLA, Balduino A. **Freire e Habermas**: aproximações possíveis e convergências impossíveis. (digitado) s/d.

CARDOSO, Miriam. Para uma leitura do método em Karl Marx: Anotações sobre a "Introdução" de 1857. **Cadernos do ICHF**, Universidade Federal Fluminense, Instituto de Ciências Humanas e Filosofia, Niterói, n. 30, set. 1990.

CARVALHO, Edmilson. A Totalidade como Categoria Central na Dialética Marxista. **Revista Outubro**, n. 15, p. 175-193, 2007.

COLEMARX. **Plano Nacional de Educação (2011-2020)**: Notas Críticas. Rio de Janeiro: AdUFRJ, 2014. Disponível em: <https://goo.gl/qVho5j>. Acesso em 18 ago. 2017.

COSTA, César A. S.; LOUREIRO, Carlos F. B. Educação ambiental crítica: uma leitura ancorada em Enrique Dussel e Paulo Freire. **Revista Geoaraguaia**, v. 2, p. 1-17, 2013.

_____. A Natureza como "princípio material" de libertação: referências para a questão ambiental a partir de Enrique Dussel. **Educação Temática Digital**, Campinas, v. 17, n. 2, p. 289-307, 2015.

DUSSEL, Enrique. **20 teses de política**. São Paulo: Expressão popular, 2007.

CHESNAIS, François. **A Mundialização do Capital**. São Paulo: Xamã, 1996.

_____. Mundialização: o capital financeiro no comando. **Revista Outubro**, n. 5, p. 7-22, 2001.

FERNANDES, Florestan. **Sociedade de classes e subdesenvolvimento**. Rio de Janeiro: Zahar, 1975.

_____. **Nova República?** Rio de Janeiro: Zahar, 1985.

_____. **Sociedade de Classes e Subdesenvolvimento**. São Paulo: Global, 2008.

FREIRE, Paulo. **Educação e mudança**. Rio de Janeiro: Paz e Terra, 1979.

_____. **Ação cultural para a liberdade e outros escritos**. Rio de Janeiro: Paz e Terra, 1984.

_____. **Pedagogia da Esperança**. Rio de Janeiro: Paz e Terra, 1994.

_____. **A sombra desta mangueira**. São Paulo: Olho d'água, 1995.

_____. **Pedagogia da autonomia**: saberes necessários à prática educativa. Rio de Janeiro: Paz e Terra, 1996.

_____. **Pedagogia do Oprimido**. Rio de Janeiro: Paz e Terra, 2011.

_____; MACEDO, Donaldo P. **Alfabetização**: Leitura do Mundo, Leitura da Palavra. Rio de Janeiro: Paz e Terra, 2011.

FONTES, Virgínia. **O Brasil e o capital-imperialismo**: teoria e história. Rio de Janeiro: EPSJV/Editora UFRJ, 2010.

GONÇALVES, Reinaldo. **Desenvolvimento às avessas**. Rio de Janeiro: LTC, 2014.

GRAMSCI, Antonio. **Cadernos do cárcere**. Vol. 2. Rio de Janeiro: Civilização Brasileira, 2001.

_____. **Cadernos do cárcere**. Vol. 3. Rio de Janeiro: Civilização Brasileira, 2011.

KOFLER, Leo. **História e dialética**: Estudos sobre a metodologia da dialética marxista. Rio de Janeiro: Editora UFRJ, 2010.

KOSÍK, Karel. **Dialética do Concreto**. Rio de Janeiro: Paz e Terra, 1976.

LAMOSA, Rodrigo. **A educação ambiental e o novo padrão de sociabilidade do capital**: um estudo nas escolas de Teresópolis (RJ). 2010. Dissertação (Mestrado em Educação) – UFRJ/Faculdade de Educação/Programa de Pós-Graduação em Educação, Rio de Janeiro.

LEHER, Roberto. Iniciativa para a Integração da Infra-estrutura Regional da América Latina, Plano de Aceleração do Crescimento e a questão ambiental: desafios epistêmicos. In: LOUREIRO, Carlos F. B. (Org.). **A Questão ambiental no pensamento crítico**. Rio de Janeiro: Quartet, 2007, p. 223-255.

_____. Educação Ambiental como crítica ao desenvolvimento sustentável: desafios dos movimentos e das lutas sociais. In: LOUREIRO, Carlos F. B.; LAMO-

SA, Rodrigo (Orgs.). **Educação Ambiental no contexto escolar**. Rio de Janeiro: Quartet/CNPq, 2015, p. 15-34.

LOUREIRO, Carlos F. B. Educação Ambiental Transformadora. In: LAYRARGUES, Philippe P. (Org.). **Identidades da Educação Ambiental Brasileira**. Brasília: Ministério do Meio Ambiente, 2004, p. 65-84.

_____. Mundialização do capital, sustentabilidade democrática e Políticas Públicas: Problematizando os caminhos da educação ambiental. **Rev. eletrônica Mestr. Educ. Ambient**, Rio Grande, v. 22, p. 1-11, 2009.

MANCE, Euclides A. **O Pensamento filosófico brasileiro e sua contextualização histórica no século XX**. s/d.

PAZELLO, Ricardo P. **Pedagógica**: diálogo da libertação latino-americana a partir de Enrique Dussel e Paulo Freire. s/d.

PUIGGRÓS, Adriana. Paulo Freire do ponto de vista da interdisciplinaridade. In: STRECK, Danilo R.; et al. (Orgs.) **Paulo Freire**: ética, utopia e educação. Rio de Janeiro: Vozes, 2000, p. 95-111.

QUINTAS, José Silva. Educação no Processo de Gestão Ambiental: Uma proposta de educação Ambiental Transformadora e Emancipatória. In: LAYRARGUES, Philippe P. (Org.). **Identidades da Educação Ambiental Brasileira**. Brasília: Ministério do Meio Ambiente, 2004, p. 113-140.

SÁNCHEZ VÁZQUEZ, Adolfo. **Filosofia da Práxis**. Buenos Aires: Consejo Latinoamericano de Ciencias Sociales – CLACSO; São Paulo: Expressão Popular, Brasil, 2011.

SCOCUGLIA, Afonso C. A progressão do pensamento político-pedagógico de Paulo Freire. In: SCOCUGLIA. **Paulo Freire y la agenda de la educación latinoamericana en el siglo XXI**. Buenos Aires: CLACSO, 2001.

ZONI-REIS, Marília. Temas ambientais como "temas geradores": contribuições para uma metodologia ambiental, crítica, transformadora e emancipatória. **Educar**, Curitiba, n. 27, p. 93-110, 2006.

ZITKOSKI, Jaime. A Pedagogia freireana e suas bases filosóficas. In: GHIGGI, Gomercindo, SILVEIRA, Fabiane; PITANO, Sandro. (Orgs.). **Leituras de Paulo Freire**. Pelotas: Seiva, 2007, p. 229-248.

ONTOLOGIA DO SER SOCIAL E EPISTEMOLOGIA CRÍTICA: CONTRIBUIÇÕES PARA A QUESTÃO AMBIENTAL[7]

Carlos Frederico B. Loureiro[8]

Introdução

Há uma considerável produção acadêmica que relaciona tradição crítica marxista e a problemática ambiental no capitalismo contemporâneo, evidenciando que a crise ambiental nada mais é que uma importante e estrutural expressão da crise societária e seu marco civilizatório (Foster, 2005; Dussel, 2011; Loureiro, 2007, 2014 e 2015; Loureiro, Trein, Tozoni Reis e Novicki, 2012; Lowy, 2014; Altvater, 2007; entre muitos outros). Nestes trabalhos, um dos argumentos centrais utilizados, e crescentemente reconhecido no cenário nacional e internacional, é que a teoria crítica inaugurada por Karl Marx fornece categorias metodológicas e conceituais indispensáveis para a compreensão da questão ambiental em sua totalidade e historicidade. Como bem coloca Leher (2015), o revisitar de Marx se dá pela urgência dos problemas atuais, diante da agudização das contradições impostas pelo sociometabolismo do capital. A intensificação da destruição da natureza no processo de expansão da sociedade produtora de mercadorias, a universalização desta forma de sociedade (algo sem equivalente na história humana) e a relevância dos movimentos sociais na América Latina, que defendem a unidade indissolúvel entre as lutas contra as expropriações (e pelas emancipações) e a afirmação de direitos e culturas, reforçam a atualidade da crítica marxista.

Longe de ser uma teoria que hipostasia a tecnologia, a ética ou o ser humano da totalidade social, a teoria crítica inaugurada por Marx reconhece que o indivíduo e as múltiplas dimensões da vida humanas e constituem

---
7. Esse texto é uma versão ampliada do artigo: Loureiro, C. F. B. Educação ambiental e epistemologia crítica. *Revista Eletrônica do mestrado em Educação Ambiental*. Rio Grande, Furg, v. 32, n. 2, 2015.
8. Doutor em Serviço Social/UFRJ. Professor dos programas de Pós-graduação em Educação e em Psicossociologia de comunidades e Ecologia social – UFRJ. Coordenador do Laboratório de Investigações em Educação, Ambiente e Sociedade – Lieas/UFRJ. Pesquisador 1d do CNPq.

na e pelas relações sociais historicamente determinadas. Desse modo, interpretar, representar e conhecer algo (uma pessoa, um grupo, classe ou qualquer categoria da existência social) implica em conhecer os modos de produção da existência material e simbólica, os distintos modos de ser.

A visão de mundo marxista, ao ser uma ontologia centrada no metabolismo sociedade-natureza como momento fundante do ser social e ao partir de uma epistemologia que refuta toda forma de pensamento que dissocia indivíduo e sociedade, por entendê-las como formas constitutivas das relações alienadas capitalistas, busca superar o idealismo e o objetivismo, a "naturalização" do que é socialmente produzido e a essencialização do ser humano. Para tanto, sustenta um modo de pensar que se define na práxis social, que apreenda o movimento do real em sua complexidade. Afinal, uma prática revolucionária exige uma teoria revolucionária, que qualifique a ação transformadora para além do exercício crítico de questionar racionalmente algo posto como problema e que se assuma como produção social, portanto, intrinsicamente relacionada à dimensão ideológica e de classe (Trein, 2012).

A crítica de matriz marxista, nessa linha de raciocínio, não se esgota em críticas teórico-formais ou éticas, mas se fundamenta na explicitação dos mecanismos de produção (pela expropriação do trabalho e uso intensivo e expansivo da natureza) e reprodução (pela dominação de Estado, hegemonia ideológica e opressão social) do capitalismo, na postura teórico-prática transformadora, no posicionamento político comprometido com as lutas sociais por emancipação.

No sentido epistêmico-político, podemos ainda dizer que, em termos de finalidade última, para os crítico-marxistas a justiça social não pode ser obtida apenas com justiça distributiva, apelo ético ou acúmulo de conhecimento científico e desenvolvimento tecnológico, mas com a transformação radical das relações produtoras de mercadorias e da alienação, o que envolve, entre outras, essas dimensões compreendidas necessariamente de modo relacional e contraditório (Marx e Engels, 2003). E a justiça ambiental (Loureiro, 2014) deixa de ser um contemplativo e idealizado desejo de harmonia com a natureza para ser a materialização de relações sociais entre sujeitos emancipados na natureza não redutível à precificação e à coisificação. Para o pensamento crítico, lutar por justiça social e superação das formas de dominação representa garantir a livre realização das potencialidades individuais, ou seja, a construção cultural diversa e não alienada que possibilita relações com a natureza distintas das determinadas no capitalismo (Iasi, 2011).

É em cima desses pressupostos e argumentos que procuraremos aprofundar um pouco mais alguns aspectos ontológicos e epistemológicos da teoria crítica marxista, naquilo que pode contribuir com o debate ambiental e com a compreensão das causas estruturais dos problemas e dilemas que a humanidade vive em suas formas dominantes de relacionamento consigo mesmo e com a natureza.

Ontologia do ser social e o metabolismo sociedade-natureza

O ser humano para existir precisa continuamente produzir seus meios de vida. Isso impõe a transformação da natureza na satisfação de necessidades materiais e simbólicas, biológicas e socialmente estabelecidas ao longo da história. Esse processo de transformação da natureza, denominado de trabalho, não só determina dialeticamente o modo como satisfazemos necessidades como o nosso próprio modo de existir como indivíduos em sociedade. Nesse movimento ontológico, o ser natural se constitui também como ser social.

Assim, para o materialismo histórico-dialético não existem duas essências: a humana e a natural, mas sim a dialética natureza histórica-história natural, a unidade da natureza que está para além de nós e a partir da qual nos afirmamos como ser humano e nos tornamos distintos das demais espécies. Tal concepção implica afirmar que a materialidade dos processos que contam com a atividade humana não pode ser vista de modo mecânico, pois nas próprias relações causais se inserem as ações dos agentes sociais. A determinação material deve ser entendida como momentos e condições objetivas e objetivadas (historicamente produzidas) das quais partimos em nosso movimento de transformação e constituição do ser social e da própria realidade (Chasin, 2009).

A história, em Marx, não se refere a uma sucessão de fatos e ideias no tempo, mas ao modo concreto como produzimos nossa existência social sob certas condições. Isso significa procurar entender a indissociação entre o sujeito, a ação, o produto desta e as características tendenciais que a sociedade assume nesse movimento. A totalidade social, nessa linha de raciocínio, é um complexo estruturado e historicamente determinado, ou melhor dizendo, um complexo de complexos cujas partes específicas (totalidades parciais) estão relacionadas entre si, numa série de inter-relações e determinações recíprocas que variam constantemente e se modificam (Bottomore, 2001).

Com isso, todo trabalho é social e em sendo social, o que é produzido, aprendido e conhecido precisa ser transmitido e constantemente recriado no movimento de objetivação-subjetivação que cada um de nós realiza. Em sendo um ser que se torna específico por sua atividade criadora e intencional (a práxis) no mundo e na relação com o outro, que tem no trabalho seu momento fundante, a educação torna-se uma exigência do tornar-se humano. Não há sociedade sem educação, no sentido de que não vida social sem que o que a humanidade produziu (instrumentos, tecnologia, ciência, arte, condutas, costumes, valores, conhecimentos vários, ou seja, cultura) seja transmitido, reproduzido, ampliado, socializado e transformado.

Em termos ontológicos, Marx trouxe elementos para a constituição de uma dialética social na natureza, movimento este objetivado por meio da práxis, num processo de estar no mundo, de agir no mundo, de ser o/no mundo, transformando-se e transformando-o (Mészáros, 2013). Conforme nos ensina Lukács (2010; 2012), nesse movimento complexo de constituir-se como ser social, o momento de produção de meios de vida e satisfação de necessidades é indissociável e condição para a sociabilidade, a linguagem e as trocas simbólicas, que são determinadas e determinantes do próprio metabolismo sociedade-natureza.

Iasi (2012) organiza esse movimento de constituição do ser social em etapas que não podem ser pensadas isoladamente ou em uma sequência linear: (1) a produção social da existência na interação com a natureza e na produção de instrumentos que permitem a transformação e criação dos meios de vida e a satisfação de necessidades; (2) o próprio movimento de constituição dessas atividades e seus produtos, em que novas necessidades materiais e simbólicas são criadas e tornam-se tão importantes quanto as necessidades primárias vinculadas à sobrevivência biológica; (3) a reprodução da espécie e das relações sociais por meio da família e demais relações coletivas vinculadas à sociabilidade; (4) a reprodução de determinados modos de vida, condicionados pelo desenvolvimento das forças produtivas, formas de cooperação, culturas, saberes, e relações sociais estabelecidas; (5) o movimento dinâmico, complexo e interdependente das quatro etapas, produzindo a totalidade social em cada momento histórico em suas particularidades. Dessa forma, o humano, enquanto elemento constituinte da natureza, com ela e por meio dela se desenvolve e se (re)afirma, em um constante devir, na contraposição com o seu outro: "O homem, portanto, só se desenvolve em relação a esse "outro" de si mesmo, que ele traz dentro de si mesmo: a natureza" (Lefebvre, 2011, p. 44).

Iasi, ao tratar da dimensão ontológica de modo sintético caracteriza os seres humanos como:

> Os seres que produzem socialmente sua existência e, para isto, alteram a natureza produzindo meios antes não disponíveis, criando novas necessidades sociais que se somam àquelas naturais; que produzem e reproduzem a si mesmos como seres sociais de um determinado modo de vida; que, ao procederem dessa forma coletiva, transformam-se em uma força produtiva combinada que é quantitativamente e qualitativamente distinta da ação individual. (Iasi, 2012, p. 103)

Compreender-nos como seres ontocriativos, que produzem a existência por meio de sua atividade, remete a um conceito fundamental da teoria crítica, já mencionado anteriormente, enquanto categoria teórica que expressa esse movimento do ser social: o conceito de práxis. Este, em Marx, detalhando um pouco mais o que foi comentado até aqui no texto, refere-se à atividade intencional e intersubjetiva, que tem no trabalho seu momento determinante, e que transcende a este na produção do que é estritamente social (artes, ciências, filosofia etc.).

> O desenvolvimento do ser social implica o surgimento de uma racionalidade, de uma sensibilidade e de uma atividade que, sobre a base necessária do trabalho, criam objetivações próprias. No ser social desenvolvido, o trabalho é uma das suas objetivações [...]. O trabalho, porém, não só permanece como a objetivação fundante e necessária do ser social – permanece, ainda, como o que se poderia chamar de modelo das objetivações do ser social, uma vez que todas elas supõem as características constitutivas do trabalho (a atividade teleologicamente orientada, a tendência à universalização e a linguagem articulada). Para denotar que o ser social é mais que trabalho, para assinalar que ele cria objetivações que transcendem o universo do trabalho, existe uma categoria teórica mais abrangente: a categoria de **práxis**. A práxis envolve o trabalho, na verdade, é seu modelo – mas inclui muito mais que ele: inclui todas as objetivações humanas. (Netto; Braz, 2008, p. 43)

Uma leitura praxiológica de mundo não permite separação entre ação instrumental produtora e interação social – por isso, todo trabalho é coletivo e parte da práxis social. Como o conceito de práxis é relativo à unidade complexa e contraditória da ação humana, a atividade transformadora da natureza não significa reduzir o outro a objeto utilitário, mas se define e se afirma como momento constitutivo da relação eu-outro.

Na análise de Marx, a crescente destruição da natureza no capitalismo é um resultado do tipo de objeto em que a natureza se tornou, ou seja, é um produto histórico.

> O capital produz riqueza material como meio para criar valor. Assim ele consome natureza material não só como substância da riqueza material, mas também como meio para alimentar a sua própria expansão – isto é, como um meio de efetuar a extração e a absorção do maior volume possível de tempo excedente de trabalho da população trabalhadora. [...] A relação entre homem e natureza mediada pelo trabalho torna-se um processo de consumo de mão única, em vez de uma interação cíclica. Configura-se como uma transformação acelerada de matérias-primas qualitativamente particulares em "material", em portadores qualitativamente homogêneos de tempo objetivado. (Postone, 2014, p. 361)

A questão determinante posta não está na distribuição de bens produzidos, pois distribuir de modo equânime – apenas idealmente falando, uma vez que as relações capitalistas são intrinsecamente desiguais – sob um modo de produção que aliena não resolve a relação de destruição da natureza e de redução do outro à condição de mercadoria. Produzir mais para garantir acesso a certos bens de consumo sob relações cuja finalidade é gerar mais-valor impõe um uso sempre expansivo e intensivo da natureza como matéria trabalhada e reforça a ideologia do consumo, que associa diretamente a qualidade de vida ao acesso a mercadorias.

Logo, distribuir de modo justo no capitalismo, em tese e tão somente em tese, seria o mesmo que garantir condições mínimas de dignidade de vida, destruindo as condições de sobrevivência humana e de outras espécies. A longo prazo, esse é um movimento que poderia ser declaradamente denominado insustentável (Loureiro, 2015). A rigor, todo discurso de crescimento econômico (produção de mais-valor e de mercadorias) com sustentabilidade e dignidade de vida é uma promessa irrealizável, parte inerente de uma ideologia que promete um mundo de consumidores felizes que não tem como acontecer.

Nessa mesma linha de raciocínio, a questão também não é estritamente existencial, como se a objetivação e a transformação da natureza fossem algo inexoravelmente destrutivo. Um tipo de "maldição" em que, conforme objetivamos e produzimos meios de vida, destruímos. Posição esta que coloca em uma essência humana as origens da degradação atual, idealiza uma natureza intocada e, consequentemente, torna insolúvel a questão, posto que o problema vire a própria existência humana – ou melhor dizendo, a única solução seria a extinção da humanidade, o que continua sendo uma não solução do ponto de vista ético.

O cerne do pensamento marxista, no que se refere à questão ambiental, se encontra no contraponto a essa posição. Está no pressuposto de que o ser humano como natureza é um ser biológico e social, ou seja, biologicamente constituído, socialmente específico e historicamente determinado (Marx; Engels, 2002). O que pode ser definido como destrutivo é histórico, relativo a um modo específico de organização social que, contemporaneamente, necessita criar mais-valor para se reproduzir. Necessidade essa que impõe o crescimento econômico linear mesmo diante das relações cíclicas da natureza. Que cria a dependência do trabalho assalariado à expansão econômica de mercado, levando o próprio trabalhador, por vezes, a se posicionar de modo contraditório favoravelmente ao desenvolvimento capitalista, mesmo que este seja a fonte de exploração e destruição da base de sua riqueza material e espiritual, a natureza.

Por fim, duas passagens ajudam a entender a profundidade ontológica da dialética sociedade-natureza no materialismo histórico-dialético, particularmente em Marx.

> [...] assim como a sociedade mesma produz o homem enquanto homem, assim ela é produzida por meio dele. A atividade (Tätigkeit) e a fruição, assim como o seu conteúdo, são também os modos de existência segundo a atividade social e a fruição social. A essência humana da natureza está, em primeiro lugar, para o homem social; pois é primeiro aqui que ela existe para ele na condição de elo com o homem, na condição de existência sua para o outro e do outro para ele; é primeiro aqui que ela existe como fundamento da sua própria existência humana, assim como também na condição de elemento vital da efetividade humana. É primeiro aqui que a sua existência natural se lhe tornou a sua existência humana e a natureza [se tornou] para ele o homem. Portanto, a sociedade é a unidade essencial completada (vollendete) do homem com a natureza, a verdadeira ressurreição da natureza, o naturalismo realizado do homem e o humanismo da natureza levado a efeito. (Marx, 2004, p. 106-107)

> O homem é imediatamente ser natural. Como ser natural, e como ser naturalvivo, está, por um lado, munido de forças naturais, de forças vitais, é um sernatural ativo; estas forças existem nele como possibilidades e capacidades (Anlagen und Fähigkeiten), como pul-

sões; por outro, enquanto ser natural,corpóreo, sensível, objetivo, ele é um ser que sofre, dependente e limitado,assim como o animal e a planta, isto é, os objetos de suas pulsões existemfora dele, como objetos independentes dele. Mas esses objetos são objetos deseu carecimento (Bedürfnis), objetos essenciais, indispensáveis para aatuação e confirmação de suas forças essenciais. [...] A fome é uma carência natural; ela necessita, por conseguinte, de uma natureza fora de si, de umobjeto fora de si, para se satisfazer, para se saciar. A fome é a carênciaconfessada do meu corpo por um objeto existente (seienden) fora dele,indispensável à sua integração e externação essencial. O sol é o objeto daplanta, um objeto para ela imprescindível, confirmador de sua vida, assimcomo a planta é objeto do sol, enquanto externação da força evocadora devida do sol, da força essencial objetiva do sol.Um ser que não tenha sua natureza fora de si não é nenhum ser natural, nãotoma parte na essência da natureza. Um ser que não tenha nenhum objeto forade si não é nenhum ser objetivo. Um ser que não seja ele mesmo objeto paraum terceiro ser não tem nenhum ser para seu objeto, isto é, não se comportaobjetivamente, seu ser não é nenhum [ser] objetivo.Um ser não-objetivo é um não-ser. [...] Mas o homem não é apenas ser natural, mas ser natural humano, isto é, serexistente para si mesmo (für sich selbst seiendes Wesen), por isso, sergenérico, que, enquanto tal, tem de atuar e confirmar-se tanto em seu serquanto em seu saber. (Marx, 2004, p. 127-128)

Epistemologia crítica

Podemos dizer que Marx inaugura uma abordagem epistemológica reflexiva e histórica associada a uma ontologia do ser social, a como nos constituímos em sociedade e a como uma sociedade se constitui. Para ele, a sociedade é historicamente determinada e a investigação científica crítica toma isso como postulado (Chasin, 2009). Contudo, a determinação histórica não é evidente no capitalismo. Neste, as suas estruturas sociais aparecem como atemporais, "naturalizadas" e "fetichizadas", ou seja, aparecem como dadas e trans-históricas (Postone, 2014). Assim, para um autor crítico, toda forma de pensamento que não apreenda as formas sociais capitalistas em seu movimento totalizante e não exija em suas premissas a autorreflexão, no sentido de reconhecer o contexto social em que se estabelece o conhecimento, é impreciso, tende à absolutização de verdades como dogmas e a transformar a produção de conhecimentos em uma formalidade lógica, posta em um metalugar fora das relações sociais (Lukács, 2010).

E por que isso acontece no capitalismo? O que difere das demais nessa formação social? A forma de interdependência social no capitalismo é mediada pelo trabalho alienado que se encontra moldado por relações sociais objetivadas, como valor e capital, que, por sua vez, se fundam em relações de expropriação e dominação (Marx, 2006). Desse modo, as relações sociais no capitalismo são essencialmente mediadas por relações de trabalho que se realizam como fim e como meio, tornando-se impessoais e "invertidas". Antes, os indivíduos dependiam uns dos outros e produziam de forma a atender necessidades por estes estabelecidas em relações abertas. Agora, os indivíduos se confrontam com estruturas que coisificam e a produção de mais-valor vira um fim em si, fazendo com que o trabalho seja uma automediação.

O trabalho é transformado em mercadoria e a finalidade da produção social passa a ser o mais-valor, ou seja, a riqueza material obtida pela exploração do excedente de trabalho em relações de expropriação do trabalhador – o dinheiro que se valoriza nos complexos ciclos sociais e se torna capital. Isso não só inverte o sentido da criação dos meios de vida e subordina a produção material da existência à produção de mais-valor, como exige a divisão social e técnica do trabalho, a afirmação ideológica da supremacia da racionalidade instrumental, a precarização das relações de trabalho, a hiperespecialização do conhecimento e sua fragmentação para fins de efetividade do processo produtivo de mercadorias.

Em uma sociedade determinada pela produção de mercadorias, as objetivações do trabalho de alguém são meios pelos quais se adquirem bens produzidos por outros; trabalha-se para poder adquirir outros produtos. Os produtos próprios servem a outra pessoa como um bem, um valor de uso; servem ao produtor como um meio para adquirir produtos do trabalho de outros. É nesse sentido que um produto é uma mercadoria: ele é simultaneamente um valor de uso para o outro e um meio de troca para o produtor. Isso quer dizer que o trabalho de alguém tem uma dupla função: de um lado, é um tipo específico de trabalho que produz bens particulares para outros, de outro, o trabalho, independentemente do seu conteúdo específico, serve ao produtor como meio pelo qual os produtos de outros são adquiridos. Isso quer dizer que o trabalho se torna um meio particular de aquisição de bens em uma sociedade determinada por mercadorias; assim, a especificidade do trabalho dos produtores é abstraída dos produtos que adquirem com seu trabalho. Não existe relação intrínseca entre a natureza específica do trabalho despendido e a natureza específica do produto adquirido por meio daquele trabalho.

> Isso é completamente diferente de formações sociais em que a produção e troca de mercadorias não predominam, nas quais a distribuição social do trabalho e seus produtos se faz por uma variedade de costumes, laços tradicionais, relações abertas de poder ou, concebivelmente, decisões conscientes. (Postone, 2014, p. 175-6)

Nesse escopo, a apropriação privada dos meios de produção, a dissociação entre produtor e produto do trabalho, a necessidade de ampliar o excedente de tempo de trabalho para a geração de mais-valor e de promover o desenvolvimento científico e tecnológico para assegurar a eficiência econômica capitalista estabelecem uma totalidade alienada. A alienação e o estranhamento de si mesmo e do outro reduz esse outro a instrumento de realização que aniquila a semelhança e as diferenças entre as pessoas postas em relações de desigualdade opressora. Aniquila a livre expressão e constituição da diversidade, que fica "mascarada" pelas expropriações sob a aparência do individualismo e de uma falsa liberdade de escolhas.

De acordo com Marx, o processo pelo qual o trabalho no capitalismo molda estruturas sociais abstratas que dominam as pessoas é o mesmo que impulsiona um rápido desenvolvimento histórico nas forças produtivas e no conhecimento da humanidade. Todavia, isso assim ocorre mediante a fragmentação do trabalho social – isto é, às expensas da limitação e da redução da importância do indivíduo em particular. Marx argumenta que a produção baseada no valor cria enormes possibilidades de riqueza, mas somente por meio do estabelecimento da degradação do trabalhador, da barbarização das relações sociais. Sob o capitalismo a capacidade e o conhecimento da humanidade são acrescidos enormemente, mas de uma forma alienada que oprime as pessoas e tende a destruir a natureza.

> Desse modo, uma marca central do capitalismo é que as pessoas realmente não controlam sua própria atividade produtiva ou o que elas produzem, mas são, em última instância, dominadas pelos resultados desta atividade. Esta forma de dominação é expressa como uma contradição entre indivíduos e sociedade e constituída como uma estrutura abstrata. A análise de Marx sobre esta forma de dominação é uma tentativa de fundamentar e explicar oque ele tratou como sendo alienação em seus primeiros escritos. (Postone, 2011, p. 17)

A alienação, sinteticamente falando, implica em uma práxis de dominação, que é a afirmação de um projeto totalizador autoritário (Dussel, 1977). A alienação caracteriza-se pela extensão universal da "vendabilidade" (isto é, a transformação de tudo em mercadoria); pela conversão dos seres humanos em "coisas", para que eles possam aparecer como mercadorias no mercado (em outras palavras: a "reificação" das relações humanas); e pela fragmentação do corpo social em "indivíduos isolados", que perseguem seus próprios objetivos limitados, particularistas, "em servidão à necessidade egoísta", fazendo de seu egoísmo uma virtude em seu culto da privacidade (Mészáros, 2006, p. 39).

Para a perspectiva crítica, afirmar que as relações sociais no capitalismo são alienadas e destrutivas da vida não significa cair em um denuncismo ou em uma busca idealizada da vida perfeita na Terra. Nesta perspectiva não cabe nenhum tipo de messianismo, até porque tal postura seria a negação direta de um posicionamento teórico que coloca a história como movimento materialmente determinado e contraditório. Ora, pensar em termos messiânicos seria pensar em termos de salvação, o que impõe defender um mundo tido como perfeito. Não se pode confundir o reconhecimento da necessidade de superação de relações sociais objetivadas com a afirmação de uma vida ideal fora da produção social da existência e definida por algum tipo de "iluminado".

Em termos de método de investigação científica, de como se produz conhecimento de modo sistemático, em uma leitura epistemológica crítica, não se parte de princípios dos quais todo o resto se deduz, pois isso seria recair em categorias fora da história. O método crítico é intrinsecamente relacional, complexo, em que o que se apresenta como historicamente determinante é, também, socialmente determinado. Particularmente em Marx, o ponto de partida é validado retroativamente conforme a argumentação se desenvolva e a capacidade heurística de explicar as tendências do capitalismo e os fenômenos em suas contradições com as próprias categorias iniciais se manifeste, se mostre consistente, logicamente coeso.

> Parece que o melhor método será começar pelo real e pelo concreto, que são a condição prévia, efetiva: assim, em economia política, por exemplo, começar-se-ia pela população, que é a base e o sujeito do ato social de produção como um todo. No entanto, numa observação atenta, apercebemo-nos de que há aqui um erro. A população é uma abstração se desprezarmos, por exemplo, as classes de que se compõe. Por seu lado, essas classes são uma palavra oca se ignorarmos os elementos em que repousam, por exemplo, o trabalho assalariado, o capital, etc.
>
> Estes supõem a troca, a divisão do trabalho, os preços, etc. O capital, por exemplo, sem o trabalho assalariado, sem o valor, sem o dinheiro, sem o preço, etc., não é nada. Assim, se começássemos

pela população, teríamos uma visão caótica do todo, e através de uma determinação mais precisa, através de uma análise, chegaríamos a conceitos cada vez mais simples; do concreto figurado passaríamos a abstrações cada vez mais delicadas até atingirmos determinações mais simples. Partindo daqui, seria necessário caminhar no sentido contrário até chegar finalmente de novo à população, que não seria, desta vez, a representação caótica de um todo, mas uma rica totalidade de determinações e de relações numerosas. (Marx, 2003, p. 247)

Captar o movimento do real significa apreender as determinações desse real, as categorias da existência social que condicionam algo, em suas múltiplas mediações. Do contrário, como já foi dito, recai-se no formalismo científico, que preestabelece princípios e procedimentos sem reflexão acerca dos mesmos. Outro risco é recair no julgamento de valor, que tira a possibilidade de fazer a crítica para além de valores postos como absolutos e que definem moralidades apresentadas como universais, quando são na verdade formas de dominação exercidas por grupos e classes que estão na condição de dominantes. Ou ainda restringir-se à descrição do que é captado pelos sentidos sem a análise – que pressupõe a teoria –, circunscrevendo-se à singularidade do fenômeno observado e vivenciado.

Ao recusar a verdade absoluta e igualmente o relativismo, o pragmatismo e o "jogo de linguagem", os críticos buscam estabelecer uma teoria que reconhece a relação intrínseca entre objetividade e subjetividade, que coloca a relatividade na historicidade. Por isso, é uma posição definida como praxiológica e realista (Vásquez, 2011).

Em outras palavras, os agentes sociais determinam ativamente, por intermédio de categorias de percepção e de apreciação social e historicamente constituídas, a situação que os determina. Podemos dizer até que os agentes sociais são determinados somente e na medida em que eles se determinam; mas as categorias de percepção e de apreciação, que são o princípio desta (auto)determinação, são elas mesmas determinadas pelas condições econômicas e sociais de sua constituição (Bourdieu, 1992, p. 111 apud Setton, 2002, p. 66).

A perspectiva epistemológica crítica aqui adotada rejeita também a ideia, naquilo que interessa ao debate ambiental, de que a natureza seja estritamente constituída culturalmente, ainda que a natureza conhecida seja a acessada, contemplada e transformada socialmente. A natureza preexiste e independe da existência humana, sendo condição desta. O metabolismo sociedade-natureza, estabelecido pelo trabalho social, expressa as formas de relação que estabelecemos com a natureza e entre os seres humanos. Desse modo, a teoria marxista "É uma teoria das formas em que os seres humanos firmam bases de mediação social que, por sua vez, constituem formas de prática social" (Postone, 2014, p. 252).

A crítica marxiana, a rigor, não implica uma teoria do conhecimento, no sentido próprio, mas sim uma teoria da constituição de formas sociais historicamente específicas que são simultaneamente formas de objetividade e subjetividade sociais. No âmbito dessa teoria, as categorias de apreender o mundo e as normas de ação podem ser vistas como ligadas na medida em que ambas, em última análise, são baseadas na estrutura das relações sociais. Essa interpretação sugere que a epistemologia se torna, na teoria de Marx, radical como epistemologia social (Postone, 2014, p. 253).

Nesse momento cabe destacar um "porém" como finalização do tópico.

Nada do que foi dito permite imaginar ou supor que os problemas existentes foram todos inaugurados no capitalismo. Nem significa dizer que, com um hipotético fim do capitalismo, tudo estará resolvido. Problemas são questões que nos colocamos diante de certas condições, relações, apropriações e usos. Portanto, desde que formamos as primeiras comunidades, nos colocamos questionamentos sobre o sentido de nossa existência, sobre o que somos e o que fazemos, se isso é bom ou ruim etc. Além disso, dialeticamente falando, uma nova fase histórica não significa a superação integral do que havia antes, mas relações de descontinuidade-continuidade, rupturas e permanências.

O que estamos afirmando com a exposição feita é que os problemas e questões postos na contemporaneidade se configuram de determinadas formas no capitalismo que não equivalem ao que foi socialmente estabelecido em nenhuma outra sociedade e que tais formas precisam ser enfrentadas concretamente – e não como fatores descolados das mediações sociais complexas que as constituem. Mais do que isso, significa dizer que a crise ambiental atual é expressão de uma crise societária profunda, determinada historicamente, com magnitude e universalidade jamais vistas, exatamente por ser intrínseca ao movimento de expansão do modo de produção capitalista, de universalização de relações sociais alienadas e redução da vida ao status de mercadoria.

Em uma passagem magistral, Dussel (2011), ao tratar da questão tecnológica, sintetiza o que foi exposto e os argumentos desenvolvidos para tratar da ontologia do ser social e da epistemologia crítica inauguradas com Marx.

De manera que la tecnología, tal como hoy la conocemos, no es sino *uma* tecnología *de las posibles* y cuyo *criterio de realidad* o existencia quedadeterminadopor ser la que *mayor tasa de ganancia* produjo a corto plazo (y debe ser a cortoplazo, porque la «competencia» no permite largos plazos, porque em esse lapso el capital en cuestión habría sido aniquilado por la dicha competência por otros capitales (individuales, ramas o naciones) más desarrollados, otecnológicamente mejor implementados en cuanto a producir por unidadproductos con *menor* valor y proporcionalmente más plusvalor).Es decir, y esto es lo que se escapa a un cierto ecologismo ingenuo, *latecnología no es en sí un factor destructivo de la vida en la naturaleza* (eticamente perversa por atentar contra la dignidad de la vida, que es en nuestro caso loque interesa como lo más vulnerable de la naturaleza), sino que lo peligrosoes el «todo» que la usa y subsume para un fin antiecológico (eticamente perverso): el aumento cósico (y no humano ni ético) del plusvalor del capital.En este caso no es la tecnología la antiecológica sino el criterio cuya esenciaes el capital: el capital constituye a la naturaleza, a la vida y a la persona deltrabajador como *mediaciones* para la «valorización del valor». Ha invertido elprincipio de toda ética: ha colocado a la persona como *medio*, y a las cosas (elplusvalor) como *fin* (ya Kant lo había formulado explícita y correctamente).La causa creadora del plusvalor (el trabajo vivo) es ahora una mediación delaumento cósico del plusvalor (fundamento de la ganancia). La naturaleza, lavida, por su parte, es para el capital (y no para la humanidad) algo *apropiable,explotable, pura mediación* sin dignidad propia (componente esencial de larealidad sin valor «de cambio», sin precio, diría Marx). Esta es la razón dela destrucción ecológica de la vida en la tierra, y lo peor es que el capital *notiene ninguna posibilidad de establecerse a sí mismo un límite* (toda limitación es sutotal aniquilación como capital). Colocar al capital un límite ecológico esdestruirlo en su esencia, es negar su propia «lógica», que consiste en lucharmortalmente (*homo homini lupus*) en la «competencia» por contrarrestar eltendencial descenso de la tasa de ganancia destruyendo todos los límites:*the civilicing power of capital*. (Dussel, 2011, p. 235-236)

Considerações finais

Os argumentos ora elaborados sobre uma ontologia do ser social e de uma epistemologia crítica são de uma radicalidade motivadora para os que compreendem a necessidade de se posicionar no campo político ou científico e de explicitar intenções socialmente transformadoras no campo ambiental.

O que foi exposto, em última instância, significa dizer que, no capitalismo, aprimorar processos sociais e mitigar efeitos ambientais implica desenvolvimento tecnológico, apelos éticos e comportamentais e gestão instrumental de recursos materiais, contudo, sempre e necessariamente sob a exigência da produção de mais-valor, do imperativo de acumulação do capital. Elemento este determinante do padrão de destruição da natureza e da coisificação da vida.

Na prática, tomar tal posicionamento como pressuposto exige clareza do que se apresenta como determinante, do que é estratégico e do que é finalidade, do que é conjunturalmente possível fazer e do que é um horizonte que se busca. Exige uma postura teórico-prática de recusa ou no mínimo de dúvida quanto às soluções simplificadoras – que apostam na ética, na técnica, no conhecimento abstrato ou no comportamento como variáveis dissociadas da materialidade social. Postura esta que reconhece a importância dessas dimensões da vida, mas que as enxergam mergulhadas na complexa teia social que precisa ser transformada.

Para os críticos, a rigor, não há possibilidade de superação da totalidade social alienada sem se viver a dialética necessidade-liberdade, indivíduo-sociedade, em seus movimentos mutuamente constitutivos e contraditórios. Sem estar embebido das lutas sociais dos trabalhadores, dos sujeitos expropriados pelo capitalismo. Sem reconhecer que não há respostas prontas, neutralidade científica, soluções prévias e formalistas; mas ação intencional na práxis, no movimento teórico-prático de produção de novos caminhos em nossa história.

Referências

ALTVATER, Elmar. Existe um marxismo ecológico? In: BORON, Atilio A.; AMADEO, Javier; GONZÁLEZ, Sabrina (Orgs.). **A teoria marxista hoje**. Problemas e perspectivas. Buenos Aires: CLACSO, 2007.

BOTTOMORE, Thomas (Ed.). **Dicionário do pensamento marxista**. Rio de Janeiro: Jorge Zahar Editor, 2001.

CHASIN, José. **Marx**: estatuto ontológico e resolução metodológica. São Paulo: Boitempo, 2009.

DUSSEL, Enrique. **Filosofia da libertação**. São Paulo: Loyola, 1977.

_____. La cuestión ecológica en Marx. In: MARTINEZ, Leonardo M. (Org.). **Cultura y Natureza**. Bogotá: Jardim Botânico de Bogotá, 2011.

FOSTER, John Bellamy. **A ecologia de Marx**: materialismo e natureza. Rio de Janeiro: Civilização Brasileira, 2005.

IASI, Mauro Luís. **Ensaios sobre consciência e emancipação**. 2. ed. São Paulo: Expressão Popular, 2011.

_____. **As metamorfoses da consciência de classe**: o PT entre a negação e o consentimento. 2. ed. São Paulo: Expressão Popular, 2012.

LEFEBVRE, Henri. **Marxismo**. Porto Alegre: L&PM, 2011.

LEHER, Roberto. Educação ambiental como crítica ao desenvolvimento sustentável: desafios dos movimentos e das lutas sociais. In: LOUREIRO, Carlos Frederico B.; LAMOSA, Rodrigo (Orgs.). **Educação ambiental no contexto escolar**: um balanço crítico da década da educação para o desenvolvimento sustentável. Rio de Janeiro: Quartet; CNPq, 2015.

LOUREIRO, Carlos Frederico B. Pensamento crítico, tradição marxista e a questão ambiental: ampliando os debates. In: LOUREIRO, Carlos Frederico B. (Org.). **A questão ambiental no pensamento crítico**: natureza, trabalho e educação. Rio de Janeiro: Quartet, 2007.

_____. **Sustentabilidade e educação**: um olhar da ecologia política. São Paulo: Cortez, 2014.

_____. Educação ambiental e educação para o desenvolvimento sustentável: polêmicas, aproximações e desafios. In: LOUREIRO, Carlos Frederico B.; LAMOSA, Rodrigo. **Educação ambiental no contexto escolar**: um balanço crítico da década da educação para o desenvolvimento sustentável. Rio de Janeiro: Quartet; CNPq, 2015.

LOUREIRO, Carlos Frederico B.; et al. Contribuições da teoria marxista para a educação ambiental crítica. **Caderno CEDES**, Campinas, v. 29, n. 77, jan./abr. 2012.

LOWY, Michael. **O que é ecossocialismo?** São Paulo: Cortez, 2014.

LUKÁCS, Georgy. **Prolegômenos**: para uma ontologia do ser social. São Paulo: Boitempo, 2010.

_____. **Para uma ontologia do ser social**. v. I e II. São Paulo: Boitempo, 2012.

MARX, Karl. **Contribuição à crítica da economia política**. São Paulo: Martins Fontes, 2003.

_____. **Manuscritos econômico-filosóficos**. São Paulo: Boitempo, 2004.

_____. **O capital**: crítica da economia política. Livro I – o processo de produção do Capital. 23. ed. Vol. 1. Rio de Janeiro: Civilização Brasileira, 2006.

MARX, Karl; ENGELS, Friederich. **A sagrada família**. São Paulo: Boitempo, 2003.

MÉSZÁROS, Istvan. **A teoria da alienação em Marx**. São Paulo: Boitempo, 2006.

_____. **O conceito de dialética em Lukács**. São Paulo: Boitempo, 2013.

NETTO, José Paulo; BRAZ Marcelo. **Economia política**: uma introdução crítica. 4. ed. São Paulo: Cortez, 2008.

POSTONE, Moishe. **Tempo, trabalho e dominação social**. São Paulo: Boitempo, 2014.

SETTON, Maria da Graça Jacintho. A teoria do habitus em Pierre Bourdieu: uma leitura contemporânea. **Revista Brasileira de Educação**, São Paulo, n. 20, maio/ago. 2002.

TREIN, Eunice S. Educação ambiental crítica: crítica de que? **Revista Contemporânea de Educação**, v. 7, n. 14, ago./dez. 2012.

VÁZQUEZ, Adolfo Sanchez. **Filosofia da práxis**. São Paulo: Expressão Popular, 2011.

UMA PEDAGOGIA COSMOPOLITA DESCOLONIAL: UTOPIA E EMANCIPAÇÃO[9]

Danilo R. Streck[10]; *Telmo Adams*[11]; *Cheron Zanini Moretti*[12]

Introdução

O ensaio aqui apresentado busca refletir possibilidadespara uma pedagogia cosmopolita descolonial. Parte-se da ideia de um cosmopolitismo subalterno e insurgente onde os oprimidos assumem a sua experiência de resistência para potencializar a luta contra a globalização hegemônica. A questão orientadora é: *como enfrentar a colonialidade pedagógica num contexto epistemológico do Sul?* Para Simón Rodríguez, trata-se de um mundo a *inventar*; para José Martí, um mundo a *equilibrar*; e, para Freire, uma *pedagogia libertadora* a partir dos oprimidos. Todos apresentam a dialética da emancipação não como uma "marcha inevitável rumo a um fim garantido", mas como anúncio de "estar sendo" um novo cosmopolitismo desde o *sul*. Portanto, afirma-se a abertura do espaço utópico de uma práxis transformadora e construção de alternativas globais. Para o desenvolvimento de nossa argumentação apoiamo-nos nas categorias *utopia, esperança, inédito viável* e *"sulear"* de Paulo Freire que se refletem tanto como atitudes críticas quanto possibilidades históricas.

A América Latina e o Caribe continuam abrigando enormes desigualdades entre ricos e pobres, bem como discriminações de diversos matizes, dentre elas as que deslegitimam a produção do conhecimento. Este fato incide diretamentena educação que se produz em meio a relações de desigualdade que se constituíram, também através de práticas pedagógicas, as quais igualmente são heranças das construções sociais e

---

9. O texto reelaborado para este livro foi originalmente apresentado no Congreso Internacional Utopia: espacios alternativos y expresionesculturalesen América Latina, 2010, México, com o título: *"Utopia cosmopolita na perspectiva do Sul: "escavando" uma pedagogia emancipadora"*.
10. Doutor em Educação/University of New Jersey/New Brunswick/RUTGERS (EUA). Docente/Pesquisador no Programa de Pós-Graduação em Educação/Unisinos.
11. Doutor em Educação/Unisinos. Docente/Pesquisador no Programa de Pós-Graduação em Educação/Unisinos.
12. Doutora em Educação/Unisinos. Docente/Pesquisadora no Programa de Pós-Graduação em Educação/Unisc.

históricas forjadas no contexto de colonização. Compreender que o colonialismo também foi uma dominação epistemológica[13] implica reconhecer que esta relação dominadora colocou outros conhecimentos e saberes em condição de subalternidade, portanto, de colonialidade.

A colonialidade é aqui compreendida como elemento que sustenta a imposição racial/étnica enquanto padrão de poder e que opera nos planos materiais e subjetivos da existência social cotidiana (Moretti; Adams, 2011). Trata-se de um modo de colonialismo que se prolonga a partir de sua forma de poder e de conhecimento (Quijano, 2005). Dito de outra maneira, a colonialidade surge da ferida colonial – um olhar desde os povos dominados – considerando que do lado obscuro da modernidade coexiste a colonialidade numa tensão dialética entre dominação cultural e a luta por uma emancipação endógena (Mignolo, 2005; Quijano, 2009).

Logo, o presente texto propõe-se, também, estabelecer uma relação dialética com a experiência negada pela lógica que se estabeleceu em nossa América, a partir de 1492. Ao negar ou esquecer-se do passado está se rejeitando o que é próprio do ser latino-americano. Para "escavar" uma pedagogia cosmopolita descolonial com as características de nossos povos é necessário partir do encontro contraditório e indissociável entre a cultura europeia, a indígena, a africana e a mestiça. A primeira identificada com o projeto da modernidade hegemônica (Dussel, 2005) e as outras, as dominadas, com as consequências em termos de subalternidade e resistência: a colonialidade. Não se trata de negar o legado da modernidade (Dussel, 2005), mas reconhecê-lo e contextualizá-lo histórica e epistemologicamente, sem deixar de questionar, contudo, a lógica da monocultura eurocêntrica (Quijano, 2005)[14] e abrir caminhos para outros paradigmas desde o *sul*.

Boaventura de Sousa Santos (2006), a partir da perspectiva da "sociologia das ausências e das emergências", apresenta, dentro da globalização contra-hegemônica, um cosmopolitismo subalterno e insurgente que se refere ao desejo dos oprimidos em organizar a sua própria resistência na proporção em que a opressão ocorre. Esta sociologia sugere como

---

13. De acordo com Boaventura de Sousa Santos, epistemologia "é toda a noção ou ideia, refletida ou não, sobre as condições do que conta como conhecimento válido" (Santos, 2010, p. 15). Além disto, é através deste que uma experiência social se torna inteligível e intencional sendo sempre contextual (culturalmente e politicamente situado).
14. Para Aníbal Quijano (2005), *eurocentrismo* é uma perspectiva de conhecimento [...] associada à específica secularização burguesa do pensamento europeu que se outorgou ser padrão mundial de conhecimento e forma de vida.

sendo fundamental a noção de que a experiência social dos oprimidos é feita da inexperiência social dos opressores (Santos, 2006, p. 197).

Colonialidade pedagógica e suas origens

Uma "utopia cosmopolita" desde a perspectiva do *sul* parte da compreensão de que as dimensões das independências políticas e da colonialidade colocam-se no mesmo paradigma e, sobretudo, encontram-se enredadas nas estruturas coloniais e capitalistas do contexto latino-americano. Ou seja, as formas de vida dos povos indígenas, negros e, em geral, das classes subalternas não foram contempladas pela emancipação política tal como a elite crioula a propôs. A luta pelas independências foi o passo protagonizado pelos criuolos. Para os povos indígenas, contudo, a efetiva ação das emancipações políticas nada ou pouco significou em termos de retomada das possibilidades de vida e cultivo dos valores autóctones que eram conflitantes com o modelo de progresso implantado pelos colonizadores.

A declaração da independência política não foi acompanhada da emancipação educativa. No lugar de uma educação libertadora, ampliou-se um modelo de domesticação como um traço central da colonialidade pedagógica e que se embasou no tripé: colonização, catequese e educação (Saviani, 2008). Em certo sentido, a alternativa latino-americana foi contraditoriamente construída sobre as heranças coloniais, sempre permeadas por resistências, mesmo que invisibilizadas pela história oficial. Em torno das resistências conformou-se a latinidade como solidariedade, idealizada na integração da região frente ao imperialismo cultural e econômico estadunidense que passou a "agredir" nossos países. Como enfatiza Florestan Fernandes (2006, p. 12): "nossos povos são resultado da fusão – antagônica e, por isso, contraditória – de duas civilizações: uma, conquistadora e dominante; outra, conquistada e dominada". A primeira encarna o projeto da modernidade europeia; a segunda assume a tensão dialética entre a (des)colonialidade decorrente da primeira e sua utopia emancipadora.

Sabe-se que o projeto democrático imbuído do republicanismo e inspirado na Revolução Francesa pretendia radicalizar a participação política e a construção cidadã. A partir da elite crioula monárquica, contudo, as independências deveriam ter limites para não provocar caos e desordem. Essa visão da oligarquia crioula inspirava-se no positivismo cuja doutrina difundia o binômio "ordem e progresso". Nesse ambiente, a democracia era vista como um perigo e os ideais democráticos foram retirados dos princípios do movimento emancipador. Com a proclamação das independências os dominadores coloniais dos novos povos não podiam ser nada mais além de sócios menores da burguesia europeia. Os estados-nações firmavam-se, uns mais rapidamente que outros, sob a ordem de uma política conservadora combinada a um progresso econômico apoiado, evidentemente, pelos sistemas educativos em formação (Weinberg, 1995; Puiggrós, 2013).

Em função da relação dependente com as ex-metrópoles, os países latino-americanos não conseguiram entrar na disputa pelo desenvolvimento nos moldes da modernidade europeia. O ambiente de capitalismo colonial baseado na apropriação da terra, principal fonte de riqueza nas estruturas econômicas tradicionais, originou a estrutura latifundista com a consequente expulsão dos índios de suas terras. Em vários países do Cone Sul da América Latina (Argentina, Chile e Uruguai), índios e negros não foram integrados à sociedade colonial. A política de extermínio dos índios de forma rápida teve o objetivo de assumir o território e homogeneizar a população nacional (final do século XIX e início do XX, especialmente) e com isso facilitar a constituição de um Estado-nação moderno, ao modo da Europa e Estados Unidos (Quijano, 2005; 2009)[15].

José Martí[16], profundo conhecedor dos processos acontecidos nos diferentes países latino-americanos denunciava a forma autocrática e oligárquica da implantação do sistema colonial e, posteriormente, do liberalismo. Estes se caracterizavam pelo fortalecimento dos laços de dependência e o favorecimento dos países estrangeiros e, internamente, ao crescimento da desigualdade social. Por isso, assumia a ideia de Simón Bolívar[17] optando pela unidade continental em torno de um projeto emancipatório. Tal objetivo tornava-se ainda mais premente frente ao fortalecimento do novo império estadunidense – a nova Roma – cujo domínio colonialista seria iminente. De acordo com Fernandes Retamarera, torna-se necessário:

---

15. O branqueamento promovido por Domingo Faustino Sarmiento na Argentina, por exemplo, completou-se com a vinda de milhões de imigrantes europeus, a fim de apressar o progresso. De forma semelhante, no México e na Bolívia, a minoria branca assumiu o controle dessas nações. No caso do Brasil, negros e índios (em sua maioria povos da Amazônia), ficaram sendo estrangeiros para o novo país.
16. José Martí (1853-1895, Cuba) foi político, poeta, libertador e educador. Importante referência para se compreender o processo histórico de emancipação tanto cubana quanto latino-americana. Seu projeto societário republicano compreendia que a educação autônoma e autêntica era imprescindível para a emancipação política e humana.
17. Simón Bolívar (1783-1830, Venezuela), conhecido como o Libertador da América, não limitou seus objetivos políticos e educativos a umensino básico. A educaçãodeveria proporcionar "moral e luzes" aopovo, assim como ensinar a respeitar as leis da nova sociedade.

[...] avançar na direção de um pensamento revolucionário próprio da América Latina e forjar soluções revolucionárias específicas, que não poderiam ser importadas nem da Europa, nem dos Estados Unidos (de onde saíram a velha dominação colonial e o novo imperialismo). (Retamar, 2006, p. 17-18)

José Martí analisava que tanto os regimes de governos caudilhistas quanto as democracias liberais de fachada foram incapazes de resolver os males do continente. "O problema da independência não era a mudança de formas, mas a mudança de espírito" (Martí, 2007c, p. 54).

Simón Rodríguez (1769-1854, Venezuela) é conhecido pela sua influência na formação do jovem Bolívar, mas, sobretudo, é uma figura importante para a pedagogia na América Latina pela clareza de percepção da relevância da educação para o desenvolvimento das nações republicanas, propósito ao qual estava empenhado. A educação era tão necessária quanto a conquista da independência por meio das armas. Rodríguez concordava com o princípio da Ilustração de que cada pessoa deve ousar pensar por si mesma, mas, ao mesmo tempo, afirma que esta atitude, que está relacionada a uma visão de mundo, tem sentido quando contribui para a formação social do indivíduo e para a transformação das condições materiais da sociedade. Considerava que

[...] grandes projetos de ILUSTRAÇÃO ao lado de uma absoluta IGNORÂNCIA contrastarão sempre e nunca se associarão – juntos fazem um MONSTRO SOCIAL. Ordens para executar o impossível podem lisonjear no princípio por causa de alguns resultados felizes; porém, no final, produzem *desprezo* ou DESESPERO. Os que mandam infelizmente não o creem assim – pensam que com DECRETOS ilustrarão os povos ou (talvez) conseguirão da *ignorância* o que não esperam da razão: o governo muda de aspecto a cada legislatura e a cada nova presidência: um chefe pode ser consequente com seus princípios, mas a confiança pública não se forma pela vontade do governante, mas por aquela que o bom sucesso de suas providências faz nascer – não repousa sobre os agentes do governo, mas sobre o sistema. (Rodríguez, 2006b, p. 194)

É interessante observar que dentre as propostas de programa educativo para as jovens repúblicas latino-americanas, de acordo com Adriana Puiggrós (2013), estavam presentes as de ideias emancipadoras (além das liberais e religiosas). E Rodríguez era quem sintetizava melhor a defesa de um sistema escolar latino-americano a partir dos "esfarrapados", com toda a cientificidade e arte que a modernidade poderia oferecer, denunciando os interesses de classes num mundo dividido entre colonizador e colonizado.

Da mesma forma, para José Martí, a educação dos homens e das mulheres é condição para a liberdade e autonomia, que em situação de ignorância estariam sujeitos à escravidão. Um homem e uma mulher educados são livres. Por volta de 1887, o revolucionário cubano começou a empregar a expressão "nossa América" sintetizando, também, sua concepção de identidade latino-americana cujo sentido de autonomia e originalidade-mestiçagem marcou o seu programa revolucionário. Este compreende a América Latina como uma unidade histórico-social na qual convivem elementos naturais e civilizados. Era necessária, conforme sua proposta, a constituição de "outra América" inspirada na autoctonia e não nos vícios da cultura colonial, mesmo que refinada pelo positivismo que, na época, tomava conta do ambiente intelectual. A tarefa política consistia em nada menos que fundar nações a partir dos povos que aqui viviam.

Para Fernandes (2006), o pensamento de José Martí tem dois eixos essenciais que indicam para uma perspectiva descolonial: o latino-americanismo e o anti-imperialismo que se articulam de forma complementar, fundando seu projeto transformador e a sua estratégia de realização. O pensamento crítico de Martí, principalmente sobre a "importação" de soluções para os problemas latino-americanos e a sua ação revolucionária mais mediata, refuta a ideia de colonialidade epistêmica. Em *Americanismo Sadio*, texto de José Martí publicado no jornal *Pátria*, vinculado ao Partido Revolucionário Cubano, a relação entre estes dois eixos está claramente expressa quando ele distingue os dois povos da América que só têm como semelhança "a identidade fundamental humana" (Martí, 2007b, p. 63). Já no início do artigo, advoga em favor da América Latina que insiste em copiar "as formas alheias" e, com isto, manter a superficialidade das jovens repúblicas, dizendo que

> [...] em nossa América há muito mais sentido do que se pensa, e nossos povos quepassam por menores – o são em território ou habitantes mais do que em propósito ejuízo – vão se salvando com timão seguro do mau sangue da colônia de ontem e dadependência e servidão a que os começava a levar [...] um conceito falso e criminosode americanismo. O que o americanismo saudável pede é que cada povo da Américase desenvolva com o arbítrio e exercício próprio [...]. (Martí, 2007b, p. 63)

Ou seja, de todo modo segue Martí com a ideia panamericanista que valoriza a "nossa América" com seus povos que têm uma única natureza e a sua autenticidade; assim como há a "América que não é nossa", cuja inimizade é prudente não cultivar, com as suas virtudes próprias.. Por isso, deve a "nossa América" se manter independente, sem os equívocos das importações. "Andemos nosso (próprio) caminho", como diria José Martí neste periódico do partido da revolução.

Podemos identificar, em Rodríguez e Martí, a crítica que Paulo Freire (2008) fazia aos intelectuais que negam possibilidades emancipatória ao "virarem de costas" e ao seguir modelos exógenos à realidade sócio-histórica da América Latina. Na educação e nos processos pedagógicos a colonialidade é reproduzida por meio das práticas elitistas e autoritárias, portanto. De acordo com Freire (2010), os *inéditos-viáveis* são a realização da "utopia da humanização", o resgate do *ser mais*, ou seja, a recuperação da dimensão ontológica outrora subalternizada pela epistemologia dominante. Esta "utopia da humanização" é parte da estrutura histórica do homem e da mulher, se tomamos como referência o marxista alemão Ernest Bloch (2005; 2006). Para ele a utopia deixa margem a uma real crítica sobre o presente, mas parte de uma ética que também se faz crítica a partir dos oprimidos, dos subalternizados, uma vez que estes são os que, quando irrompem na história, criam o novo.

Utopias e possibilidades educativas emancipatórias desde o *sul*

O paradigma que aqui problematizamos carrega consigo dimensões que chamamos "visões sociais de mundo" que expressam interesses sociais correspondentes aos lugares onde os grupos sociais se encontram. A utopia cosmopolita na perspectiva do *sul*, tomando como referência a categoria *sulear* atribuída a Paulo Freire (Adams, 2009) abre a possibilidadeda construção de paradigmas endógenos e alternativos, enraizados nas nossas próprias realidades de *estar sendo*. Não significa, porém, uma visão dualista ou maniqueísta, como se *norte* e *sul* fossem uma mera questão geográfica.[18] O *sul* está também no *norte* e este se encontra igualmente no primeiro.

---

18. O sul (países do sul, ótica do sul) como metáfora do sofrimento humano causado pelo colonialismo capitalista. Trata-se do sul global (em oposição ao norte) criado pela expansão colonial da Europa que subjugou e expropriou o sul do planeta: América Latina, África, parte da Ásia (cf. Santos, 2006; Santos, B. e Meneses, 2009).

Enfrentar a colonialidade pedagógica, num contexto epistemológico do *sul*, significa aprender com o espírito que produziu culturas e conhecimentos, mas sem repetir e copiar servilmente os frutos de culturas do *norte*. Uma *utopia cosmopolita,* desde esta perspectiva, compreende-se como ação criadora e transformadora das realidades subalternizadas no decorrer de séculos de colonização e, posteriormente, pela colonialidade que se constitui no seu prolongamento.

Para Paulo Freire (Freitas, 2010), a ideia de *utopia*[19] está associada a uma práxis transformadora que em Rodríguez (2006b) pode ser identificada quando diz que

> [...] Não há nada o que os senhores peçam! Que os povos ajam sem saber *por quê*, nem para *quê* e que saibam sem ter aprendido [...] CONSIDEREM que não têm povo e que podem formar um povo muito bom com as crianças e com os jovens que se perdem nas ruas [...]! (Rodríguez, 2006b, p. 194)

Ao alertar que se imita demais entende que a ordem é inventar. A utopia de Rodríguez segue nessa orientação, entendendo que os sujeitos são fazedores de sua própria história e negar seu protagonismo e consciência histórica e educativa seria desperdiçar as experiências dos que "se perdem nas ruas". Já para Martí, a utopia alimenta resoluções imediatas e mediatas para os problemas latino-americanos. O mundo a ser equilibrado é o das desigualdades. A práxis martiana se expressa na denúncia do mundo colonial existente nas "jovens repúblicas" e o perigo imperialista vindo do *norte*. Porém, está presente em sua práxis o anúncio de saídas próprias às questões sociais, políticas, econômicas e educativas. Neste sentido, tanto Rodríguez quanto Martí valorizam a força criadora dos subalternizados, e justificam a resistência diante de situações de desumanização. Não se trata de uma utopia abstrata, idealizada.

Freire explicita que:

---

[19]. De acordo com Freitas (2010), a compreensão utópica de Paulo Freire dialoga com a de Ernest Bloch. Em seu livro *O Princípio da Esperança* (Bloch, 2005) compreende que as utopias, ainda que presentes ao longo da vida e da história da humanidade, só se realizam plenamente a partir da perspectiva do materialismo histórico dialético. De acordo com o autor, é no marxismo que se encontram as bases fundamentais para se eliminar os elementos puramente abstratos da utopia já que se propõe superar as contradições produzidas no capitalismo.

> [...] o utópico não é o irrealizável; a utopia não é o idealismo, é a dialetização dos atos de denunciar e anunciar, o ato de denunciar a estrutura desumanizante e de anunciar a estrutura humanizante.
> (Freire, 1979, p. 27)

Dito de outro modo, a utopia em Freire é "em primeiro lugar, um *topos* da atividade humana orientada paraum futuro; um *topos* da consciência antecipadora e a força ativa dos sonhos diurnos" (Freitas, 2010, p. 413). A utopia freiriana compreende a esperança de forma crítica cujo poder está na possibilidade histórica de transformar a realidade: "enquanto necessidade ontológica a esperança precisa da prática para tornar-se concretude histórica" (Freitas, 2010, p. 413).

Nesse aspecto é possível perceber a influência do pensamento de Ernest Bloch nas ideias freirianas. Para ambos a utopia se constitui um produto da imaginação e desejos que possui bases reais na estruturação social que coloca os sujeitos em um movimento engajado na construção da "nova sociedade". A *utopia*, portanto, se torna *viável* e *inédita* em sua orientação explícita de realizar-se coletivamente. Uma aproximação, também, com os libertadores de *nossa* América. Para Simón Rodríguez e José Martí, a realidade encontrada na América Latina *não é*, mas *está sendo* porque pode ser transformada. Daí o papel importante da educação associado ao projeto de sociedade.

No entanto, para além do *conhecimento*, Martí (1983, p. 199) advertiu:

> [...] os jovens da América arregaçam as mangas, põem as mãos na massa e a fazem crescer com a levedura de seu suor. Entendem que se imita demais e a salvação é *criar*. Criar é a palavra-chave desta geração.

Boaventura de Sousa Santos chamou esta ideia martiana de:

> [...] otimismo trágico por assentar, por um lado, na experiência dolorosa e na consciência lúcida dos obstáculos à emancipação e, por outro, na crença inabalável na possibilidade de os superar.
> (Santos, 2006, p. 204)

Compreende, portanto, a dimensão utópica martiana na contramão da "perda da auto-referência genuína" que a epistemologia dominante relegou à América Latina.

Em 1828, Simón Rodríguez já apresentava como exigência central a busca de soluções próprias aos problemas hispanoamericanos. Para alcançar tal objetivo entendia que a condição era uma educação para todos os cidadãos, começando pelas crianças, sem distinção de raças. Para educá-las desde a primeira infância defendia a necessidade de mestres idôneos para encaminhar democraticamente os jovens (cf. Jáuregui O., 2003, p. 94). Entendia Rodríguez que da educação básica dependeria o futuro das crianças e, em consequência, a possibilidade de concretizar uma vida republicana. Afirmava um princípio radical como base da sociedade republicana: "quem não aprende política na cozinha não a sabe no gabinete" (Rodríguez, 2006b, p. 73). O mestre de Bolívar via na educação da infância e da juventude uma estratégia importante. Por isso, a proposta de um projeto educativo específico aos jovens indígenase crioulos para colocar em prática um plano que se apoiava em "colonizar a América com seus próprios habitantes" para evitar com que a "invasão repentina de imigrantes europeus" os colocasse na condição de vassalos novamente ou mesmo tiranizá-los de um modo ainda mais cruel que o antigo sistema espanhol. Está presente aí a ideia de que o colonialismo poderia se reproduzir em iguais ou piores condições que as anteriores.

Por sua vez, José Martí apostava no exame da realidade, na bondade que é inerente ao homem e na educação. Acreditava que desde aí surgiriam as soluções dos problemas políticos, econômicos e sociais. Esta educação martiana não é exclusividade das classes pobres, mas se destina a todas as que compõem a nação. Tinha consciência das diferenças que o poder do conhecimento produz, pois "aquele que sabe mais, vale mais"; entendia que um povo instruído seria sempre forte e livre e que seriam felizes aquelas nações que se preocupassem em educar "seus filhos".

Ele fez a denúncia dos padrões estrangeirizantes da educação existente na América Latina. Dizia que:

> [...] em povos instituídos por elementos cultos e incultos, os incultos governarão, graças a seu hábito de agredir e de resolver dúvidas com a própriamão, enquanto os cultos não aprenderam a arte de governar. A massa inculta é preguiçosa e tímida nas coisas da inteligência, e quer ser bem governada; mas se o governo a fere, sacode-o e então governa. Como poderão sair das universidades os governantes, se não há universidades na América onde se ensine o rudimentar da arte do governo, que não é mais do que a análise dos elementos peculiares dos povos da América? (Martí, 2006a, p. 196)

José Martí tem uma concepção aberta em relação a este "novo mundo" a ser criado. É neste sentido que vemos a implicação de um *governar com o oprimido* e não por ele. Esta sua postura tem a ver com a dimensão política que ele propõe contra as "repúblicas de imitação" (Fornet-Betancourt, 1998).

Para o revolucionário cubano, deve-se ter orgulho das "nossas repúblicas dolorosas da América", não desvinculando o sentido educativo do político que enfrentavam as nossas repúblicas diante dos problemas de séculos de exploração colonialista. Pois,

> [...] estes não são tempos para deitar de touca na cabeça, e sim com as armas como travesseiro [...] as armas do discernimento, que vencem as outras. Trincheiras de ideias valem mais que trincheiras de pedras. (Martí, 2006a, p. 194)

Para Martí, não existe guerra entre a civilização e a barbárie, mas entre a falsa erudição e a natureza, o que não significava um retorno ao "pré-hispânico". O autóctone é resultado de um processo de formação interrompido e devastado pela ação do colonizador. Para os indígenas, os negros e os mestiços,

> [...] cabia apenas, na melhor das hipóteses, a incorporação forçada ou a aculturação, representada pelos tantos projetos educacionais implantados até então, ou ainda, diante da sua resistência, excluí-los do cenário por meio de seu desaparecimento em massa. (Rodríguez, 2006a, p. 43)

Simón Rodriguéz e José Martí nos mostram que a resistência política deve apontar para uma resistência epistêmica. A lógica dominante reside na afirmação de que "saberes inferiores são próprios de seres inferiores" (Santos, 2010, p. 16). Portanto, trata-se de uma "perda ontológica". Os *inéditos viáveis* enquanto sonhos coletivos se colocam fundamentalmente "a serviço do ser humano que existe em nós seres humanos" formando o novo homem e a nova mulher (Freire, 2010). A condição hierárquica entre saberes, no entanto, passa por identificar as situações de opressão existentes na sociedade.

Por uma pedagogia descolonial cosmopolita

As resistências presentes na *utopia cosmopolita subalterna* se constituem como uma promessa real, apesar de ser um embrião claro de um determinado contexto histórico. Boaventura de Sousa Santos considera que o cosmopolitismo subalterno manifesta-se através de iniciativas e movimentos que formam a globalização contra-hegemônica em um contexto de várias globalizações. A globalização contra-hegemônica tem um forte componente utópico, e seu sentido pleno só pode ser apreendido mediante procedimentos indiretos, como "a sociologia das ausências e a teoria da tradução" (2006, p. 197), além de um terceiro procedimento que o autor denomina de *práticas de manifesto*. Para o autor, contrariamente aos paradigmas ocidentais de orientação progressista, – que na sua perspectiva incluem a revolução, o socialismo e a social-democracia –, a globalização contra-hegemônica estaria envolvida tanto numa política de igualdade como de diferença. Propõe a "sociologia das ausências" que:

> [...] torna possível que os oprimidos assumam a sua experiência da inexperiência dos opressores e que, com base nisso, logrem um conhecimento mais esclarecido dos mecanismos mais profundos da dominação e uma capacidade acrescida para lutar contra eles. (Santos, 2006, p. 198)

Existe, dentro da globalização contra-hegemônica, portanto, um cosmopolitismo subalterno e insurgente que se refere

> [...] à aspiração por parte dos grupos oprimidos de organizarem a sua resistência e consolidarem as suas coligações à mesma escala em que a opressão crescentemente ocorre, ou seja, à escala global. [...]. Para além da classe operária descrita por Marx, o cosmopolitismo subalterno e insurgente inclui grupos sociais que são vítimas da exclusão social não diretamente classista [...]. (Santos, 2006, p. 439)

Contudo, mesmo que nem todas as lutas se caracterizem diretamente como lutas de classe, é possível compreendê-las sob a perspectiva de classe. Dito de outro modo, as lutas devem estar relacionadas à possibilidade de emancipação dos seres humanos que se encontram sob a escassez de liberdade. Surgidas com a desorganização do capitalismo, as "diferenças" são politizadas nos conflitos sociais e históricos e são compreendidas como parte de uma totalidade e não como contingências isoladas.

Mészáros (2005, p. 58) observa que:

> [...] o próprio Martí percebeu que todo o processo de educar deveria ser refeito sob todos os aspectos, do começo até um fim sempre em aberto, de modo a transformar a "grande prisão" num lugar de emancipação e de realização genuína.

Este lugar de realização genuína poderá ser compreendido, também, como o *inédito viável*, que Paulo Freire associa como expressão da atitude utópica que se opõe à visão fatalista da realidade, sendo esta uma peculiaridade do processo de conscientização[20].

Paulo Freire refuta a ideia de um futuro inexorável, pois não nega a história. Para ele, "a mudança do mundo implica a "dialetização" entre a denúncia da situação desumanizante e o anúncio de sua superação, no fundo, o nosso sonho" (Freire, 1996, p. 84). A raiva e a rebeldia legítimas têm de tomar dimensões cada vez maiores, devem anunciar um mundo diferente. Não há resignação, portanto. "A indignação não é solúvel nas águas mornas da resignação consensual [...] é exatamente o contrário do hábito da resignação" (Bensaid, 2008, p. 97), é uma incondicional recusa das injustiças.

De acordo com Giroux (2010), "a noção de esperança de Freire está fundamentada em uma valorização da atuação humana e em um ataque maciço ao medo da liberdade" (p. 162). A esperança dialoga com a realidade. Dorme e acorda com cada um e cada uma que não entendem o futuro de forma imobilizada. Por isso, os sujeitos seriam incapazes de "cruzar os braços" diante das desigualdades, do esvaziamento das responsabilidades e do discurso de que "a realidade é assim mesmo". Logo, o passado como história é insuficiente, e o futuro, visto isoladamente, poderá conduzir as pessoas "à negação autoritária do sonho, da utopia, da esperança" (Freire, 1996, p. 81). Em vez de estabelecer uma lógica de que já se sabe tudo sobre o futuro, de que ele está dado, o futuro deve ser tomado como um desafio. Existe, segundo Paulo Freire, uma "ideologia fatalista" da compreensão da história expressa no discurso neoliberal.

> É a ideologia que mata a ideologia, que decreta a morte da história [...] que, despolitizando a educação, a reduz em puro treinamento no uso de destrezas técnicas ou saberes científicos. (Freire, 2000, p. 115)

---

20. Na obra *Conscientização:* teoria e prática da libertação – uma introdução ao pensamento de Paulo Freire, já referida, Paulo Freire afirma que "a conscientização está evidentemente ligada à utopia" (1979, p. 28).

Considerações finais

Conforme argumentamos, a *utopia cosmopolita* desde a perspectiva do sul pode ser "entendida como metáfora do sofrimento humano causado pela modernidade capitalista" (Santos, 2006, p. 32), mas que atingiu todos os espaços da vida individual e social. Walter Mignolo (2004) enfatiza que de uma colonização geográfica passou-se a uma dominação do poder, do saber/conhecimento e ser. Em decorrência das relações desiguais de poder econômico e político, o *norte* em relação ao *sul* reorganizou instrumentos e estratégias de colonialidade. Todavia, o *sul*, criado ainda pela expansão colonial europeia, colocou-se no centro da "reinvenção da emancipação social", protagonizando a globalização contra-hegemônica. Como contraponto ao "nortear", cujo significado é a dependência do *sul* em relação ao *norte*, de acordo com Freire (2008), "sulear" significa a expulsão do opressor que está introjetado no oprimido (Freire, 2005). Implica uma ação de permanente busca da autonomia, enfrentando a integralidade das questões presentes na colonialidade do saber e do poder que tem a ver com outro projeto societário envolvendo a cultura, a economia, a política, a ciência e outras dimensões da vida (Adams, 2010; Streck; Adams, 2014).

Tanto Simón Rodríguez quanto José Martí enfatizam a existência de ideias e práticas não reconhecidas pela lógica hegemônica do progresso projetado pelo modelo da modernidade europeia, por serem consideradas insignificantes ou inferiores. Ao "escavar" em busca de uma pedagogia latino-americana original, as contribuições de um e outro são fontes importantes. Mas a sua relação com perspectivas epistêmicas contemporâneas, como as de Paulo Freire, produzem força para uma ideia de pedagogia cosmopolita e descolonial. Observamos uma convergência das compreensões políticas e pedagógicas desses três educadores quanto à crítica à imitação e à condição de subalternidade dos saberes e conhecimentos autênticos do *ser* homem e *ser* mulher no processo civilizatório moderno. Convergem, também, na importância do reconhecimento das experiências e do conhecimento por elas produzidas.

O não reconhecimento e silenciamento das culturas implicou, também, a supressão de pedagogias, muitas das quais continuaram sobrevivendo na clandestinidade. Ou seja, frente ao expansionismo moderno/colonial, as culturas ficaram submergidas, especialmente, através do controle epistêmico: controle do conhecimento e da subjetividade. Os efeitos dessa colonialidade manifestam-se, até os nossos dias, através do estabelecimento do sistema de classificação hierárquica em todas as esferas da sociedade, tendendo a levar ao esquecimento tudo o que havia antes da chegada dos colonizadores. Portanto, a pedagogia cosmopolita e descolonial, que se constrói na tensão entre igualdade e diferença, entre unidade e diversidade, entre o reconhecimento da herança colonial e das lutas para superá-la, encontra-se na contramão dessa lógica.

Para concluir, retomamos uma das ideias fundantes da práxis freiriana: a esperança deve estar apoiada em práticas transformadoras e, por isto, comprometida em desvelar os obstáculos (*situações-limites*) para a sua realização. Henry Giroux compreende a esperança/utopia como "uma das tarefas do/a educador/a progressista" e nos lembra de que "Freire se recusou a retirar a emancipação da pauta e, ao mesmo tempo, acreditava que não havia atalhos para tal desafio" (Giroux, 2010, p. 262). No fundo, é esta a *utopia cosmopolita* desde a perspectiva do *sul* que orienta a ação e o pensar o impensável em termos de como poderiam viver com dignidade, justiça e liberdade. Em uma época na qual o futuro tende a ser identificado meramente como repetição do presente, os autores com os quais dialogamos neste capítulo nos possibilitam ver a dialética da emancipação como possibilidade de anúncio de *estar sendo* outra América Latina.

Referências

ADAMS, Telmo. Sulear. In: STRECK, Danilo R.; REDIN, Euclides; ZITKOSKI, Jaime (Orgs.). **Dicionário Paulo Freire**. 2. ed. Belo Horizonte: Autêntica Editora, 2010, p. 385-387.

ARGUMEDO, Alcira. **Los silencios y lasvocesen América Latina**: notas sobre elpensamiento nacional y popular. 5. reimp. Buenos Aires: Del Pensamiento Nacional, 2004.

BENSAID, Daniel. **Os irredutíveis**. Toremasda resistência para o tempo presente. São Paulo: Boitempo, 2008.

BLOCH, Ernest. **O Princípio Esperança**. v. 1. Rio de Janeiro: EdUERJ; Contraponto, 2005.

_____. **O Princípio Esperança**. v. 2. Rio de Janeiro: EdUERJ; Contraponto, 2006.

DUSSEL, Enrique. Europa, modernidade e eurocentrismo. In: LANDER, Edgardo. (Org.). **A colonialidade do saber**: eurocentrismo e ciências sociais. Trad. Júlio César Casarin Barroso Silva. Buenos Aires: Consejo Latinoamericano de Ciências Sociales – CLACSO, 2005, p. 55-70.

_____. Meditações anti-cartesianas sobre a origem do anti-discurso filosófico da modernidade. In: SANTOS, B. S.; MENESES, M. P. (Orgs.). **Epistemologias do Sul**. Coimbra: Edições Almedina S. A., 2009.

FORNET-BETANCOURT, Raúl. **Aproximaciones a José Martí**. Aachen: Wissenschaftsverlag Mainz, 1998.

FREIRE, Ana Maria Araújo. Inédito Viável. In: STRECK, Danilo R.; REDIN, Euclides; ZITKOSKI, Jaime (Orgs.). **Dicionário Paulo Freire**. 2. ed. Belo Horizonte: Autêntica Editora, 2010, p. 223-226.

FREIRE, Paulo. **Pedagogia da Esperança**. Um reencontro com a Pedagogia do Oprimido. 15. ed. Rio de Janeiro: Paz e Terra, 2008.

_____. **Educação como prática da liberdade**. 31. ed. Rio de Janeiro: Paz e Terra, 2008.

_____. **Pedagogia do oprimido**. 41. ed. Rio de Janeiro: Paz e Terra, 2005.

_____. **Pedagogia da indignação**. Cartas pedagógicas e outros escritos. São Paulo: Editora UNESP, 2000.

_____. **Pedagogia da autonomia**. Saberes necessários à prática educativa. 15. ed. Rio de Janeiro: Paz e Terra, 1996.

_____. **Conscientização**: teoria e prática da libertação – uma introduçãoao pensamento de Paulo Freire. São Paulo: Cortez & Moraes, 1979.

FREITAS, Ana Lúcia Souza de. Utopia. In: STRECK, Danilo R.; REDIN, Euclides; ZITKOSKI, Jaime (Orgs.). **Dicionário Paulo Freire**. 2. ed. Belo Horizonte: Autêntica Editora, 2010, p. 412-413.

GIROUX, Henry. Memória/Esperança. In: STRECK, Danilo R.; REDIN, Euclides; ZITKOSKI, Jaime (Orgs.). **Dicionário Paulo Freire**. 2. ed. Belo Horizonte: Autêntica Editora, 2010, p. 260-264.

JÁUREGUI OLAZÁBAL, Ramón M. El Maestro según Simón Rodríguez. Universidad de Los Andes. Escuela de Educación. **Revista Educere. Investigación Arbitrada**, a. 6, n. 21, p. 94-99, abr./jun. 2003. Disponível em: <https://goo.gl/zaquch>. Acesso em: 4 ago. 2009.

MARTÍ, José. **Nossa América**. 3. ed. São Paulo: Hucitec, 2006.

_____. Nossa América. In: MARTÍ, José. **Nossa América**. 3. ed. São Paulo: Hucitec, 2006, p. 194-201.

_____. Mestres Itinerantes. In: STRECK, Danilo Romeu (Org.). **Educação em Nossa América**: textos selecionados. Ijuí: Ed. Unijuí, 2007a, p. 41-46.

_____. Americanismo Sadio. In: STRECK, Danilo Romeu (Org.). **Educação em Nossa América**: textos selecionados. Ijuí: Ed. Unijuí, 2007b, p. 63-64.

_____. Mente Latina. In: STRECK, Danilo Romeu (Org.). **Educação em Nossa América**: textos selecionados. Ijuí: Ed. Unijuí, 2007c, p. 60-62.

MÉSZAROS, István. **A Educação para além do capital**. São Paulo: Boitempo, 2005.

MIGNOLO, Walter D. **La idea de América Latina**. La herida colonial y laopcióndecolononial. Trad. Silvia Jawerbaum y Julieta Barba. Barcelona: Gedisa Editorial, 2007.

_____. Os esplendores e as misérias da "ciência": colonialidade, geopolítica do conhecimento e pluri-versalidade epistêmica. In: SANTOS, Boaventura de Sousa (Org.). **Conhecimento prudente para uma vida decente**: um discurso sobre as ciênciasrevisitado. São Paulo: Cortez, 2004, p. 667-709.

_____. **Desobediencia epistêmica**: Retórica de la modernidad, lógica de la colonialidad y gramática de la descolonialidad. Buenos Aires: Del Signo, 2010.

MORETTI, Cheron Zanini; ADAMS, Telmo. Pesquisa Participativa e Educação Popular: epistemologias do sul. Educação e Realidade, v. 36, p. 447-463, 2011. Disponível em: <https://goo.gl/d6Ymv8>. Acesso em: 27 jul. 2017.

PUIGGRÓS, Adriana. La disputa por laeducaciónen América Latina. Hegemonía y alternativas. In: SOLLANO, Marcela Gómez; ZASLAV, Martha Corenstein. **Reconfiguración de lo educativo en América Latina**. Experiencias pedagógicas alternativas, 2013, p. 103-120.

RETAMAR, Roberto Fernández. **Pensamiento de Nuestra América** – autorreflexiones y propuestas. Buenos Aires: Consejo Latinoamericano de Ciencias Sociales – CLACSO, 2006.

RODRÍGUEZ, Pedro Pablo. **Martí e as duas Américas**. São Paulo: Expressão Popular, 2006a.

RODRÍGUEZ, Simón. **La Defensa de Bolívar**. El Libertador delmediodia de America y sus compañeros de armas defendidos por um amigo de la causa social. Caracas: Universidad Nacional Experimental Simón Rodríguez, Editora Rectorado, 2006b.

_____. **Inventamos o erramos**. Caracas: Monte Ávila Editores, 1980.

SANTOS, Boaventura de Sousa; MENESES, Maria Paula (Orgs.). **Epistemologias do sul**. São Paulo: Cortez, 2010.

_____. **A gramática do tempo**: para uma nova cultura política. São Paulo: Cortez, 2006. (Coleção Para um novo senso comum, 4).

_____. Para uma sociologia das ausências e uma sociologia das emergências. **Revista Crítica de Ciências Sociais**, n. 63, p. 237-280, out. 2002.

SAVIANI, Dermeval. **História das ideias pedagógicas no Brasil**. 2. ed. rev. e ampl. Campinas, SP: Autores Associados, 2008.

STRECK, Danilo R. Esperança. In: STRECK, Danilo R.; REDIN, Euclides; ZITKOSKI, Jaime (Orgs.). **Dicionário Paulo Freire**. 2. ed. Belo Horizonte: Autêntica Editora, 2010, p. 161-162.

_____. **José Martí e a Educação**. Belo Horizonte: Autêntica Editora, 2008.

_____. Encobrimento e emergências pedagógicas na América Latina. **Revista Lusófona de Educação**, Lisboa: Universidade Lusófona de Humanidades e Tecnologias, n. 06, p. 55-66, 2005b.

STRECK, Danilo R.; _____; MORETTI, Cheron Z. Educação e processos emancipatórios na América Latina: reflexões a partir de José Martí. **Eccos Revista Científica**, São Paulo, v. II, n. 2, p. 413-429, jul./dez. 2009.

STRECK, Danilo R.; _____. **Pesquisa Participativa e (Des)Colonialidade**. Curitiba-PR: CRV, 2014.

STRECK, Danilo R.; REDIN, Euclides; ZITKOSKI, Jaime (Orgs.). **Dicionário Paulo Freire**. 2. ed. Belo Horizonte: Autêntica Editora, 2010.

QUIJANO, Aníbal. Colonialidade do poder e classificação social. In: SANTOS, B. S.; MENESES, M. P. (Orgs.). **Epistemologias do Sul**. Coimbra: Edições Almedina S.A., 2009, p. 73-118.

_____. Colonialidade do poder, eurocentrismo e América Latina. In: LANDER, Edgardo (Org.). **A colonialidade do saber**: eurocentrismo e ciências sociais. Trad. Júlio César Casarin Barroso Silva. Buenos Aires: Consejo Latinoamericano de Ciências Sociales – CLACSO, 2005, p. 227-278.

WEINBERG, G. **Modelos educativos enlahistoria de América Latina**. Buenos Aires: A-Z Editora, 1995.

5

FRANTZ FANON E SEU PENSAMENTO DESCOLONIZANTE/ANTICOLONIALISTA: CICATRIZES, SEQUELAS QUE PERMANECEM NOS PAÍSES COLONIZADOS ATÉ OS DIAS DE HOJE

Renel Prospere[21]; Alfredo Martin[22]

> *Puisse ce livre etre medite et concourir it accelerer le mouvement de regeneration que ma race accomplit sous le ciel bleu et clair des Antilles! Puisse-t-il inspirer tous les enfants de la race noire, repandus sur l'orbe immense de la terre, l'amour du progres, de la justice et de la liberté!*
>
> A.Firmin.

Introdução

Um dos aspectos mais marcantes do século passado e que continua presente na atualidade é o esforço constante de cobrança da valorização do "Outro". O esforço de entender o outro como sujeito da sua historia e não como objeto da mesma. Embora não seja um caminho fácil a ser percorrido, observa-se que esta luta pela valorização do outro em todos seus aspectos não parou no tempo. Lembre-se de que no passado tivemos um modelo de pensamento hegemônico que fazia acreditar que a cultura do homem europeu ocidentalizado era perfeita: as suas características referiam-se a ter a pele branca, os olhos azuis, ser heterossexual e cristão. Porém, a banalização e desprezo pelas demais culturas, principalmente as de periferias, persistem até hoje.

---

21. Doutor em Educação Ambiental – Universidade Federal do Rio Grande (Furg). Pós-Doutorando do Programa de Pós-Graduação em Educação da Universidade Regional Integrada do Alto Uruguai e das Missões (URI), Campus de Frederico Westphalen. Faz parte da Rede Iberoamericana de Pesquisas em Políticas e Processos de Educação Superior. E-mail: <rentinp@gmail.com>.
22. Doutor e Pós-doutorado em Ciências da Educação – Université de Paris VIII. Atualmente é professor adjunto da Fundação Universidade Federal do Rio Grande (Furg).

Ninguém pode negar que no passado a cor branca passou a ser símbolo universal de riqueza, beleza, bem-estar social e atributo hereditário de felicidades. E a cor negra era sinônimo de escuridão, de ser diabólico, feiura, maldição, etc. Todos esses atributos permanecem sem uma analise e reflexão profunda filosófico-antropológica criteriosa para poder desmitificá-los e entendê-los. Nota-se que algumas sociedades preferem não abordar esses conceitos com o receio de não encontrarem uma explicação satisfatória e justa para os mesmos.

É importante salientar dentro deste extenso processo de colonizar o outro que algumas personagens tiveram suas contribuições na luta contra a opressão do sistema colonial acompanhado de preconceito e discriminação racial. Cabe lembrar a figura eminente do antilhano Martinicano Frantz Fanon (1925-1961), que prematuramente abandonou esta luta e que será o teórico principal deste capítulo. Mas seu pensamento descolonizante/anticolonialista durante muito tempo determinou o modo de pensar, de ensinar, e manipular as ideologias das lutas dos países do terceiro mundo contra qualquer tipo de repressão, principalmente as vozes comumente pouco ouvidas, mal interpretadas e mal compreendidas quando não são ocultadas e silenciadas frente à luz da razão dos saberes dominantes do países colonizadores ocidentais.

Dessa forma, as bases e fundamentos da teoria social (política) de Frantz Fanon, com intuito de situar a leitura dentro do enfoque anticolonialista (da sociedade, da educação, da política, da cultura, dos costumes etc.) nos tempos de hoje é de suma importância. As reflexões a respeito do autor trazem o quão cedo aconteceu a preocupação de Frantz Fanon em relação ao colonialismo; o texto se debruçará também sobre a problemática do negro e da alteridade, dois conceitos muito complexos para serem desvendados. Por último, abordaremos o projeto anticolonialista de Fanon que desconstruiu o processo do mundo colonial, colocou o sujeito colonizado frente ao colonizador, ou seja, relatou a dependência e o poder entre o senhor e seu servo.

Algumas reflexões acerca de Frantz Fanon

Frantz Fanon foi considerado um dos clássicos mais importantes da teoria da descolonização. Através de suas principais obras, tais como: *Peau Noire, Masques Blanc; Sociologie d´une revolution; Les damnés de la Terre e por último; Por une Revolution Africaine*, explora a extremidade do modo de pensar, em busca de uma dialética[23] de libertação dos oprimidos em relação aos opressores. A visão de Fanon revela uma força específica que vem da tradição do oprimido, da lamúria e de uma consciência revolucionária que vê a luta contra a opressão colonial como o fator principal, capaz de desvendar a ideia historicista do tempo. Mas, também, é capaz de buscar a verdadeira transparência da realidade social que a história ocidental colonial apresenta como uma realidade imutável na exploração dos países do terceiro mundo.

Assim, Frantz Fanon nasceu no dia 20 de Julho de 1925 em *Fort de France*, capital da Martinica, ex-colônia da França. Era um homem negro, descendente de escravos trazidos da África pelas Antilhas. Terminando seu *Baccalauréat ou Bac II* – que corresponde ao Ensino Médio no sistema de ensino brasileiro – em março de 1946 recebeu uma bolsa de estudos como ex-combatente ferido da guerra pelo exército francês na luta contra o nazismo. Iniciou a faculdade de medicina em *Lyon*. Nesse momento, teve o primeiro contato com a cultura europeia, quando seus interesses se dividiam em dois polos: por um lado, a medicina e, por outro, a filosofia e a literatura.

Por isso, interessou-se em ler as abras de:

> *Jean La Croix* e *Maurice Merleau-Ponty*, debruçou-se principalmente sobre as obras de Nietzsche, Karl Jaspers, Kierkegaard, Hegel, Marx, Lênin, Husserl, Heidegger e Sartre. (Zahar, 1970, p. 1-3)

Percebe-se, por isso, uma forte influência do movimento existencialista no pensamento fanoniano.

Descrever a vida de Frantz Fanon não é uma tarefa fácil, devido ao seu processo de militância agitada, violenta e curta. Fanon deixou quatro obras de aspecto monumental para compreender o processo de colonização e descolonização, sendo o Primeiro *Peau Noire, Masques Blanc*, (Pele negra, Máscaras Brancas) que pode ser entendido como o diário de um intelectual que está se recobrando do trauma produzido por uma tardia introdução no mundo ocidental. Pode-se dizer que também, nesta obra, Fanon desvenda a duplicação de identidade:

---

23. A origem da palavra é o grego *dialegein*, "argumentar" ou "conversar"; em Aristóteles e outros autores, esta palavra tem sentido de "argumentar para uma conclusão" "estabelecer por meio de argumento". Após o século XII, a dialética esteve cada vez mais associada às disputas formalizadas, praticadas nas universidades. Lembrando que Kant na *Crítica da Razão Pura* – Dialética transcendental, e Marx na obra *O capital*, empregaram o método dialético de Hegel para gerar uma crítica interna à prática do capitalismo (Dicionário de Filosofia de Cambridge, 2006).

a diferença entre a identidade pessoal como indicação da realidade ou intuição do ser e o problema psicanalítico da identificação que sempre evita a questão do sujeito. (Bhabha, 1998, p. 85)

Escrito na época de finalização a sua carreira médica, ao mesmo tempo em que sua tese, com uma linguagem ao mesmo tempo poética (com citações de Aimé Césaire, entre outros), científica (inclui comentários das últimas pesquisas em psiquiatria da época), e filosófica (polemiza com Sartre e Hegel), seu estilo é o do grito desgarrado, da tomada de consciência ao mesmo tempo lúcida e terrível; longe dos discursos sépticos da pseudociência da psiquiatria colonial da chamada Escola de Argel que ele fustigará na sua prática alternativa e nos seus escritos psiquiátricos dos anos posteriores, ele faz uma análise em primeira pessoa, como pessoa negra:

> Eu sabia. Era o ódio; eu era odiado, detestado, desprezado, não pelo vizinho da frente ou pelo primo do lado materno, mas por toda uma raça. Estava exposto a algo de irracional, senti nascer em mim lâminas de faca. Tomei a decisão de me defender. (op. cit., p. 98)

Logo de séculos de escravidão, de sofrimento, de exclusão, poderia-se esperar dele uma impotência paralisante, um ódio visceral, uma loucura existencial e racial. O que nos diz Fanon nas últimas folhas dessa obra magnífica? Leremos com cuidado:

> Sou negro e toneladas de correntes, um turbilhão de golpes, torrentes de escarros deslizam pelos meus hombros [...] não sou escravo da Escravidão que desumanizou meu pais [...] eu, hommem de cor, só quero uma coisa: que jamais o instrumento domine o homem. Que cesse para sempre o domínio do homem pelo homem [...] Através de uma tentativa de auto-recuperação e despojamento e de uma preservação contínua da sua liberdade é que os homens podem criar as condições de vida ideais para um mundo humano [...] Minha última prece: Oh! Corpo, faça de mim um homem que questione sempre! (Fanon, 1998, p. 100)

O segundo livro, *Sociologie d´une revolution* (Sociologia de uma revolução), constitui uma extraordinária reflexão sobre uma sociedade que está vivendo um profundo processo de reestruturação, uma original descrição de um povo que ganhou o direito à autodeterminação.

A terceira obra, *Les damnés de la Terre* (Os Condenados da Terra), é uma obra na qual Fanon já se convenceu de que as massas camponesas do terceiro mundo foram reconstituindo o proletariado urbano como força dinâmica da história moderna. Também esta obra foi elaborada à luz da guerra argelina e de algumas experiências vividas por ele na Martinica. Os *Condenados da Terra* é uma advertência de Fanon contra um dos erros expostos no diário de Che Guevara: a ideia de que um estrangeiro é imediatamente recebido pelas massas camponesas oprimidas como um salvador. Pode-se dizer que esta obra foi uma espécie de chamamento à rebelião dos povos do terceiro mundo contra o colonialismo (Geismar, 1972, p. 5).

Seu último livro, o quarto, *Pour une Revolution Africaine* (*Por uma Revolução Africana*), é uma coleção de artigos sobre seu pensamento desde seu ponto de partida – o sono da sociedade burguesa francesa – até sua morte.

De acordo com Renata Zahar, ao final de 1951, Fanon terminou seus estudos, formando-se em Psiquiatria com a tese intitulada "Um caso de enfermidade de Friedrich". Aqui, é importante destacar a aproximação filosófica de Fanon que inicia sua tese com uma citação de Nietzsche "Me dedico aos seres vivos, não aos processos mentais introspectivos". Ele retornou para a Martinica em outubro de 1952, casou-se com uma francesa *Marie-Josephe Dublé (Josie)*, que conheceu durante o tempo de faculdade em Lyon (Geismar; Worsley, 1970, p. 22).

Nesta época, Fanon decidiu firmemente trabalhar alguns anos na África, com o propósito de retornar a Martinica. Entretanto, recebeu o convite de Leopoldo Senghor[24] (1906-2001), grande admirador de Fanon para ocupar o cargo de Médico chefe na Clínica de *Blida-Joinville*[25]. Nesses anos, Fanon promove experiências inovadoras a partir do seu aprendizado no Hospital Psiquiátrico de St. Alban (Lozère, França) junto ao fundador da Psicoterapia Institucional, François Tosquelles.

Fanon incluirá nas suas abordagens terapêuticas os dispositivos culturais típicos da população magrebina, desmitificará as concepções reacionárias da dita "escola de Argélia" que ensinavam os defeitos genético--cerebrais e as causas das psicoses nos nativos utilizando como únicas

---

24. Foi um político e escritor senegalês. Governou o país como presidente de 1960 a 1980. Foi entre as duas guerras mundiais, juntamente ao poeta antilhano Aimé Césaire, ideólogo do conceito de negritude.

25. Era a clínica psiquiátrica mais importante no solo africano naquela época. Frantz Fanon tinha no seu cargo um departamento com 165 mulheres europeias e 220 muçulmanas. Nesse momento, Fanon tinha a oportunidade de aplicar as técnicas da terapia social que havia sonhado antes, no tratamento tentando desenvolver novas formas democráticas na convivência dos pacientes, para colocar em marcha os processos de socialização que permitem aos pacientes orientar-se novamente na sociedade, procurando estabelecer uma estreita conexão entre a psicoterapia e a educação política.

ferramentas terapêuticas o isolamento e a repressão. Assim, cuidando e curando essas pessoas com métodos que mais tarde foram desenvolvidos no mundo todo, com oficinas de teatro, música, artes, a retomada da relação com as famílias etc. Incluindo as dimensões culturais na compreensão e o tratamento dos sofrimentos mentais, Fanon pode ser legitimamente considerado um pioneiro da Etnopsiquiatría e da Etnopsicanálise (Zahar, 1970).

Sua atividade psiquiátrica, conforme a autora, naquela clínica, não durou mais do que três anos. São anos felizes, suas experiências em *Blida-Joinville são* totalmente coerentes com seus interesses, sua consciência política, preparando-se para a situação revolucionária da recente luta da libertação argelina (Zahar, 1970).

Entretanto, o compromisso revolucionário de Fanon surgiu da lógica imanente de sua prática profissional e se radicalizava através da experiência ativa na luta de libertação argelina. Em 1956, com sua fama de intelectual humanista, renunciou ao cargo de Médico Chefe daquela Clínica.

Enfim, Frantz Fanon foi, ao mesmo tempo, psiquiatra, ensaísta e militante político ao lado da Frente de Libertação Nacional da Argélia (FLN). O martinicano, cuja importância a Metrópole (França) tinha dificuldade de reconhecer, fazia parte do grupo de intelectuais negros. Trata-se de algo semelhante ao que acontece a todos os anticolonialistas radicais. Dotado de um estilo de escrita altamente literário e retórico, contribuiu para aclarar não só a história, mas, também, cogitações e debates contemporâneos sobre a luta revolucionária em geral.

Pode-se resumir a vida de Frantz Fanon em quatro etapas cruciais:

1) Uma juventude burguesa convencional;

2) Um período introspectivo, durante o qual mediu a extensão de suas neuroses, embora se preparasse para ser psiquiatra;

3) Uma ruptura revolucionária catártica com o passado;

4) E, por último, um final africano-revolucionário mais definido.

Depois desta breve abordagem sobre a vida e as obras de Frantz Fanon, faz-se necessário exaltar a questão da alteridade que preocupou muito a caminhada do autor como negro, como migrante e como diáspora. E, por isso, podemos afirmar que a identidade da pessoa é a assiduidade das suas características através do tempo e espaço, arraigada na memória, no costume, no idioma, na crença e na sua própria cultura.

É importante trazer neste texto o filósofo francês Jean-Paul Sartre[26] (1905-1980), através do seu belíssimo ensaio intitulado "Orfeu Negro", no qual sugere uma dialética em que o racismo "antirracista" dos movimentos negros funcionaria como antítese à tese do racismo. Desta forma, o negro foi alienado e obrigado a acreditar que pertencia ao mundo o qual não havia inventado e onde o homem europeu, branco, cristão era visto como sinônimo de dia, de verdade, de virtude. Desta forma, situar o negro no plano universal é romper com séculos do projeto colonialismo e exigir um esforço no qual o negro deixa ser um projeto antropológico e passa a ser um sujeito antropológico da sua própria história.

Na visão de Achile Mbembe:

> Frantz Fanon tem no entanto razão, ao sugerir que o Negro era uma figura ou ainda um "objeto" inventado pelo Branco e "fixado", como tal pelo seu olhar, pelos seus gestos e atitudes, tendo sido tecido enquanto tal "através de mil pormenores, anedotas, relatos[27]". Deveríamos acrescentar que, por sua vez, o Branco é, a vários respeitos, uma fantasia da imaginação européia que o Ocidente se esforçou por naturalizar e universalizar. O próprio Fanon dizia, aliás. A propósito de ambas as figuras, que o Negro não existe mais do que o Branco. Na realidade não existe propriamente nenhum ser humano cuja cor de pele seja, *stricto sensu*, branca – pelo menos, no sentido em que falamos do branco de papel, do giz, do lençol ou da cal. Mas se estas duas categorias remetem afinal para um vazio, como é que este *vazio*, e nesta circunstância a fantasia do Branco, ganhou força? (Mbembe, 2014, p. 84)

Este processo estabeleceu a clara distinção racial[28] (branco e negro) com um objetivo bem determinado e que manifestou-se de diversas maneiras em épocas diferentes e contextos diferentes – extermínios e genocídios no Novo Mundo, na Austrália, o comércio de escravos africanos no triângulo atlântico, na Ásia, na América Central e do Sul. Configurou-se

---

26. Foi um filósofo, escritor e crítico francês, conhecido como representante do existencialismo. Acreditava que os intelectuais têm de desempenhar um papel ativo na sociedade.
27. Cesaire, Aimé, "Les armes miraculeuse". In: *Oeuvres completes*, v. 1. Éditions Desormaux, Fort-de-France, p. 107, depois, p. 88-89.
28. "Antes de mais, a raça não existe enquanto fato natural físico, antropológico ou genético. A raça não passa de uma ficção útil, de uma construção fantasista ou de uma projeção ideológica cuja função é desviar a atenção de conflitos antigamente entendidos como mais verosímeis" (Mbembe, 2014, p. 26-27).

por todo lado com pilhagens, extorsão, roubos e expropriações em nome do capital e do lucro e corou-se o conjunto de alienação. Assim, esta agressão estrutural contribuiu de maneira profunda para uma desigual redistribuição dos recursos da vida e certos privilégios da cidadania a uma escala planetária à luz da fantasia do homem branco e seu bem-estar (Mbembe, 2014).

Dessa forma, não pretendemos discutir a questão do racismo a fundo ou em todos seus aspectos, mas abordá-la com o objetivo de entender melhor o tema que está em discussão. Trazemos, no entanto, esse conceito porque não temos como falar do negro em especial "no Haiti", como diz Antenor Firmin (1850-1911),[29] sem referir-nos ao racismo colonialista dos tempos da escravidão.

Por isso, a compreensão de que:

> O ensaio de Sartre apresentava uma edição de poesias da *Negritude,* movimento anticolonialismo de intelectuais africanos e antilhanos de língua francesa liderado pelo então futuro governador de *Martinique,* Aime Césaire, pelo poeta Léon Damas e pelo futuro presidente de Senegal, Léopold Sédar Senghor. Esse movimento foi acusado de racismo às avessas por adversários do Ocidente assim como por africanos comprometidos com posições ideológicas de esquerda. Sartre, com sua tese do "racismo anti-racista", fez-lhe uma eloqüente e sólida defesa. Essa tese, entretanto, não deixa de coincidir com a idéia do racismo ao contrário. (Nascimento, 2003, p. 53)

Podemos afirmar que racismo, preconceito, discriminação, embora sejam conceitos com significados diferentes, coexistem em nossas sociedades do século XXI. É comum observar campanhas e/ou políticas antidiscriminatórias. Infelizmente, o assunto não é abordado com a profundidade com a qual deveria ser. Ocorre, também, pouca discussão sobre o tema, mesmo em ambientes acadêmicos, entre universitários, considerados como um público mais esclarecido. Por isso, dizemos que esses conceitos estão presentes nas nossas sociedades de forma velada, mas existem.

---

29. Antenor Firmin é um intelectual haitiano do século XIX e foi o primeiro intelectual negro a desconstruir a tese do pai do racismo, o Francês Athur Joseph de Gobineau, sobre a desigualdade das raças humanas. Firmin diz que quando as universidades europeias defendiam a teoria da desigualdade das raças, especialmente a inferioridade da etnia negra em relação às demais etnias, ele olhou para trás para analisar as estratégias dos guerreiros haitianos que derrubaram as tropas de Napoleão Bonaparte, libertaram o país da escravidão em 1804. Ele mostra que esses nativos não podem ser inferiores. Firmin escreve uma das melhores obras clássicas da antropologia positiva no século XIX intitulado. *De L´égalité des races humaines* (*A igualdade das raças humanas*).

Frantz Fanon e o projeto do anticolonialismo

Pela perspectiva anticolonialista, Fanon (2005) acredita que a história pode ensinar a lutar contra o colonialismo, sem precisar registrar-se imediatamente numa expectativa nacionalista. Para ele, há muito tempo o oprimido ou colonizado conduz os seus esforços em direção à eliminação de certas perversidades, como trabalhos penosos, sanções corporais, desigualdades dos salários, restrições dos direitos políticos. Ele acredita que a luta pela democracia contra a exploração do colonizado deve acontecer de forma progressiva do conflito *neoliberal universalista* para desembocar, às vezes, laboriosamente na reclamação nacional. Assim, devo indagar sobre como se dá esse projeto anticolonialista de Fanon que passa pelo pós-colonialismo.

É importante perguntar sobre quando se dá o pós-colonial? O que precisaria ser incluído e excluído de seus "outros", como (o colonialismo, o neocolonialismo, o terceiro mundo, o imperialismo) e como se definem incessantemente, sem extrapolá-los em definitivo. Para Hall (2009, p. 95),

> [...] se o momento pós-colonial é aquele que vem *após* o colonialismo, e vem sendo definido em termos de uma divisão binária entre colonizadores e colonizados, o pós-colonial é *também* um tempo de diferença.

E que diferença é essa, e quais suas implicações para as sociedades do terceiro mundo?

Assim, o autor ressalta que não há tanta razão para extrapolar satisfatoriamente ou explorar muito o significado desses conceitos, os quais são portadores de tantos e tão poderosos investimentos inconscientes. Em outras palavras, de acordo com Hall (2009, p. 100-101), para alguns é um sinal de desejo e, para outros, um sinal de perigo desvelar tais conceitos:

> Uma discriminação mais criteriosa está por se fazer entre as distintas formações sociais e raciais. A Austrália e o Canadá, de um lado, a Nigéria, a Índia e a Jamaica, de outro, certamente não são "pós-colônias" num mesmo sentido. Mas isso não significa que esses países não sejam de maneira alguma "pós-coloniais". Suas relações com o centro imperial e as formas pelas quais lhes é permitido "estar no Ocidente sem ser dele", tal como C.L.R. James caracterizou o Caribe, os definiram claramente como "colônias" e os fazem ser hoje designados "pós-coloniais", muito embora a

maneira, o momento e as condições de sua colonização e independência variem bastante. Da mesma maneira, os Estados Unidos e suas atuais "guerras culturais", conduzidas geralmente em relação a uma concepção mítica e eurocêntrica de civilização, são literalmente incompreensíveis fora do contexto de seu passado.

Para o autor, há maneiras de distinguir os usos desse conceito, embora alguns críticos não reconheçam o pós-colonialismo nas colônias brancas e o utilizem para descrever apenas os povos colonizados não ocidentais. Outros, também, se recusam a reconhecer os povos colonizados da metrópole, reduzindo o uso do conceito para se referir às comunidades da periferia. Na visão de Hall (2009), isso não faz mais do que confundir uma categoria descritiva com uma categoria avaliativa. O que o termo pode auxiliar a fazer é delinear ou caracterizar a transformação nas relações globais, que assinalam ou marcam a transição (necessariamente irregular) da era dos Impérios para o momento da pós-independência ou da pós-descolonização. Contudo, como Hall (2009, p. 109) argumenta:

> A forma como a diferença foi vivenciada nas sociedades colonizadas, após a violenta e abrupta ruptura da colonização foi e teve que ser decisivamente distinta daquela que essas culturas teriam desenvolvido isoladamente uma das outras. A partir desse marco nas décadas finais do século quinze, não tem havido "um único tempo (ocidental) homogêneo vazio". Há, sim, condensações e elipses, que surgem quando todas as temporalidades distintas, mesmo permanecendo "presentes" e "reais" em seus efeitos diferenciados, são reunidas em termos de uma ruptura *em relação aos efeitos* determinantes das temporalidades e sistemas de representação e poder eurocêntricos, devendo marcar sua "diferença" nesses termos. É isso que se tem em mente quando se coloca a colonização dentro da estrutura da "globalização", ou esse caráter determinado, suturado e *suplementar* de suas temporalidades.

Agora, torna-se possível tentar responder à pergunta anterior sobre quando ocorreu o "pós-colonial" em comparação à ocorrência do tempo eurocêntrico. Conforme o autor, no discurso do "pós-colonial", o Iluminismo ressurge em uma posição descentrada, ou seja, simula o deslocamento epistêmico e crítico dentro da astúcia de colonização. Dessa forma, afirma que a colonização se repete até o fim dos tempos. Ela configura, entretanto, o terreno de tal forma que a própria ideia de um universo composto por identidades isoladas, por costumes e capitalizações distintas e autossuficientes, têm sido uma variedade de paradigmas designados a deter essas formas distintas com intuito de relacionar interconexão e descontinuidade (Hall, 2009).

Alguns teóricos, entretanto, avançam em direção a mostrar que o pós--colonial não difere dos demais "pós". Não se trata exclusivamente de ser "posterior", mas de "ir além" do colonial. Assim, pode-se dizer que o colonialismo se refere a um período histórico específico (uma era complexa e diferenciada), mas também sempre foi uma maneira de contar a história. A própria sucessão de termos que foram inventados para referir-se a esse processo – imperialismo, colonialismo, neocolonialismo, dependência e terceiro – Mundo – confirma a constatação acima mencionada (Hall, 2009).

Fanon (2005) percebeu que o mundo colonizado é um mundo cindido em dois. A linha divisória, a fronteira, é indicada pelos quartéis e delegacias de polícia daquela época. Portanto, nas colônias, o interlocutor legal e institucional do colonizado, o porta-voz do colonizador e do regime de opressão é o policial. Nas corporações de tipo capitalista, a instrução religiosa ou leiga, a formação de reflexos morais transmissíveis de pai para o filho, a franqueza ou honestidade exemplar de trabalhadores engrandecidos depois de cinquenta anos de bons serviços, o amor estimulado na harmonia e na prudência, formas estéticas do respeito pela ordem colocada, criam em torno do explorado uma atmosfera de servilismo ou submissão e inibição que torna consideravelmente mais leve a tarefa das forças da ordem.

De acordo com o autor, nos países capitalistas, entre o explorado e o poder interpõe-se um grupo de instrutores de moral, de conselheiros, de "desorientadores". Nas províncias e nas colônias, ao contrário, o gendarme e o policial, por suas presenças imediatas, suas intervenções rápidas e frequentes, alimentam o contato com o colonizado e o "aconselham", através de coronhadas ou com explosões de *napalm,* a não se mexer, ou seja, a permanecer quieto. Vê-se que o intermediário não torna mais leve a opressão de pura violência e não dissimula a dominação. Exibe-as, manifesta-as com a boa consciência das forças de ordem. O intermediário induz à violência e a luta sobre a casa e o cérebro do colonizado (Fanon, 2005). É no intuito de demonstrar essas relações que Fanon (2005, p. 56) chega à seguinte afirmação:

> Esse mundo compartimentado, esse mundo cortado em dois é habitado por espécies diferentes. A originalidade do contexto colonial

é que as realidades econômicas, as desigualdades, a enorme diferença dos modos de vida não consegue nunca mascarar as realidades humanas. Quando se percebe na sua imediatez o contexto colonial, é patente que aquilo que fragmenta o mundo é primeiro o fato de pertencer ou não a tal espécie, a tal raça. Nas colônias, infraestrutura é também a superestrutura. A causa é consequência: alguém é rico porque é branco, alguém é branco porque é rico. É por isso que as análises marxistas devem ser sempre ligeiramente distendidas, a cada vez que se aborda o problema colonial. Até mesmo o conceito de sociedade pré-capitalista, bem estudado por Marx, deveria ser repensado aqui. O servo é uma essência diferente do cavalheiro, mas uma referência ao direito divino é necessária para legitimar essa diferença de status.

Esse mundo colonial é um mundo dividido em compartimentos, sem dúvida. Mas Fanon (2005) tentava desconstruir ou desvelar esse mundo camuflado através do seu pensamento vigoroso, sua militância revolucionária que desembocaram em uma teoria anticolonialista. Foi um processo extremamente complexo. Os problemas que ele apontava nesse contexto eram vários e todos eram importantes para se compreender o processo de colonização.

Então, o colonizado descobre que sua vida, sua respiração, as pulsações de seu coração são as mesmas do colono. Descobre que a pele do colono não vale mais do que uma pele de indígena. Essa descoberta introduz um abalo essencial no mundo colonial. Dela decorre toda a nova e revolucionária segurança do colonizado. Se, com efeito, a minha vida tem o mesmo peso que a do colono, seu olhar não me fulmina, não me imobiliza mais, sua voz já não me petrifica. Não me perturbo mais em sua presença. Não somente sua presença deixa de me intimidar, como, também, já estou pronto para lhe preparar tais emboscadas que, dentro de pouco tempo, não lhe restará outra saída senão a fuga (Fanon, 2005). Dessa forma, este autor percebe que:

> O colonizado vive em estado de alerta, pois, decifrando com dificuldade os múltiplos signos do mundo colonial, nunca se sabe se passou ou não do limite. Diante do mundo arranjado pelo colonialista, o colonizado é sempre presumido culpado. A culpabilidade do colonizado não é uma culpabilidade assumida, é, antes, uma espécie de maldição, de espada de Dâmocles. Ora, no mais profundo de si, o colonizado não reconhece nenhuma instância. É dominado, mas não domesticado. É inferiorizado, mas não convencido da sua inferioridade. Espera pacientemente que o colono relaxe a vigilância para

> saltar para cima dele. Nos seus músculos, o colonizado está sempre à espera. Não se pode dizer que ele esteja inquieto, aterrorizado. Na verdade, ele está sempre pronto a abandonar seu papel de caça para tomar o de caçador. O colonizado é o perseguido que sonha permanentemente tornar-se um perseguidor. (Fanon, 2005, p. 70)

Na visão acima referida, o domínio colonial, por ser total e simplificador, tem a reação imediata na existência cultural do colonizado e consegue desintegrar a existência cultural do povo submetido. Nesta fase, o opressor chega a não se contentar com a inexistência objetiva da nação e da cultura oprimida. Usam-se todas as ferramentas possíveis para que o sujeito oprimido possa confessar abertamente a condição inferior de sua própria cultura. Ou seja, a introjeção da cultura do colonizador no pensamento do oprimido como a melhor e a única (Barraza, 1985).

Assim, Bhabha (1998, p. 74), seguindo a mesma linha ideológica de Fanon, salienta que:

> Ao articular o problema da alienação cultural colonial na linguagem psicanalítica à demanda e ao desejo, Fanon questiona radicalmente a formação tanto da autoridade individual como da social na forma como vêm a se desenvolver no discurso da soberania social. As virtudes sociais da racionalidade histórica, da coesão cultural, da autonomia da consciência individual, assumem uma identidade imediata, utópica, com os sujeitos aos quais conferem uma condição civil. O estado civil é expressão última da tendência inata ética e racional da mente humana; a transição necessária da Natureza humana.

De acordo com Fanon (1979, p. 194), "a responsabilidade de um homem de cultura, colonizado não é uma responsabilidade perante a cultura nacional, mas uma responsabilidade global perante a nação global". A cultura nacional não pode ser entendida como uma espécie de "folclore", em que um populismo abstrato julgou descobrir a verdade do povo. Não é de forma alguma, na visão dele, uma massa sedimentada de gestos puros, ou seja, cada vez menos acoplados à realidade atual do povo. Para ele, a cultura nacional é o contínuo esforço feito por um povo no nível de pensamento para delinear, afirmar, justificar e aliciar a ação através da qual o povo se organizou e se sustentou. Nos países subdesenvolvidos, a cultura nacional deve, portanto, situar-se no centro das atenções, nas lutas de libertação empreendidas por esses países. Assim, Fanon (1979, p. 198-199) afirma:

A cultura nacional é, sob o domínio colonial, uma cultura contestada, cuja destruição é empreendida de maneira sistemática. É muito rapidamente uma cultura condenada à clandestinidade. Essa ideia de clandestinidade é imediatamente percebida nas reações do ocupante, que interpreta a complacência nas tradições como uma fidelidade ao espírito nacional, como uma recusa à submissão. A persistência nas formas culturais condenadas pela sociedade colonial é já uma manifestação nacional. Mas essa manifestação é anulada pelas leis da inércia. Não há ofensiva, não há redefinição das relações. Há crispação num núcleo cada vez mais estreito, cada vez mais inerte, cada vez mais vazio.

Para Fanon, depois de mais de um século de exploração, produz-se uma verdadeira emaciação do cenário cultural nacional. Com isso, a cultura nacional transforma-se num acúmulo de costumes motores, de reminiscências indumentárias, de instituições fragmentadas. Observa-se escassa mobilidade. Não há capacidade criadora, não há efervescência cultural. Encontra-se miséria da população, opressão colonial e inibição da cultura são uma só e mesma coisa (Fanon, 1979).

Considerações finais

Para encerrar o presente texto acerca do pensamento anticolonialista de Frantz Fanon, pode-se dizer que a peculiaridade dele foi ter procurado compreender a consciência oprimida do sujeito colonizado. Chegou a desvendar muitas reflexões acerca da *psiqué* do negro, ou seja, buscou a alteridade em contraponto com a identidade assimilada da metrópole em relação à periferia, onde se encontra sempre o sujeito colonizado. Por isso, Fanon chega à conclusão de que o mundo colonizado é um mundo dividido em dois. Acima desta divisão, ele constrói um confronto do mundo colonial, colonizado/colonizador, com a finalidade de mostrar aos colonizados todos os fatores que lhes alienam. Enfim, sua contribuição é fundamental para compreensão e instauração de uma consciência a respeito do percurso de colonização e de descolonização dos povos submetidos a esse processo.

Nota-se que na maioria dos países de que foram colonizados, principalmente do terceiro mundo, ficam com sequelas econômicas, culturais e sociais. São cicatrizes que permanecem até os dias dia de hoje em algumas sociedades. Alguns desses países não conseguem desenvolver, economicamente, socialmente. A assimilação do sistema colonial foi tão violenta em alguns casos, no qual o *psique* do colonizado se comprometer pelo resto da sua vida. Muitas vezes o colonizado quer se transformar em colonizador, quer viver no mundo do colono. Neste caso a obra de Pele Negra Mascara Branca explica com toda propriedade o mundo conturbado do colonizado.

É dessa forma que concluímos dizendo: abandonar o lugar onde crescemos nos levará ao aprendizado de ver o mundo de uma maneira diferente. Nunca será algo fácil; ainda mais quando se quer escapar da violência, da miséria, do conflito religioso e da discriminação racial. Podemos afirmar que as fronteiras de todos os países nunca foram tão fechadas. O outro não é tão importante se não cumpre os requisitos econômicos, culturais e religiosos que alguns requerem. É por isso, precisamos ser mais solidários e deixar de ser meros expectadores face ao sofrimento de outros. Precisamos assumir nosso lugar como cidadão do mundo, de quem que se compromete com o Outro, de quem que seja capaz de gerar mudanças e transformações em prol de um mundo mais justo e pacífico. Um mundo em que a vida seja sinônimo de dignidade e não de injustiças, sofrimento, medo e subjugação.

Referências

ARDUINI, Juvenal. **Antropologia**: ousar para reinventar a humanidade. São Paulo: Paulus, 2002.

ARISTIDE, Jean-Bertrand. **Investir dans l´Humain**. Porta u Prince: Imprimerie Henri Deschamps, 2000.

BARRAZA, Hilda Varela. **Cultura y resistencia cultural**: una lectura política. Mexico: Ediciones El Cabalito, 1985.

BHABHA, Homi K. **O local da Cultura**. Trad. de Myriam Ávila (Org.). Belo Horizonte: Ed. UFMG, 1998.

CÉSAIRE, Aimé. **Discours sur le colonialisme**. Paris: Présence africaine, 1955.

CORTINA, Adela. **Cidadãos do mundo**: para uma teoria de cidadania. Trad. Silvana C. Leite. São Paulo: Loyola, 2005.

FANON, Frantz. **Peau Noire, Masques Blancs**. Paris: Editions du Seuil, 1952.

_____. **Pele Negra, Máscaras brancas**. Nova edição: Salvador: EDUFBA, 2008.

_____. **Les damnés de la terre**. Paris: Editions Gallimard, 1991.

_____. **Sociologied´unerévolution**. Paris: François Maspero, 1966.

_____. **Os Condenados da Terra**. Trad. José L. de Melo. Rio de Janeiro: Civilização Brasileira, 1979.

_____. **Os Condenados da Terra**. Trad. Enilce Abelgaria Rocha e Lucy Magalhães. Juiz de Fora: Ed. UFJF, 2005.

_____. **Oeuvres I**. Paris: La Découverte, 2011. (nova edição incluindo os quatro textos precedentes, comum prefácio de Achille Mbembe e uma introdução de Magali Bessone).

FIRMIN, Anténor. **De l'Égalité des Races Humaines**: Antropologie Positive. Librairie Cotillon, Paris, 1885.

GEISMAR, Peter; **Fanon**. Trad. Marta Mastrogiacomo. Argentina: Granica editor, 1972.

GEISMAR, Peter; WORSLEY, Peter. **FrantzFanon y la revolución anticolonial**. Buenos Aires: Ediciones del Siglo, 1970.

GUARESCHI, Neuza M. F. Resistência: uma categoria em discussão. In. HYPOLITO, Álvaro M.; et al. (Orgs.). **Trabalho docente**: formação e identidade. Pelotas: Seiva, 2002, p. 43-65.

HALL, Stuart. **Da diáspora**: identidades e meditacoes culturas. Liv Sovik. Trad. Adelaine La Guardia Resende; et al. Belo Horizonte: Editora UFMG, 2009.

HURBON, Laennec. **El bárbaro imaginário**. Trad. Jorge Padín Videla. Mexico: Fondo de cultura econômico, 1993.

_____. **O Deus da Resistência negra**: o vodu haitiana. Trad. Valdecy Tenório. São Paulo: Paulinas, 1987.

KALDOR, Mary. **La Sociedad Civil Global**: una respuesta a la guerra. 1. ed. Trad. Dolors Udina. Barcelona: Kriterios Tusques, 2005.

LEHER, Roberto; SETÚBAL, Mariana. (Orgs.). **Pensamento crítico e movimentos sociais**: diálogos para uma nova práxis. São Paulo: Cortez, 2005.

MBEMBE, Achille. **Crítica da razão negra**. Trad. Marta Lança. Lisboa: Antigona, 2014.

MORETTI, Cheron Zanini. Resistência. In: STRECK, Danilo; et al. (Org.). **Dicionário Paulo Freire**. Belo Horizonte: Autêntica Editora, 2008, p. 366-367.

Nascimento, Elisa Larkin. **O Sortilégio da cor**: identidade raça e gênero no Brasil. São Paulo: Summus, 2003.

_____ (Org.). **A matriz africana no mundo**. São Paulo: Selo Negro, 2008.

SARTRE, Jean-Paul. **Reflexões sobre o racismo**. São Paulo: DIFEL, 1963.

ZAHA, Renate. **Colonialismo y enajenación**: contribución a la teoria política de Frantz Fanon. Trad. Enrique Contreras Suárez. México: Siglo XXI Editores, 1970.

6

ESTADO, RELIGIOSIDADE E PODER: POR UMA PLURITOPIA SOCIAL DE DENÚNCIA DA COLONIALIDADE NA AMÉRICA LATINA

Lizandro Mello[30]; Raquel Fabiana Lopes Sparemberger[31]

> El fetichismo del dinero ha venido a lanzar de un codazo a todos los otros dioses del altar del centro, y es adorado cuidadosamente por las grandes potencias cultas, democráticas, gordas de tanto consumir. En su altar se inmolaron los indios en las minas de oro, los negros esclavos, la mujer como operadora del lujo inútil y vagina contractual, el hijo como mercado potencial de mercancías innecesarias. La liberación es posible sólo cuando se tiene el coraje de ser ateos del imperio; del centro, afrontando así el riesgo de sufrir su poder, sus boicots económicos, sus ejércitos y sus agentes maestros de la corrupción, el asesinato y la violência. (Enrique Dussel. *Filosofia de la Liberación*, 1996, p. 120 e 20)

Secularismo, laicismo, racismo: uma introdução

Secularismo, secularização e secularidade diferem: o primeiro é uma *ideologia* eurocentrada própria da expansão colonialista, teorizada

---

30. Advogado, historiador, Mestre em Direito e Justiça Social Universidade Federal do Rio Grande (Furg). Pesquisador do Grupo de Pesquisa Hermenêutica e ciências criminais e Direito e justiça social da Universidade Federal do Rio Grande.
31. Pós-doutora em Direito pela Universidade Federal de Santa Catarina – UFSC. Doutora em Direito pela Universidade Federal do Paraná – UFPR. Mestre em Direito pela UFPR. Possui graduação em Direito pela Universidade Regional do Noroeste do Estado do Rio Grande do Sul (1995). Professora adjunta da Universidade Federal do Rio Grande – Furg, professora do Programa de Mestrado em Direito da Universidade Federal do Rio Grande – Furg. Professora dos cursos de graduação e do Programa de Mestrado em Direito da Faculdade de Direito da Fundação Escola Superior do Ministério Público-FMP. Tem experiência na área de Direito, com ênfase em Teoria Geral do Direito, Direito Constitucional, Direito Ambiental e Direitos Humanos, América Latina e questões decoloniais. Professora pesquisadora do CNPq e FAPERGS. Professora participante do Grupo de Pesquisa em Antropologia Jurídica – GPAJU da UFSC e Pesquisadora do Grupo de Pesquisa Hermenêutica e ciências criminais e Direito e justiça social da Universidade Federal do Rio Grande. Responsável pelo Grupo de Estudos da Furg sobre o Constitucionalismo Latino-Americano. Advogada do escritório de Advocacia Luciane Dias Sociedade de Advogados-Pelotas-RS.

no campo do liberalismo e ilustração, na modernidade tardia; a secularização é *processo*, distante ao menos dois mil anos dentro do cristianismo e ainda antes disso na cultura chinesa (burocratização mandarínica) ou islâmica (autonomia filosófica perante a fé) e como exigência sadia da secularidade como *autonomia* da razão, do político, do econômico, das questões de gênero e sexualidade. Tal autonomia de controles exercentes das estruturas *fundantes* das religiões de dominação era necessária para um desenvolvimento critico da religião. Portanto, a secularização – o processo esticado – é necessária para criar um âmbito de secularidade, mas não de secularismo (Dussel, 2001, p. 409, grifos nossos). Para Enrique Dussel (2012, p. 30), isso desloca a questão do historiograficamente tradicional "quais eram as relações entre igreja e estado?" para o recente patamar de "choques culturais e a posição da igreja" – pensando a partir das crises emancipatórias frente às metrópoles ibéricas, descritas como a passagem do modelo de Cristandade para um de sociedade secular e plural. Necessariamente essa vida social secularizada tem a ver com ofortalecimento do capitalismo e os avanços tecnológicos que atuaram nas formas de ver o mundo a partir disso, preconizando formas racionais de explicação das coisas acima do papel da religião. Mesmo parcial, tal mudança alterou o papel desempenhado pela Igreja durante a Idade Média, época que manteve uma função determinante como fonte de valores e de fé (Damazio, 2011, p. 78). Esse sistema-mundo (Wallerstein e Dussel) moderno ou da modernidade emerge tendo tudo a ver com secularização da vida social, com a relegação das instituições e formas religiosas à vida privada (Restrepo; Rojas, 2010, p. 71).

Walter Mignolo (2010, p. 13), a partir de Anibal Quijano, assenta que a racionalidade moderna é absorvente ao passo que é defensiva e excludente: após 1500, o crescente domínio da epistemologia ocidental apoiada numa ego-logia como **secularização da teologia** (o *cogito ergo sum*) os conceitos imperiais de totalidade soterram o respeito à diferença em cartografias como o Incanato. A religião deu lugar ao *saber absoluto* da razão, do mito ao *logos*, da crença à ciência, do feudalismo ao capitalismo moderno e inovador. O secularismo das instituições, sistemas, crenças, teorias, da vida cotidiana chega à sua idade mais desenvolvida. Só faltava tal **laicidade antirreligiosa** alcançar os últimos rincões da Terra, as culturas *bárbaras* da África, o *despotismo* da Ásia ou o *primitivismo* da América Latina, para que a alienação da religião (concepção ainda compartilhada pela esquerda militante do marxismo mais burocratizado) ou o *fanatismo* (para os liberais) desse lugar à utopia de pura racionalidade científica e liberdade liberal na vida política e cotidiana. Dussel finaliza esse ponto defendendo ser essa uma visão da modernidade tardia da Ilustração, portanto, parcial, eurocêntrica, colonialista e reducionista de outros tipos de racionalidade que sem dúvida não se esgotaram, em que pese esse juízo lançado pelo secularismo moderno – o que mantém o problema complexo e atual (Dussel, 2001, p. 411, grifos nossos). A modernidade como racionalidade científica e secularização do pensamento, sob o enfoque de Edgardo Lander (2000, p. 213), sem dúvida é possível em todas as culturas e épocas históricas, sendo ridículo, nestas alturas da historiografia, atribuir às altas culturas não europeias (v.g. Tawantisuyo e Anahuác) uma mentalidade *mítico-mágica* como traço definidor, em oposição à racionalidade e ciência (bem mais tardias) da Europa.

Para Mignolo (2010, p. 104-105), um dos benefícios da secularização foi justamente a **emancipação mediante o sagrado**, à medida que o sagrado se converteu em obstáculo para o pensamento de certos grupos sociais. Contudo, **a secularização não é por si só um lugar seguro**: ao lançar a geopolítica e a corpo-política no âmbito do conhecimento e da compreensão, nos damos conta de que a modernidade secularista tem sua própria geo e corpo-política, que não necessariamente coincidem com necessidades, visões e desejos de todos no planeta. A partir de Descartes, as dúvidas sobre a *humanidade dos outros* se convertem em certeza, baseada em uma alegada falta de razão ou pensamento (cartesiano) nos colonizados e racializados; o próprio provê à modernidade os *dualismos mente/corpo* e *mente/matéria* que alicerçam a conversão da natureza e do corpo em objetos de conhecimento e controle, a concepção da busca do conhecimento como tarefa ascética primando pelo distanciamento do subjetivo/corporal, e a elevação do ceticismo misantrópico e das evidências racistas (justificadas pelo senso comum) ao nível de filosofia básica e fundamento das ciências. Estas três dimensões da modernidade estão entrelaçadas (Castro-Gomez; Grosfoguel, 2007, p. 145, grifos meus). Isso se concatena com a **racialização** exposta por Mignolo (2007), entendida como vidas descartáveis, sendo aquelas não ocupantes de trabalho ou seguras socialmente. Tamanho poder de encantamento desse *ocidentalismo* reside em sua **localização geohistórica como autoprivilégio**, calcada na crença hegemônica cada vez mais ampliada de que aí, no Ocidente (euro-estadunidense – o ocidente é lugar de epistemologia, mais que um setor geo-cartográfico) estava a superioridade nos complanos racial, filosófico, científico e religioso. Consequência terrível dessa crença é de que o mundo aparenta ser o que as categorias ocidentais de pensamento permitem dizer que é; tudo que não coincida com essas categorias é errôneo e todo formato de pensamento diverso está arriscado ao cerco, demonização e eliminação. **A secularização foi um produto de exportação para destruir todas as culturas periféricas, cujo imaginário de mundo ainda é religioso**, e numa hipócrita autolegitimação teológica, se propõe estados secularistas a partir de monarquias cristãs (Mignolo, 2007, p. 61 e 392). Para Dussel (2007, p. 553-554) essa concepção de secularização – o secularismo militante – atacou a fundo em sua estrutura central as narrativas culturais dos povos do sul do planeta, julgando estes imaginários como *folcore*.

A **ego-política** do conhecimento representou, desta maneira, a **secularização da cosmologia cristã da teo-política do conhecimento** (Grosfoguel, 2007, p. 63). O *ego* é colocado no lugar de *teo*, mas o *locus* de enunciação e, também, a estrutura subalternizadora do conhecimento permanece. A teologia cristã, a filosofia secular e a ciência seriam os limites transcendentais do fazer-conhecimento, limites que todo conhecimento anterior carecia. Conceitos como folclore, mito e saber local foram inventados para legitimar a epistemologia ocidental (Damazio, 2011, p. 140). A face da modernidade é valer-se de tantos meios para perpetuar a cronotopologia cristã como secularismo (Castro-Gomez; Mendieta, 1998, p. 107-108). Essa modernidade como autodescrição social a partir de um *topoi* de **secularização da história divina:** noção de progresso e (falsa) separação igreja-estado, desenvolvimento e diferenciação de esferas de valor e seus subsistemas. Para a modernidade, a modernização é parte do processo de secularização e vice-versa, mas, em ambos os casos, o processo é parasitado por uma expoliação religiosa, representando uma dependência do *orbis* cristão, cristandade que circunscreve a *ecumene*; o primitivo, o selvagem, o infiel, todos aos nossos portais, nos atemorizam – a **ameaça do fundamentalismo religioso sob tele-evangelismo ou o fervor religioso da extrema-direita** são componentes dessa modernidade.

Mignolo (2007, p. 22) entende que a cultura se fez necessária para substituir a religião, como elemento aglutinador da comunidade; a significação de religar também detinha valor temporal, não sacro, como *traditio*, e um valor espacial, unindo os compartes da crença numa zona determinada. A passagem a outra *comunidade de origem* – o Estado-nação – definida em conjunto com uma *cultura nacional,* teve por finalidade criar subjetividades de *identidade nacional* cujos laços estavam imersos em secularismo, sem ter a ver com fé e, por seu turno, o refinamento dessas identidades nacionais em *imperiais* estabeleceram uma escala[32] com a

---

32. *vara,* no original.

qual, desde então, se mede e (des)valoriza as identidades nacionais criadas desde o século XIX num desenho imperial que submete a América Latina (como ideia) redefinindo a *diferença colonial* reflexa em padrões de crença, religiosidade e correlações disso com os processos estatais. O eurocentrismo, como mecanismo, torna uma particularidade em uni--versalidade, deslocando e segregando outras particularidades, impondo (também) no plano religioso seu *habitus* como norma, ideia e projeto, sua religião – o cristianismo em suas variantes – se torna religião *verdadeira*; inaugurado no exato momento da invasão da América, manifesta-se na interpretação do *novo mundo* pelos *conquistadores*, convertendo seu reduzido critério em *único* critério e, assim, dando azo ao processo classificatório das ontologias entre aceitáveis e descartáveis – **os indígenas não tinham religião, apenas** *superstições* (Castro-Gomez; Grosfoguel, 2007, p. 219 e 220, grifos nossos).

Colonização, barbárie, colonialidade e ferida colonial

Após a fusão entre política e religião (outrora correspondendo à tradição e comunidade) na Roma imperial do século III, a palavra religião começou a designar *comunidades de fé* (diferindo de *nação* – comunidades de nascimento). Com a **secularização e o nascimento do Estado moderno** (séc. XVIII), **nação substitui religião** como *comunidade imaginada*, o que, somado à noção de *cultura* (reformulada como *cultura nacional*) levou as pessoas a começarem a sentir-se parte de um estado-nação e, também, de uma **comunidade religiosa determinada**. As etnias designavam comunidades não necessariamente vinculadas a características físicas e quando o termo *raça* substitui *etnia* (séc. XIX) acentuando os traços de *sangue* e *cor da pele* acima de outros caracteres comunitários, *raça se transforma em racismo*. Esse racismo surge quando os integrantes de dada *raça* ou *etnia* detém o privilégio de classificar as pessoas e influir em palavras ou conceitos desse grupo; como matriz classificatória, se estende ao plano interpessoal das atividades humanas, compreendendo, assim, a religião. Essa complexa matriz racial segue de pé, algo que se faz evidente quando se observa em redor – importante lembrar que *categorização racial não se aplica unicamente a pessoas, mas a religiões* (Mignolo, 2007, p. 42).

Ao pensar a América (re)colonizada, há que evitar o lugar-comum errôneo (e daninho, dado que se repete em livros didáticos) de que houve ou há um *encontro* entre culturas ou civilizações; tal conceito de *encontro* é encobridor da dominação do *ego* europeu e seu mundo sobre o *mundo do Outro* indígena e afro. Dussel (2008, p. 59) aponta que não há, porque assimetria, uma *comunidade argumentativa* onde se respeite isegoria, o que há é a exclusão do *mundo do Outro* e sua racionalidade e validade religiosa.

> En efecto, dicha exclusión se justifica por una argumentación encubiertamente teológica: se trata de la superioridad –reconocida o inconsciente– de la "Cristiandad". Es decir, ningún "encuentro" pudo realizarse, ya que había un total desprecio por los ritos, los dioses, los mitos, las creencias indígenas. Todo fue borrado con un método de tabula rasa. (Dussel, 2008, p. 59)

Esse efeito mitigador é denunciado por Eloize Damazio (2011, p. 100), pois o verniz de racionalidade da modernidade esconde em sombras escravidão, exploração, obliteração religiosa – que são tratados como exceções e enganos, mas não como a lógica consistente da colonialidade e sua inevitabilidade para o avanço da modernidade (Damazio, 2011, p. 100).

> Era necesario ahora controlar el imaginario desde una nueva comprensión religiosa del mundo de la vida. De esta manera podía cerrarse el círculo y quedar completamente incorporado el indio al nuevo sistema establecido: la Modernidad mercantilcapitalista naciente –siendo sin embargo su "otra-cara", la cara explotada, dominada, encubierta. Los conquistadores leían ante los indígenas un texto (el "requerimiento") antes de darles alguna batalla; texto en el que se proponía a los indios la conversión a la religión cristiano-europea, para evitarles el dolor de la derrota [...]. (Dussel, 2008, p. 54)

Eduardo Restrepo e Axel Rojas (2010, p. 137) insistem: a **colonialidade do saber** define-se a partir da arrogância epistêmica desse saber moderno, considerando-se portadora dos meios únicos ou mais adequados de **acesso à verdade** (teológica ou secularizada), o que instrumenta a manipulação dos mundos – natural e sobrenatural, lógico e mítico – segundo seus próprios interesses. Daí o descarte de conjuntos inteiros de saberes das populações não europeias, menosprezados, inferiorizados, dados como superstição ou ignorância (exceto quando servem aos aparatos de produção de conhecimento teológico ou científico eurocentrados) que configura o **caráter repressivo da colonialidade do saber** com respeito a outras modalidades de produção de conhecimento ou sujeitos epistêmicos.

Quijano (2014, p. 151) explica que a colonialidade – do ser e do saber – solidificam um padrão histórico mundial da articulação e dominação da subjetividade e intersubjetividade, submetendo e reidentificando populações e regiões, na prática incorporando histórias culturais já existentes, diversas e heterogêneas, articulando-as em uma monolítica *ordem cultural global* ocidental. A condição para isso é dada pela repressão sobre suas formas de produção de conhecimento, seus padrões de produção de sentidos, seus universos simbólicos, padrões de expressão e objetivação da subjetividade, bem como pela imposição do aprendizado parcial da cultura dos dominadores em tudo que for útil para a reprodução dessa mesma dominação – obviamente também dentro do campo da atividade religiosa, redundando na colonização das perspectivas cognitivas e no despojo dessas populações de suas heranças intelectuais objetivadas. Santiago Castro-Gomez e Ramón Grosfoguel (2007, p. 145) aportam que essa colonialidade, **a negação das faculdades cognitivas nos sujeitos racializados** (Mignolo) **oferecem a base para a negação ontológica** e, a meu ver, teológica: não pensar é sinal de não ser na modernidade, e ocorre uma retroalimentação entre a concepção ocidental dos indígenas como a-históricos (porque ágrafos) e não humanos, pois, originalmente, não teriam religião organizada dentro desses padrões ocidentais. Essa categoria de *ceticismo misantrópico colonial/racial* redundante em *certeza racional*, para usar o termo dos autores, prospera em julgados no Brasil de hoje, que desconsideram grupos indígenas e afrodescendentes como portadores de religião por não observarem *livros sagrados, hierarquias e monoteísmo*[33].

Emprestando o raciocínio de Alfredo Bosi (1996, p. 68), essa concepção totalizante da vida religiosa vem do efeito poderoso de aculturação dado pelo missionário vincular o *ethos* da tribo a poderes exteriores e superiores à vontade do sujeito. Essa demonização dos ritos do Outro não produz uma prática religiosa de que emergisse a figura da pessoa moral como sujeito de suas ações. Na colonialidade atual, a diferença reside em não haver mais obrigatoriamente a partilha tática dos missionários do conjunto das expressões simbólicas

> Como, ao que se sabe, os tupis não prestavam culto organizado a deuses e heróis, foi relativamente fácil aos jesuítas inferir que eles não tivessem religião alguma e preencher esse vazio teológico com as certezas nucleares do catolicismo, precisamente a criação e a redenção. (Bosi, 1996, p. 68)

Ao discorrer sobre a *ideia* de América Latina, Mignolo (2007, p. 42 a 46) lança mais bases para se entender a colonialidade do ser a partir

---

33. Refiro-me à profundamente infeliz e colonizada decisão do Juiz da 17ª Vara Federal do Rio de Janeiro, no processo nº 0004747-33.2014.4.02.5101 (2014.51.01.004747-2).

das relações da *cristandade* com os saberes subjetivos alheios, expondo Bartolomé de Las Casas. A colonização dos séculos anteriores, como processo, não dista da estrutura de colonialidade observada hoje nos avanços cristãos sobre outros grupos: os colonizadores definiram os indivíduos baseando-se na sua relação com os princípios teológicos do conhecimento ocidental, considerados superiores a qualquer outro sistema existente, a partir de Las Casas; este proporcionou a classificação racial (portanto, racista) dos seres humanos em escala descendente, dos ideais cristãos ocidentais como critério.

> La categorización racial no consiste simplemente en decir «eres negro o indio, por lo tanto, eres inferior», sino en decir «no eres como yo, por lo tanto, eres inferior», designación que en la escala cristiana de la humanidad incluía a los indios americanos y los negros africanos. (Mignolo, 2007, p. 43)

Sua descrição das *classes de bárbaros* propunha a inferiorização de todos os infiéis e pagãos, *por não terem uma religião verdadeira ou abraçar a fé cristã*, inclusive se fossem filósofos e políticos sábios[34] (inobstante ainda os patamares de conhecimento secular próprios destes povos). Para Las Casas, "No existe nación (salvo las naciones cristianas) a la que no le falte algo o que esté exenta de fallos significativos[...]" (Mignolo, 2007, p. 43). As classes de bárbaros *infiéis* eram separadas pelo espanhol entre as que viviam pacificamente sem qualquer relação com os cristãos, e as que eram destes inimigos e perseguidores por razões de fé, constando a passagem de uma categoria a outra no mero contato com a cristandade (hoje ínsito pela marca da globalidade). Mas o interessante no fechamento do pensar de Las Casas é uma categoria-coringa, a *barbárie contrária*, que "[...] podía aplicarse a cualquiera, pues se refería a todos los que se dedicaban activamente a debilitar al cristianismo [...]" (Mignolo, 2007, p. 43): vejo tal *barbárie* nas falas colonizantes de pregadores, refletida em *ateus militantes, macumbeiros, gayzistas, feministas abortistas* etc. Em suma, a barbárie contrária define os inimigos atuais e potenciais – não só no campo espiritual, mas em sua extensão político-partidária umbilical ao estado! Alerte-se para a diferença: não se trata de *apenas* ter uma religião *equivocada*, mas predominantemente, de *não*

---

[34]. Renomado padre midiático brasileiro cunhou frase desse jaez recentemente: "Eu prefiro muito mais conviver com um ateu honesto e humanista a conviver com um religioso hipócrita".

terem religião alguma (Mignolo, 2007, p. 97); equivale ao hodierno e datenístico[35] *não tem Deus no coração*.

Para Bosi (1996, p. 15-16), **a colonização como dilatação inextricável de Fé e Império é um projeto totalizante** cujos agentes são, também, "[...] crentes que trouxeram nas arcas da memória e da linguagem aqueles mortos que não devem morrer" (Bosi, 1996, p. 15-16). Esses mortos, *bifrontes*, defendem e agridem: em nome da mesma cruz que subjuga os indígenas e os negros, haverá quem peça para estes liberdade e misericórdia. "A questão nodal é saber como cada grupo em situação lê a Escritura, e interpreta, do ângulo da sua prática, os discursos universalizantes da religião" (Bosi ,1996, p. 15-16).

Dussel (2008, p. 55, 58-59) afiança que todo o mundo imaginario indígena era *demoníaco* e como tal devia ser destruído; mundo do Outro interpretado como o negativo, satânico e intrínsecamente perverso, devendo ser negado concomitantemente ao reinício radical os ensinamentos religiosos do ocidente, queimar templos, partir para a iconodulia. Vale este panorama dusseliano para os processos *missionários, gideões, de evangelização* e *tendas de milagres* e *reavivamentos* da atualidade, com a sutil diferença de que, se na colonização primordial era útil conhecer as crenças do Outro, a fim de não se deixar enganar o encarregado da fé ocidental, hoje se faz uma tábula rasa absoluta destes conhecimentos, sequer arranhando o verniz de sistemas complexos como as religiões afro, resumidas no reducionismo perplexo (e útil) de *macumba* ou *feitiçaria;* é desejável manter distância cômoda da história real que denunciaria a hipócrita *conquista* espiritual, verdadeira dominação irrecusável religiosa sobre oprimidos. Afinal de contas, na essência desse ethos de dominação se encontra

> **la certeza disciplinada del fanático (más peligroso, por su conciencia tranquila y hasta virtuosa, que el facineroso) que cumple diariamente sus deberes patrios y religiosos con escrupulosa conciencia moral de hacer avanzar el camino de la civilización** [...]. (Dussel, 1996, p. 69 e 93, grifo nosso)

Toda essa racional produção de sofrimento esculpe a figura do *damnée*, do *condenado da terra*, o sujeito colonizado que pode ser entendido pela **ferida colonial**: física ou psicológica, ela é uma consequência do racismo, do discurso hegemônico que põe em questão a humanidade de

---

35. Produto da *datenização*, ou seja, do empreendedorismo moral midiático (ou abrasileiramento da teoria de Howard Becker).

todos os que não pertencem ao mesmo *locus* de enunciação e geo/geopolítica daqueles que criam os parâmetros classificantes outorgando-se tal direito de classificar (Mignolo, 2007, p. 34). Aimé Césaire (1955) é claro: eu, eu falo de sociedades esvaziadas de si próprias, de culturas espezinhadas, de instituições debilitadas, de terras confiscadas, de religiões assassinadas, de extraordinárias possibilidades suprimidas. E Bosi (1996) sincronizadamente ensina que a formação de um complexo dialético formado de tempos sociais distintos, cuja simultaneidade é estrutural pela presença no tempo de dominantes e dominados, estruturada contradição: o olho do colonizador não perdoou, ou mal tolerou, a constituição do diferente e a sua sobrevivência. Sempre, diz ele, um culto vale-se de sua posição dominante para julgar o culto do outro, redundando numa colonialidade incessante na qual não há só o retardo, no mundo dos símbolos, da democratização, mas sua mutante inviabilização. A ferida colonial é incessantemente esfregada com limão e sal.

Bosi (1996, p. 62) recorda um traço contraditório da notória e radical demonização das práticas religiosas do colonizado: numa luta sem quartel da religião oficial contra os ritos não ocidentais, entremeados a autos-de-fé, a recitação de textos sagrados (ou nem tanto) e suas formulações mágicas (como mãos sobre a testa ou corpo, linguajar incompreensível, modulações de voz...) surgem como recurso firme do *missionário*, lançando contra o *adversário* uma formula de magia símile – "**Na aculturação colonial não é raro que o protagonista mais moderno faça regredir o próprio ethos a estágios arcanos**" (Bosi, 1996, p. 59-62, grifo nosso).

Estado, processos políticos e fundamentalismos: afastamentos e (re)colonialidade perene

Criar o Estado moderno foi a saída política possível numa Europa dilacerada por Reforma e Contra-Reforma; Juan Carlos Martinez citado por Wolkmer e Lixa (2015, p. 275) entende ter sido a disputa entre os príncipes germânicos e a Igreja pelo controle econômico e político de massas e processos econômicos que criou a necessidade de secularização, de separação de fato e de direito entre o poder político-terrenal e o espiritual da Igreja, acompanhado da narrativa de um discurso racional e não religioso, aglutinante de territórios fragmentados em língua, costumes, mas, ainda assim, leal ao papado. A nova doutrina legitimadora do poder político à margem do discurso religioso prefigura o invento do Estado moderno em sua *laicidade*. Inobstante, Alfredo Bosi situa em linguagem próxima da melhor poesia um ponto crucial de debate sobre a religião e seu manuseio com fins políticos. Diz ele:

> Do cabedal da memória saca o grande advogado armas para o escravo ou para o capital. O passado ajuda a compor as aparências do presente, mas é o presente que escolhe na arca as roupas velhas ou novas. Estranha religião meio barroca meio mercantil! Religião que acusa os vencedores, depois entrega os vencidos à própria sorte. **Religião que abandona o verbo divino, frágil, indefeso, às manhas dos poderosos que dele saqueiam o que bem lhes apraz.** (Bosi, 1996, p. 35, grifo nosso)

Não difere muito disso o pensar de Mignolo (2010, p. 104-105), assentando que uma dissociação – diria eu de direito, mas não de fato, nem como pantomima – entre estado e igreja, como preconizada pela modernidade, não é necessariamente a via efetiva para prometer ou garantir justiça, democracia e igualdade [a uma sociedade onde essas instituições conflitam, praticamente todas na modernidade]. Há sociedades em que não há – ou não deveria haver, salvante a intromissão da modernidade – conflito entre o templo[36] e o Estado.

O fundo historiográfico e geopolítico das relações estado-religião na América do Sul [37] pode ser pintado pela onda das independências no século XIX. Mignolo (2007, p. 108) identifica que essa onda decolonizante foi de caráter político e (relativamente) econômico, mas de modo algum epistêmico; dessa forma, **nos países da América do Sul, os modos de pensamento religiosos e seculares em que se ancoravam a teoria política e a economia política não foram questionados**. A sede do problema está, segundo ele (Mignolo, 2007, p. 88), no fato de que as diversas comunidades de *criollos* e mestiços, de todos os estratos possíveis na ampla gama de gênero, classe, convicções políticas, se encontraram na situação de ter de inventar-se a si mesmas na independência, e o fizeram mediante a restituição da *civilização mais viável*, ou seja, nem a indígena nem a africana, mas a europeia, denegando a potência densamente civilizadora dos pensamentos indígena e afro. Ainda segundo Bosi (1996, p. 258), que a correlação entre a economia e a institucionalidade religiosa católica

---

36. Eu diria, sem medo de errar: entre os ilês e o Estado. Agradeço aqui ao *meu bruxo* Rudy Ribeiro pela contribuição e, óbvio, pela amizade.
37. Considero decolonialidade passar a tratar a América "Latina" (explicada como ideia em Mignolo, 2007) como América do Sul, ou seja, a situada ao sul do Rio Grande (Kusch).

no Brasil consumou, em plena *cultura moderna*, a explicação do escravismo como resultado de uma culpa exemplarmente punida por Noé para perpetuar a espécie humana; essa referência à sina de Cam[38] circulou reiteradamente nos séculos XVI, XVII e XVIII[39], quando a teologia se viu confrontada com o trabalho forçado massivo nas economias coloniais. O velho mito serviu, então, ao novo pensamento mercantil, que o alegava para justificar o tráfico negreiro, e ao discurso salvacionista, que via na escravidão um meio de catequizar populações antes entregues ao fetichismo ou ao domínio do Islão. Mercadores e ideólogos religiosos do sistema conceberam o pecado de Cam e a sua punição como o evento fundador de uma situação imutável.

Parece ter surtido efeito a praga do padre Antônio Vieira: "Querem que aos ministros do Evangelho pertença só a cura das almas, e que a servidão e o cativeiro dos corpos seja dos ministros do Estado. Isto é o que Herodes queria" (Bosi, 1996, p. 137-138). Dussel (1974, p. 219-220), por sua vez, assevera que a partir de 1870 o auge do imperialismo-liberalismo desenha a implantação do pragmatismo positivista como ideologia e — dentro do espectro spencerista, prevalecente em regiões como o Rio Grande do Sul — o secularismo como luta contra a religiosidade popular. Aqui reside um problema: o borrão dos limites entre secularização--secularidade e secularismo egopolítico, arregimentador de ódios de parte a parte nos campos da religiosidade e da descrença. O que não mudou, segue Dussel (2009, p. 258-259), foi um elemento fundamental da matriz de poder colonial: as esferas de colonialidade, ou seja, o controle sobre a economia, a autoridade, o gênero, a sexualidade, o conhecimento e a subjetividade, mediante o controle do conhecimento — racista e patriarcal. Tudo isso endossado pelo *te deum* e pela discursividade católica, arraigada no continente: isso não mudou desde o discurso missionário do século XVI até o discurso secularista-economicista do século XXI. O que Dussek deixa para manobrar como crítica é que, ao contrário do que ele escreveu então, a economia de certa forma não deslocou a hegemonia e a teoria se-

---

38. Diria que a colonialidade do saber é mais antiga que se pensa. O próprio nome Cam é uma construção, pois segundo Gamal Mokhtar (História Geral da África, vol. II – 2. ed. Brasília: Unesco, 2010, p. 21-26), a partir da raiz etimológica egípcia *kmt (kamit)*, que significa *negros*, e era como os egípcios pré-ptolomaicos designavam a si próprios. Ou seja: toda uma identidade de um povo, posta por ele mesmo, foi inferiorizada ao longo de milênios pelos grupos europeus – já que os semitas eram povos vizinhos e não se interessavam em subalternizar aqueles que conheciam como *o povo negro*.

39. E XXI, pasmem: pastor evangélico em mandato legislativo federal recentemente evocou o mito de Cam publicamente. Irresponsável num país tão racista.

cularista do Estado; elas têm se congraçado e complementado nos estados sulamericanos, de forma muito escrachada no Brasil da década de 2010.

É nos estudos de Patrícia Funes e Ernesto Boholavsky que encontramos o palco e os atores desses atos numa peça infinda. Funes (2014, p. 30-32) localiza o centro das disputas entre liberais e conservadores do fim do século XIX no poder da Igreja – econômico como proprietária fundiária, simbólico como princípio tradicional de legitimidade política e guia das mentalidades. E essa Igreja estava abertamente reativa ao liberalismo – como Vieira dois séculos antes, Pio IX imputava como erro a separação entre Estado e Igreja, a limitação do poder temporal desta, o laicismo. À primeira vista antimoderna (Funes não distingue essa armadilha), provocou os brios conservadores, chegando ao ápice da constituição equatoriana de 1869 determinar como requisito de cidadania professar a religião do Papa, sob os apupos presidenciais em sua assembleia de que

> [...] la civilización moderna "degenera y bastardea a medida que se aparta de los princípios católicos; y a esta causa se debe la progresiva y común debilidad de los caracteres, que puede llamarse la enfermedad endémica del siglo. Entre el pueblo arrodillado al pie del altar del Dios verdadero y los enemigos de la religión, es necesario levantar un muro de defensa, y esto es lo que me he propuesto, y lo que creo esencial [...]". (Funes; Boholavski, 2014, p. 31)

O Uruguai é a nota de destaque, não por ser extremo, mas por ser exceção. Alavancado pelo pouco poder da Igreja naquele país, o processo de secularização é contundente, apagando a partir do pensamento artiguista e anticlerical retirou todo o poder e influencia religiosa da vida jurídica, culminando na aprovação das leis de divórcio – mediante iniciativa da mulher – em 1913, e laicizando todos os feriados, inclusive o Natal (Funes; Boholavski, 2014, p. 30-31). Já no século XXI, o Equador dá o passo constitucional de firmar-se à margem de interpretações colonizantes[40], em 2008, constituindo-se expressa e literalmente em plurinacional e laico (Constitución de la República del Ecuador, 2008, art. 1º).

---

40. Renomado "jurista" com todas as aspas deferidas, hoje secretário de segurança pública estadual e responsável por violações gritantes dos direitos humanos, denunciou-se perante meu humilde desconfiômetro jurídico com a seguinte pérola, em seu manual de direito constitucional: "[...] o Brasil, expressamente, afirma acreditar em Deus [...]" (Mello, Lizandro; Lopatko, Karine. NOTA INTRODUTÓRIA À INCONSTITUCIONALIDADE MATERIAL DO ART. 31-A DA LEI ROUANET: O CONCEITO DE SALVAGUARDA EM XEQUE. Anais do II Seminário de História e Patrimônio, Furg, 2014).

O século XX, especialmente no pós-2ª Guerra Mundial, presencia refluxos de secularismo e retomada eclesiástica. Aqui no Brasil, a Liga Eleitoral Católica desde 1930 fiscalizava as plataformas eleitorais e outorgava (ou não) auspícios destas candidaturas para o apoio junto aos fiéis. A *intelectualidade* apoiadora dessa dimensão de retomada do espaço político pelo eclesiástico, relendo a história nacional sob filtros de demonização do liberalismo e do ateísmo (iniciando a *artificialização* desses pontos de vista, como antítese do catoloicismo basal) compreendia nomes como Plínio Salgado (e a AIB); Jânio Quadros, como democrata-cristão, é uma ocorrência mais comedida deste fenômeno.

Com a implementação da América do Sul como cenário importante da Guerra Fria, o anticomunismo amplificado por setores mais conservadores da Igreja equivale os *partidos vermelhos* às *ideologias estranhas* e ao ateísmo, demonizado numa América temerosa de uma *nova Cuba*. Não apenas na tomada de poder pelos golpes de estado que inauguraram as *ditaduras de segurança nacional*, a máquina da colonialidade das subjetividades por mão da religião institucional apoiou por meios diversos a manutenção dos regimes: mantendo a docilidade das populações, ofertando inteligência aos órgãos de repressão, endossando por uma legitimidade que muitos duvidavam que fosse capaz os regimes instaurados. O caos político e a virulência destas ditaduras, contudo, veriam nas *teologias da libertação* o oposto disso.

Para Boholavsky (2013, p. 40-42), a religião sempre tem sido problema para o Estado, mas a política não é menos conflitiva para a religião. Os impactos do início do processo de secularização sobre a religião numerosos e complexos sobre uma instituição que se considerava eterna e sagrada. Foi necessária a adaptação das igrejas ao problema da estratégia política de segurança ou restauração da presença na vida política e cultural das novas nações americanas, sendo regra o dissenso. O que é pacífico é que o espaço da laicidade nas sociedades foi sendo (re)definido conforme a capacidade dos atores – não segundo o caminho da secularização, já descrito por Dussel, o que seria uma leitura ingênua do projeto da modernidade e da ilustração. De fato, remata Bohalovsky, a perda do poder (relativo) da Igreja Católica no tempo recente nem de longe mensura a queda da influência da religiosidade no espaço público; ao contrário, as reações de posições moralmente conservadoras têm prosseguido no sentido de expulsar a laicidade.

Sociologicamente observável, o fenômeno do esvaziamento da demografia católica na América do Sul desde os anos 1990 (Boholavsky,

2013, p. 35-39) depreende não um abandono, mas uma migração, e esse confenômeno tem sido um dos rizomas da preocupação com as relações Estado-religião no ultimo quarto de século no Brasil. A identidade dos setores protestantes saiu da arguição, pela proeminência do conjunto de igrejas pentecostais ligadas à *Christian Coalition* dos EUA fundamentalistas e interessadas em instaurar um Estado cristão por cima de uma cultura política laica (coincidindo com a linha do Vaticano sob Ratzinger, e oposta ao setor protestante *clássico*, promotor do Evangelho social com vocação à integração com o pensamento democrático liberal de direitos humanos, Estado de direito e diálogo inter-religioso/respeito à liberdade de crença). Tal fator, prossegue Boholavsky, cruzou a linha divisória com a política e as discussões (e espaço) públicas. De um lado a enorme pluralidade religiosa colocou o Estado numa sinuca de impedimento de provisão de igualdade – a armadilha está em que não se retirou deste a obrigatoriedade da prestação de serviço religioso a militares e/ou supressão de símbolos religiosos de espaços públicos e/ou neutralização de imagens e mensagens religiosas em cédulas.

> Por otro lado, porque los evangelistas han asumido la fuerza electoral de su grey y han ingresado a la política. En las elecciones de 2006 en Brasil apoyaron la candidatura de Luiz Ignacio "Lula" da Silva: un volumen de cerca de treinta millones de electores es un botín demasiado grande como para dejarlo de lado. (Funes; Boholavski, 2014, p. 37)

O preocupante é que os evangelizadores e seu séquito deixaram de apostar na aliança exitosa com personalidades destacadas para lançar os próprios dados, tentando criar estruturas políticas de natureza abertamente confessional, que negociam nos parlamentos segundo interesses específicos (Funes; Boholavski, 2014, p. 37). Como Boholavsky (2012), Simone Coutinho (2014, p. 46-47) explicita que há dois *fronts* abertos: o dos interesses institucionais e simbólicos – o primeiro objetivando conseguir dividendos para as igrejas, como manter o status quo das leis de radiodifusão, arrebanhar pedaços de ruas para templos, não pagar IPTU, e o segundo visando instituir leis que reconheçam a cultura evangélica e forcem a abertura dos cofres públicos a tais eventos, assim como conseguir maior espaço simbólico, como nomear praças e logradouros com símbolos religiosos e instituir feriados. Entendo que dois capítulos notórios e recentes nessas – a sanção da presidente Dilma Rousseff das Leis 12.590/2012 (que insere o artigo 31-A na Lei Rouanet) e 13.246/2016 (com a cogência da ampla divulgação à proclamação do Evangelho!), são o marco na viragem para o estado teocrático no Brasil, por debochadamente inconstitucionais que são. Assim, o avanço de uma situação de promiscuidade em que se põe os poderes do Estado reféns de confissões religiosas articuladas pesa negativamente sobre decisões políticas importantes, que gestam e gerem políticas públicas essenciais ao enfrentamento da ferida colonial no Brasil.

Cerro fileiras com Boholavsky (2012, p. 38-39): trata-se de um **processo de colonialidade sobre o Estado por parte de confissões religiosas**, posto que: a) não se promove a igualdade de direitos entre os crentes e descrentes[41], ou pior, apontam para um regime jurídico-político que privilegia igrejas registradas e seus fiéis, consolidando a diferença colonial; b) rechaçam de plano a ideia de que o Estado permaneça isento de influências cristãs (lembremos: a religião oficiosa da colonialidade) em seus fundamentos[42], políticas públicas[43] e legislação; c) entendem que a liberdade de consciência e religião não implicam aceitar – nem respeitar! – direitos da diversidade, como os sexuais e reprodutivos, das mulheres, ou culturais dos povos originários; e d) operam no plano da narrativa sócio-histórica, provendo o séquito dos repetidores de sua plataforma política com um arsenal de negação – e inversão – dos papéis de colonizador e colonizado, vítima e opressor, como é demonstrado pelos reclamos de "cristofobia" e consequente projeto de sua criminalização[44]; e e) as confissões cristãs constroem um sistema educativo que já não é tão segmentado, com variedade de financiamento, abrangendo da pré-escola à pós-graduação, direcionado à construção de subjetividades moldadas à sua matriz colonial, inclusive demitindo quadros docentes discordantes de suas políticas (estesdois últimos itens, contribuo da minha lavra). Conforme Dussel (2001, p. 409-410), a estruturação de figuras *fundamentalistas* das religiões se consolida nos momentos de decadência religiosa, em formas ideológicas culturalizadas que *justificam* a expansão dominadora das culturas em cuja origem se inserem; tais formas dogmatizadas, burocratizadas, decadentes, ideológico-institucionais são as que se transformam em ideologias secularistas, inadvertidamente colonialistas contra todas as religiões (e descrenças), crescendo nas grandes massas humanas

---

41. Alvaro García Linera, 2012, p. 54.
42. PEC 99/2011 da Câmara dos Deputados – autoriza entidades religiosas de âmbito nacional a proporem ação direta de inconstitucionalidade no STF.
43. A inserção do espantalho da *ideologia de gênero* nas discussões dos Planos Nacional (Lei 13.005), estaduais e municipais de educação.
44. Projeto de Lei 1804/2015 da Câmara dos Deputados.

das periferia neste começo de século XXI. Eloize Damazio (2011, p. 107) permite entrever que a retórica salvacionista como termo da colonialidade permanece do século XVI até hoje, enfatizando a conversão ao cristianismo, à civilização, à modernização[45] – permanece a lógica da colonialidade; e Santiago Castro-Gomez (1996, p. 42) alerta para a degeneração em modelos autoritários de convivência social, em que a homogeneidade e o consenso só são assegurados a partir do exercício despótico de um metacritério religioso (e econômico, político e social). Quijano sustenta que estamos imersos num processo de completa reconfiguração da colonialidade global do poder, sendo uma tendência central desse processo a *fundamentalização* (ou seja, a descida ao fundamentalismo) das ideologias religiosas e de suas éticas sociais correspondentes, as quais relegitimam o controle dos principais domínios da existência social (Bialakowsky, 2012, p. 22; Quijano, 2014, p. 27). Na ecologia dessa fundamentação toda acima, fecho com Mignolo (2007, p. 21), pois todos os objetivos e princípios são evidência de que os *missionários* do séc. XVI mudaram de hábito[46] e agora contam, no lugar das almas ganhas[47] para a religião, os dólares em paraísos fiscais, mansões e carros de luxo cujo registro está em nome das congregações (isentos de tributo, portanto), hectares de terras; a colonialidade prossegue[48].

Considerações finais

Por uma pluri-topia: denunciar a colonialidade, buscar a decolonialidade

De tudo o que tem sido auscultado no campo político do Brasil do século XXI, por um lado, e revisado na literatura decolonial, por outro,

---

45. No Legislativo brasileiro, é notória a aliança dos setores fundamentalistas religiosos ao lobby dos setores financeiro, agroexportador e punitivista. "Em todos manifesta-se cândida e lisamente o propósito de explorar, organizar e mandar, não sendo critério pertinente para uma divisão de águas a condição de leigo ou de religioso de quem escreve" (Bosi, 1996, p. 34).
46. Permita-se o trocadilho com as vestes de ordens religiosas e o conceito de atividade costumeira ou repetitiva.
47. Trocadilho no original: almas *ganadas*, sendo *ganadería* o vocábulo espanhol para gado. Lembro: a ovelha só tem duas utilidades para seu pastor.
48. O Relatório da Liberdade de Pensamento 2014 da IHEU *pega leve* com o Brasil quanto a essa colonização. Embora aponte um panorama de discriminação sistêmica, não se deslinda esse arcabouço de relações promíscuas entre legislação e religião (IHEU, 2014, p. 218).

surge o relevo de uma cartografia da relação estado-religião que, se não preocupa, deveria. O silêncio sobre a colonialização do Estado pela religião, descrito por Boholavsky, deixa entrever a retórica da modernidade que silencia ou minimiza as ações daninhas no contexto de colonialidade. Até agora, não se escreveu sobre os marcos legais apontados anteriormente com profundidade jurídica, sociológica. Portanto, conjuntamente com a denúncia proposta dessa colonialidade do poder e das subjetividades, deve haver algum projeto ético, político, epistêmico que supere o secularismo da modernidade e aponte, pela decolonização epistêmica (Mignolo, 2010, p. 95), os fundamentos da corpo-política necessários para ingressarmos na secularidade.

Não se esqueça que um eventual projeto decolonial pode ser apoiado, mas não deve ser protagonizado pela academia. Castro-Gomez e Grosfoguel (2007, p. 221) lembram que as ciências sociais servem, também, à matriz colonial de poder, pela desvalorização de outros saberes, outras linguagens, sua classificação e "métodos", pela sua *epistemologia de exclusão*. A trama de poder deve ser desvelada com apoio de quem tem meios para essa investigação, mas os reais interessados nisso não são o Lattes, nem algum gabinete cheio de livros, poeira e ideias engavetadas numa burocracia explotadora de saberes. É hora de largar de lado a suposição acadêmica de uma marcha da modernidade historiográfica rumo a, como diz Dussel (2012, p. 34), um *desenvolvimentismo cultural* em que as transições das culturas seriam aptas a levar à secularidade; é necessário radicalizar a nossa análise desorientada dos *setores populares*, posto que em seu seio amadurece o pior – o núcleo que abriga o fundamentalismo. Isso só se dará implodindo os muros da academia, parando com a violência de dimensão simbólica efetivada ao silenciar a interpretação de mundo de comunidades, apagando-as (ver nota de rodapé 36).

Um passo importante é a dessacralização de escritos laicos; a experiência de teóricos racializados e limitados pela experiência histórica europeia não permite superar o *ateísmo* de verve stalinista que pretende fazer tábula rasa de todos os grupos religiosos. Não resolve: a América do Sul contém religiosidades de raiz africana e indígena que ainda se somam às crenças de povos asiáticos e (por que não?) europeus que aqui restauraram comunidades de fé. Supor que a lógica liberal-moderna de supressão religiosa, falsamente homogeneizadora, concede neutralidade ao Estado é condenar, do mais frágil para o menos atuante, todos os grupos religiosos sem estratégia de colonização política do Estado ao acirramento da sua supressão, pela conversão ou pela obliteração. Não estão para brincadeira aqueles grupos que já detém poder no Estado suficiente para racializar a questão; ou se fortalece a pluriversalidade religiosa (compreendendo aí a descrença) ou se sucumbirá na lógica moderna do encobrimento das vidas descartáveis. A decolonização, ensina Nelson Maldonado-Torres (2012, p. 2), não pode se tratar apenas de superar a separação sujeito--objeto, mas sim de revirar um mundo estruturado em polaridades de valores ético-religiosos, posto que *colonizador* e *colonizado* chegam a ser essencializados e incomunicáveis – como se não houvesse a replicação da colonialidade, como diz Frantz Fanon (1968, p. 12): o colonialismo empregará duas categorias de autóctones, os colaboradores tradicionais e as massas mergulhadas na repetição sem história de uma existência imóvel.

Onde está o perímetro da religiosidade em sua isenção quanto a colonizar a vida alheia? Não se suprime o que há de sagrado num estalar de dedos; o convívio da religiosidade tradicional se confunde com o uso dos arcaísmos providencialistas e racistas com comportamentos e expressões próprias da modernidade racional, como é o caso da *teologia da prosperidade*, orientadora de condutas (Bosi, 1996, p. 374-375) pautadas nas normas econômicas do individualismo concorrencial condicionante. Seguindo o mesmo Bosi, o fundo da questão a ser buscado é a descoberta, na intencionalidade real das práticas religiosas o que há de defesa (pessoal, familiar, grupai, racial), o que há de resistência às ameaças de um dia a dia inseguro, o que há de consolação e o que há de fé enquanto vivência gratuita do sagrado. A partir daí é possível, por exclusão, saber quais as ações e quem são os vendilhões da fé alheia, os capitalistas da crença, os barões da religiosidade e coronéis do ecumenismo. A partir daí é possível retomar o otimismo, e nisso alavancar (Echandía; Gomez; Vommaro, 2015, p. 163-164) a necessária disputa política do fato religioso com os fundamentalistas, demonstrando que existem formas progressistas e até revolucionárias de religiosidade, para além da mera *comunidade de consumidores da crença*.[49]

Barrar o genocídio cultural levado a cabo por um estado em promiscuidade com o sectarismo religioso é a identidade de sentido que deve ser buscada pelos estudiosos e agentes do tema da decolonialidade. Sem isso, haverá a retomada do *deus vult* e o refluxo histórico que acompanha as inflexões de aparatos de poder que tomam uma medida padronizada para medir a dignidade humana, ceifando as vidas descartáveis no processo. O desejo de colonizar o outro como causa de violência endêmica já está

---

49. Não seria exótico refletir sobre os paralelismos da cidadania pelo consumo (no *neodesarrollismo* petista) e da *cidadania pelo consumo da crença* (no neopentecostalismo).

aí, revelado: apedrejamentos de adolescentes, ameaças de instituições policiais na mídia virtual, explosões de rebanhos sanguinolentos; e a longo prazo essa violência molda condutas de parte a parte, destrói a visibilidade da diferença, mutila e priva a sociedade do que ela tem de mais caro, a diversidade.

Sobre diversidade, e retomando a utopia laico-homogeneizante, tenho a visão calcada no que Castro-Gomez (1996, p. 44-45) define: a dimensão utópica comporta uma pluralidade, ou seja, a decolonização passa pela pluri-topia, utopia de justiça social, de amplidão cultural, de coexistência pacífica (embora conflitiva) entre formas diversas de critérios morais de ação, **utopia de uma religiosidade (ou irreligiosidade) vivida intensamente sem pretender reencantar o espaço público**, utopias desligadas de pretensões messiânicas ou de narrativas de história destinada a um fim. Utopias gestadas num espaço público que sirva como regulador de sua reescritura segundo as necessidades (também utópicas, como o *muskui* andino) vão surgindo.

Conclue-se no viés mignolista que não há – e pode nunca haver – lugares raciais, ideológicos nem ideológicos seguros. Não se pode reduzir a *ser cristão ou liberal ou marxista/judeu ou cristão ou muçulmano/negro ou oriental ou branco/hétero ou gay ou cis ou trans* para aderir e impulsionar a um projeto de/colonial. A questão ética jaz, além de cor de pele, sexualidade, gênero, ideologia ou religiosidade (e disso os setores retrógrados e conservadores da nossa sociedade sabem mais e há bem mais tempo que os progressistas e utópicos), pois, para superar a modernidade-colonialidade, é preciso afastar a hegemonia retórica, a oclusão de saberes em subjetividades. Diversidade numa epistemologia de modernidade não significa outro modo de pensar; precisamos de mudanças no léxico, no conteúdo, nos temas... Precisamos nos decolonizar, sabendo onde estão nossos corpos no mundo, onde vamos encontrar os corpos dos Outros, o que faremos nisso, para podermos rechaçar a ciranda da colonização do alheio e passarmos à decolonialidade como ecologia de saberes e seres.

Referências

ALCOFF, Linda M. An Epistemology For The Next Revolution. **TRANSMODERNITY**: Journal of Peripheral Cultural Production of the Luso-Hispanic World, University of California, v. 1, 2., 2011.

BIALAKOWSKY, Alberto (Org.). **Latin American Critical Thought**: Theory And Practice. Buenos Aires: CLACSO, 2012.

BOHOLAVSKY, Ernesto. **Laicidad y América Latina**. Cidade do México: UNAM, 2013.

BOSI, Alfredo. **Dialética da Colonização**. 3. ed. São Paulo: Companhia das Letras, 1996.

CASTRO-GOMEZ, Santiago. **Crítica de la Razón Latinoamericana**. Barcelona: Puvill, 1996.

CASTRO-GOMEZ, Santiago; GROSFOGUEL, Ramón. **El Giro Decolonial**: Reflexiones Para Una Diversidad Epistémica Más Allá Del Capitalismo Global. Bogotá: Siglo del Hombre, 2007.

CASTRO-GOMEZ, Santiago; MENDIETA, Eduardo. **Teorías Sin Disciplina (Latinoamericanismo, Poscolonialidad y Globalización en Debate)**. Cidade do México: Miguél Angel Porrúa, 1998.

CÉSAIRE, Aimé. **Discours Sur le Colonialisme**. 4. ed. Paris: Présence Africaine, 1955.

COUTINHO, Simone A. Barcelos. **Estado Laico Brasileiro e os Desafios à sua Efetividade no Plano da Representação Política**. 2014. Monografia (Especialização em Direito Constitucional) – Universidade de Brasília, Brasília.

DAMAZIO, Eloize da S. Petter. **Colonialidade e Decolonialidade da (Anthropos)Logia Jurídica**: da Uni-Versalidade a Pluri-Versalidade Epistêmica. 2011. Tese (Doutorado em Direito) – Universidade Federal de Santa Catarina, Florianópolis.

DUSSEL, Enrique. **Método Para Uma Filosofia de la Liberación**. Salamanca: Ediciones Sígueme, 1974.

_____. **Filosofia de la Liberación**. Bogotá: Nueva América, 1996.

_____. **Hacia Unafilosofía Política Crítica**. Bilbao: Desclée de Brouwer, 2001.

_____. **Política de la Liberación**: Historia Mundial y Crítica. Madrid: Editorial Trotta, 2007.

_____. **1492**: El Encobrimiento Del Outro – Hacia El Orígen del Mito de la Modernidad. La Paz: Biblioteca Indígena, 2008.

_____. La Idea de América Latina (La Derecha, La Izquierda y La Opción Decolonial). **Crítica y Emancipación**, Buenos Aires: CLACSO, n. 2, p. 251-276, 2009.

_____. Meditaciones Anti-Cartesianas: Sobre El Origen Del Anti-Discurso Filosófico De La Modernidad. **Tabula Rasa**, Bogotá: Universidad Colegio Mayor de Cundinamarca, n. 9, p. 153-197, 2008b.

_____. Transmodernity And Interculturality: An Interpretation From The Perspective of Philosophy of Liberation. **Transmodernity: Journal of Peripheral Cultural Production of the Luso-Hispanic World**, University of California, v. 1, 3, 2012.

ECHANDÍA, Cláudia L. P.; GÓMEZ, Álvaro D.; VOMMARO, Pablo (Orgs.). **Pensamientos Críticos Contemporáneos**: Análisis Desde Latinoamérica. Bogotá: Universidad Distrital Francisco José de Caldas, 2015.

FANON, Frantz. **Os Condenados da Terra**. Rio de Janeiro: Civilização Brasileira, 1968.

FUNES, Patricia. **Historia Minima de las Ideas Politicas en America Latina**. Cidade do México: El Colegio de Mexico, 2014.

GROSFOGUEL, Ramón. Decolonizing Western Uni-Versalisms: Decolonial Pluri-Versalism From Aimé Césaire to Thezapatistas. **TRANSMODERNITY**: Journal of Peripheral Cultural Production of the Luso-Hispanic World, University of California, v. 1, 3, 2012.

IHEU – International Humanist and Ethical Union (Org.). **The Freedom of Thought Report 2014** – A Global Report on Discrimination Against Humanists, Atheists, And the Non-Religious; Their Human Rights and Legal Status. Disponível na Internet em <https://goo.gl/18z6zG>. Acesso em: 12 dez. 2014.

LANDER, Edgardo. **La colonialidad del Saber**: Eurocentrismo y Ciencias Sociales. Buenos Aires: CLACSO, 2000.

MALDONADO-TORRES, Nelson. La Descolonización y el Giro Des-Colonial. **Tabula Rasa**, Bogotá: Universidad Colegio Mayor de Cundinamarca, n. 9, p. 61-72, 2008.

_____. Decoloniality at Large: Towards a Trans-Americas and Global Transmodern Paradigm. **Transmodernity**: Journal of Peripheral Cultural Production of the Luso-Hispanic World, University of California, v. 1, 3, 2012.

MIGNOLO, Walter. **La Idea de America Latina**: La Herida Colonial y la Opción Decolonial. Barcelona: GEDISA, 2007.

_____. **Desobediencia Epistémica**. Buenos Aires: Ediciones del Signo, 2010.

QUIJANO, Aníbal. **Des/Colonialidad y Buen Vivir**. Santiago de Surco: Universidad Ricardo de Palma, 2014.

RESTREPO, Eduardo; ROJAS, Axel. **Inflexión Decolonial**: Fuentes, Conceptos y Cuestionamientos. Popayán: Universidad del Cauca, 2010.

WOLKMER, Antonio Carlos; LIXA, Ivone Fernandes M. (Orgs.). **Constitucionalismo, Descolonización y Pluralismo Jurídico en América Latina**. Aguascalientes: CENEJUS/Florianópolis: UFSC-NEPE, 2015.

7

A PEDAGOGIA DOS AFETADOS: A EDUCAÇÃO AMBIENTAL EMERGENTE DOS MOVIMENTOS SOCIOAMBIENTAIS EM LUTA CONTRA OS MEGAEMPREENDIMENTOS PETROLEIROS

Marcelo Aranda Stortti[50]; Celso Sanchez[51]

Introdução

Este capítulo se propõe investigar as pedagogias emergentes de movimentos socioambientalistas em luta contra os conflitos ambientais. Busca-se perceber a educação ambiental que se soergue das lutas sociais. O agravamento do quadro de degradação ambiental, assim como a presença dos diversos movimentos sociais urbanos e rurais propicia o surgimento de um movimento socioambientalista que pode-se considerar renovado, uma vez que difere dos movimentos ambientalistas dos anos 60.

Na atualidade, com o aumento da dependência na economia brasileira ao petróleo, tem ocasionado, principalmente nas áreas produtoras e refinadoras dessa cadeia, a ampliação dos agravos ambientais e consequentes conflitos com grupos socioambientalmente vulneráveis. Em di-

---

50. Possui graduação e licenciatura em Ciências Biológicas pela Universidade Gama Filho. Especialista em Ensino de Ciências e Biologia (Fiocruz). Mestre em Educação na Unesa. Professor do curso de Formação de Professores (Normal) (Secretaria de Estado de Educação do Rio de Janeiro). Coordenador e professor do curso de licenciatura em Biologia (Feuduc). Tem experiência em pesquisa na área de Psicologia Social e Educação, atuando principalmente nos temas: Representação Social, Educação Ambiental, Ensino de Ciências e Biologia. Além disso, atua como Analista de Projetos desenvolvendo projetos socioambientais em Organizações Não Governamentais e elaborando jogos e atividades lúdicas nas áreas de meio ambiente, saúde e direitos humanos.
51. Biólogo, licenciado em Ciências Biológicas pela Universidade Federal do Rio de Janeiro (1995), Mestrado em Psicossociologia de Comunidades e Ecologia Social, Cátedra Unesco de Desenvolvimento Durável pela Universidade Federal do Rio de Janeiro (2001) e Doutorado em Educação pela Pontifícia Universidade Católica do Rio de Janeiro (2008). É professor da Universidade Federal do Estado do Rio de Janeiro (Unirio), atuando na Graduação e no Programa de Pós-Graduação em Educação. Coordena o Grupo de Estudos em Educação Ambiental desde el Sur, GEASur/Unirio. E-mail: <celso.sanchez@hotmail.com>.

ferentes regiões do Brasil, apesar dos impactos dessa cadeia produtiva, a emergência de movimentos sociais críticos a essa dependência a uma matriz energética ligada a combustíveis fosseis ou de "atingidos pela indústria do petróleo e de petroquímicas" só surgiu no início do século XXI. Frente a esta conjuntura contraditória, bem como do surgimento de novos atores sociais lutando contra os conflitos socioambientais, contra o racismo e justiça ambiental julgou-se pertinente analisar a natureza dos movimentos sociais em dois casos na região dos estados do Rio de janeiro e Espírito Santo, Brasil.

A partir da análise documental, vídeos e materiais disponíveis na internet dos atores envolvidos nos conflitos, constatou-se a emergência e o fortalecimento de movimentos sociais nas áreas sob influência da indústria do petróleo e petroquímica. No início, os movimentos não tinham um caráter antipetroleiro, ou questionador do uso dos recursos energéticos e das práticas "desterriorizantes" socioespaciais dessas empresas. O foco estava na luta por direitos sociais e territoriais específicos; porém, podemos ver ao longo do processo de resistência e luta social surgir um embrião de uma consciência crítica a essa cadeia produtiva, a matriz energética brasileira dependente de combustíveis fósseis, bem como de moratória ao petróleo através de uma mobilização e campanhas em diferentes mídias contra essa industria através do slogan "nenhum poço a mais".

As passeatas e a mobilização nacional nas redes sociais ocorridas em junho de 2013 levaram a sociedade brasileira a pensar mais nos movimentos sociais. Diversos livros e artigos foram escritos sobre a grande mobilização nacional ocorrida nesse período. Nesta linha, destaca-se o importante trabalho organizado por Demier e Hoeveler (2016), "A onda conservadora: ensaios sobre os atuais tempos sombrios no Brasil" em que diversos autores apontam aspectos peculiares, particularmente ressaltando o conservadorismo presente nas manifestações de 2013.

Como testemunhas, foi possível identificar a presença de diferentes discursos ambientalistas no meio da multidão, permitindo-nos indagar se essa grande mobilização foi só um grito coletivo da sociedade brasileira de indignação pelos diferentes problemas éticos, sociais, econômicos, de saúde e ambientais que atravessam o país ou foi o reflexo da articulação de diversos segmentos da sociedade que desde o primeiro momento de redemocratização brasileira reivindicam seus direitos. Independe da resposta, o que nos parece certo afirmar é que há significativa heterogeneidade nos diferentes discursos que se apresentam sob bandeiras ambientalistas. Distintos setores da sociedade identificam de forma diferenciada a problemática ambiental. E, portanto, diferentes propostas pedagógicas e diferentes conceitos de educação ambiental criam um cenário de ambiguidades e disputas, as quais fazem emergir e submergir consensos, contradições e conflitos, ensaiando uma dança que produz uma dinâmica muito mais complexa do que apenas distintas identidades da educação ambiental como se pensava (Layrargues, 2004). Não se trata apenas de reconhecer a pluralidade das identidades da EA, e sim de observar as construções sociais, discursivas e práticas, em torno dos diferentes posicionamentos políticos de diferentes grupos e parcelas ou frações da sociedade.

Desta forma, nos interessa identificar que pedagogias ambientalistas emergem de movimentos sociais que reivindicam direitos ao meio ambiente e ao território. Assim, a pergunta que fazemos é: qual a pedagogia dos afetados, dos atingidos, dos oprimidos, expropriados de seus territórios? O que eles nos dizem a respeito da educação ambiental para, com e a partir de suas lutas?

Para investigar este universo a seguir abordaremos introdutoriamente o quadro teórico em torno da temática das elaborações sociológicas a respeito dos movimentos sociais como área chave de compreensão de fenômenos sociais contemporâneos

Movimentos Sociais

Para entender melhor essa questão, iremos buscar a definição dessa categoria sociológica em alguns pesquisadores dessa área. Para Scherer--Warren (1984), um movimento social pode ser caracterizado a partir de alguns critérios:

> referem-se a um grupo mais ou menos organizado, sob uma liderança determinada ou não; possuindo um programa, objetivos ou plano comum; baseando-se em uma mesma doutrina, princípios valorativos ou ideologia; visando um fim específico ou uma mudança social. (Scherer-Warren, 1984, p. 12)

Para Gohn (2008), esses grupos podem ser caracterizados como ações sociais coletivas de caráter sociopolítico e cultural que viabilizam formas distintas das pessoas se organizarem e expressarem suas demandas. Já Touraine (2003) prefere evitar chamar de movimentos sociais qualquer tipo de ação coletiva, de grupos de interesse ou de instrumentos de pressão política. Para ele existem diferenças entre os movimentos societais, culturais e históricos, o que se apresenta como um sintoma da dificuldade de relacionar os fenômenos que se apresentam como ação coletiva e a sua apreensão pela teoria.

Para esse autor, os movimentos societais são entendidos como:

> [...] aqueles que combinam um conflito social com um projeto cultural, e que defendem um modo diferente de uso dos valores morais. Portanto, baseiam-se na consciência de um conflito com um adversário social. (Touraine, 2003, p. 119)

Porém, Goss e Prudencio (2004) afirmam que a definição de Allan Touraine exclui grande parte das ações coletivas que se apresentam hoje, na medida em que os atores sociais encontram dificuldades para identificar um adversário.

Além do debate sociológico sobre as características que definem um movimento social, outras pesquisas são realizadas buscando entender quem são as principais lideranças desses grupos sociais, seus processos mobilizatórios, "bandeiras" de lutas, ideologias etc. Entre as diversas formas de análise sobre os movimentos sociais, iremos priorizar nesse estudo a relação entre eles e a educação. Ou seja, assumimos a importância de observar o caráter pedagógico presente no interior da formação e estruturação, bem como nas ações dos movimentos sociais. Para nós é importante procurar aprofundar a compreensão desta dimensão pedagógica, que no debate sociológico acaba por ser secundarizada, uma vez que não é o foco do interesse dos pesquisadores que analisam a dinâmica de movimentos. Neste sentido, Gohn (2011, p. 333) destaca que:

> existe um caráter educativo nas práticas que se desenrolam no ato de participar, tanto para os membros da sociedade civil, como para a sociedade mais geral, e também para os órgãos públicos envolvidos – quando há negociações, diálogos ou confrontos.

Essa autora ainda ressalta que a relação movimento social e educação existe a partir das ações práticas de movimentos e grupos sociais. E ela se manifesta na interação dos movimentos em contato com instituições educacionais, e no interior do próprio movimento social, dado o caráter educativo de suas ações (Gohn, 2011).

Para Gohn (2012), os movimentos sociais, durante os anos do último regime militar e de transição à democracia, desenvolveram um processo educativo, principalmente relacionado a ações sociopolíticas, servindo de instrumento de mobilização e organização popular. Porém, a autora afirma que na atualidade ocorreram modificações nos processos e métodos das ações coletivas, bem como nos processos socioeducativos. Para a autora predominaram as manifestações públicas, marchas (ou passeatas) e ocupações, bem como um modelo de pedagogia alternativa, principalmente relacionada com métodos focais, oficinas temáticas, projetos sociais, redes de cooperativas de geração de renda, cursos, viagens e participação em eventos e conferências.

Esse olhar mais amplo sobre a dimensão pedagógica dos movimentos sociais, em voga na sociedade, e os seus respectivos processos educativos merecem um estudo mais aprofundado, sendo necessário conhecer as nuances (intensidades do mesmo assunto) e as suas diferenças, analisando esses processos como se estivéssemos usando um microscópio e com uma luneta ao mesmo tempo.

Novos movimentos sociais ou "velhos repaginados"?

Entre os diversos novos movimentos sociais urbanos (Gohn, 2000), surgidos no final dos anos 60 e inicio da década de 70, há um grupo que nesse período se identifica com as lutas a favor da preservação do meio ambiente (evitar a destruição dos bosques tropicais), sendo chamado na época de ecologismo, identificado inicialmente com as elites locais e com a pequena burguesia (classe média) dos países do "norte", se transformando em partido político na Europa nos anos 80 (Alier, 1992). Para Viola (1987), esse movimento ecológico brasileiro, sinônimo de ambientalista, surgiu paralelamente ao processo de mobilização da causa ecológica desenvolvida nos países autodenominados de primeiro mundo, ou chamados de "Coloniais" nas palavras de Boron (2000) ou do "norte" para Santos (2010).

Na concepção de Alier (1992), na Índia e no Brasil surgiu um outro tipo de ambientalismo (usaremos neste texto como sinônimo de ecologismo) relacionado a um movimento social específico, conhecido como Chipko e de seringueiros no Acre. Os objetivos desse movimento social dos pobres estão relacionados às suas lutas pela sobrevivência, às suas necessidades ecológicas para a vida (energia, água, espaço para habitar) e por retirarem os recursos naturais da esfera econômica, do sistema de mercado, da racionalidade mercantil, da valoração "crematística" (redução do valor a custos-benefícios) para mantê-los ou devolvê-los a "oikonomia" (ecologia humana) (Alier, 1992, p. 7).

Porém, para Viola (1987), o surgimento desse movimento ambientalista no Brasil ocorreu nos anos 70, mais especificamente após o processo de flexibilização do controle estatal das organizações da sociedade civil, pelo governo ditatorial militar. Segundo esse autor, o período inicial desse movimento social se estende do inicio da década de 70 até o início dos anos 80, quando ocorre a redemocratização do país e a construção de uma nova constituição federal em 1988. Nesse período existiam focos de interesses distintos entre esses atores sociais, nos quais um grupo social estava preocupado em denunciar a poluição ambiental nas cidades, um outro grupo busca preservar a natureza e a vida silvestre (associado a Organizações Não Governamentais preservacionistas) e o último grupo a buscar uma vida totalmente alternativa aos grandes centros urbanos, buscando viver em comunidades rurais (Viola, 1987).

Como podemos ver nas palavras anteriores desses pesquisadores, e na concepção de Alier (1992), esse movimento para algumas pessoas seria novo, monotemático e próprio de sociedades prósperas e pós-materialista. Porém, o próprio Alier (1992) rechaça esse tipo de análise, afirmando que existe um ambientalismo da abundância, isto é, sociedades nas quais existe uma correlação entre riqueza e produção de dejetos e esgotamentos de recursos, se exemplificando na seguinte ideia: a construção de usinas nucleares (enorme consumo de energia e militarização) geraria um movimento antinuclear, lixeiras cheias de plásticos e papel e a liberação de dioxinas ao queimar esses resíduos gera um movimento pela coleta seletiva. Porém, para esse autor também existe um ambientalismo da sobrevivência ou dos pobres, chamando atenção dos países do norte/coloniais quando os mesmos viram pela televisão em 1988 a morte de Chico Mendes.

Alonso, Costa e Maciel (2010) buscaram um outro olhar para esses movimentos focando a análise deles no Brasil a partir da reflexão de fatos políticos ocorridos entre 1980 e 1990 e determinou três momentos históricos importantes para o fortalecimento do movimento ambiental, denominados de "estruturas de oportunidades políticas". Para esses autores, o processo de redemocratização que incentivou a organização de grupos de protestos na sociedade, a participação de diferentes instituições e atores na construção da Assembleia Constituinte e na organização e o desenvolvimento da Conferência Rio-92 foram os processos que contribuíram para amadurecer a identidade do movimento ambiental no país (Alonso; Costa; Maciel, 2010). Para esses autores:

> A Constituinte compeliu os ativistas a escolherem entre diferentes estratégias de mobilização disponíveis e os levou a convergirem para uma coalizão de associações, em vez de um partido, como forma prioritária de apresentar suas reivindicações na esfera pública. Já a Rio 92 impingiu à coalizão de associações a negociação de um único frame, cujo significado pudesse ser compartilhado pelo movimento como um todo. (Alonso; Costa; Maciel, 2010, p. 20)

Embalados pela euforia preparatória da Rio-92 diversos grupos buscaram ampliar a sua atuação constituindo fóruns e ou organizações em regime de "rede", congregando diversas Organizações Não Governamentais ambientalista, populares e as de acessoria aos movimentos populares, a partir disso surgiram regionalmente as Associações Permanentes de Entidades em Defesa do Meio Ambiente (Apedema) em São Paulo, Rio Grande do Sul e Rio de Janeiro e a nível nacional o Fórum Brasileiro de ONGs e movimentos sociais (Herculano, 2013) e a Associação Brasileira de ONGs (Abong) e redes temáticas como Rede Brasileira de Educação Ambiental (Rebea) (Stortti, 2009), Rede SOS Mata Atlântica, Rede Cerrado etc. Para Acselrad (2010), esse movimento pode ser compreendido como um espaço social de troca de ideias e ações associadas à "proteção ambiental", constituído por um amplo conjunto de instituições e sujeitos sociais com organização formal que vai desde "Indivíduos Não Governamentais" ("INGs" uma provocação as ONGs que só possuem um militante em sua organização) até ONGs nacionais e internacionais, associações de assessoria aos movimentos sociais (que apresentam subgrupos que cuidam do tema) e grupos de base, voltados para questões específicas. Para esse autor, esse grupo sempre esteve entrelaçado por uma questão central:

> como se engajar em campanhas que evocam a "proteção ambiental" sem desconsiderar as evidentes prioridades da luta contra a pobreza e a desigualdade ou mostrando-se capaz de responder aos propósitos desenvolvimentistas correntes que almejam a rentabilização de capitais em nome da geração de emprego e renda. (Aceselrad, 2010, p. 103)

Para Acselrad (2002), essa aproximação ocorreu nos anos 90, estabelecendo-se como uma segunda via à hegemonia do conceito da modernização ecológica, utilizados pelos ambientalistas conservadores ou empresários ambientalizados, propiciando o surgimento de uma nova "cara" no movimento ambientalista. Esses novos sujeitos sociais ressaltam a relação clara entre injustiça social e degradação ambiental e não acreditam que o "mercado" será responsável pela superação da desigualdade ambiental e da realização de propostas relacionadas aos princípios da justiça ambiental. Para esse autor, algumas pessoas vêm nesse movimento um potencial para se tornar vanguarda em "um novo ciclo de movimentos por mudança social" (Aceselrad, 2010, p. 51). A partir do exposto anteriormente, emergem do campo teórico análises que incorporam noções ecológicas e políticas, sendo chamadas de Ecologia Política (Alier, 2002; Limonda, 2010).

Ainda sob esta perspectiva o trabalho de Agripa (2003) nos chama atenção para o que denominou de perda da radicalidade no movimento ambientalista. Para este autor, que tece uma critica ao trabalho de Viola (op. cit.), o movimento ambientalista não evoluiu multissetorialmente e sim retrocedeu ao incorporar o discurso sobre o ambientalismo competente da midia e de empresários que aos poucos foram se inserindo no debate ambiental. Assim, para Agripa (op. cit.), o movimento ambientalista perde sua radicalidade ao incorporar estes setores sociais, bem como seus discursos, evidenciando, assim, a urgência de se rever a perspectiva crítica dos movimentos ambientalistas.

Quem são os sujeitos sociais desse novo ciclo de movimentos sociais?

Nos últimos anos, aumentou no mundo a exploração pelos "recursos naturais" e consequentemente os conflitos, injustiças e impactos socioambientais causados pelos grandes empreendimentos da cadeia produtiva do petróleo, mineração, monoculturas (soja, cana de açúcar etc.) contra populações locais atingidas em todos os sentidos por essa espoliação capitalista (Harvey, 2006).

As resistências e os protestos contra a exploração do petróleo e das empresas petroquímicas têm se repetido e estendido por vários países do mundo, em especial na América Latina, em que a exploração petrolífera se tornou mais agressiva e sendo intensamente explorada através das refinarias (como o caso da Reduc localizada em Duque de Caxias e mais recentemente do Comperj em Itaboraí) e empresas de óleo lubrificantes, empresas relacionadas à cadeia produtiva dos plásticos e outros produtos, criando verdadeiras "bombas relógios" em forma de complexos industriais.

A existência de conflitos em áreas da cadeia produtiva do petróleo tem ocorrido desde muitos anos na América latina e em outros países do mundo. Ressalva-se, ainda, que esse tema assumiu proporções nacionais em muitos países latinoamericanos, adquirindo certa centralidade no debate político-eleitoral antineoliberal.

Na América Latina, chamam a atenção os exemplos no Equador e Bolívia que introduziram um princípio constitucional a concepção de "Buen Vivir" baseado no termo indígena "Sumak Kawsay", isto é, reconhecer uma visão do mundo centrada no ser humano, como parte de um meio natural e social. Nestes dois países, os impactos, em especial, a contaminação da água, os impactos sobre a terra e os deslocamentos compulsórios e os conflitos em áreas de exploração, refinamento, armazenamento e distribuição de petróleo e derivados levaram à emergência de mobilizações coletivas na forma de movimentos sociais identificados como antipetroleiro, tais como: Oilwatch (rede de resistência a atividades petroleiras em países tropicais), criada em 1996, com a presença de 15 organizações de 10 países (Nigéria, África do Sul, Camarões, Gabão, Tailândia, Siri Lanka, Timor Leste, México, Peru, Colômbia e Brasil).

Segundo a Oilwatch (2016), nos dias atuais sua rede conta com a participação de mais de 50 países. Além disso, existem outros movimentos como a iniciativa Yasunidos ITT (as letras em maiúsculas fazem referência aos poços de petróleo chamados de Ishpingo, Tambococha e Tiputini localizados na zona impenetrável, pois nessa região estão localizados povos indígenas em isolamento voluntário, do maior Parque em termos de biosociodiversidade do planeta e Reserva Mundial da Biosfera, chamado de Yasuni) que luta para preservar esse parque e toda a sua diversidade (Vázquez et al., 2014). No entanto, o que anteriormente se restringia a questionamentos contra os impactos provenientes dessa cadeia produtiva e luta por direitos sociais, agora se transforma, cada vez mais, em oposições mais contundentes contra a implantação dos grandes projetos dessa área, principalmente depois da descoberta de grandes reservas na América latina, como o exemplo do pré-sal no Brasil, bem como em movimentos antipetroleiros, denominados "Dejar el crudo em el subsuelo", solicitando a moratória das novas explorações de petróleo e gás em países como Equador, Costa Rica e Panamá. E no Centro de Documentación e Información Bolivia (Cedib) que é uma ONG boliviana que se dedica a investigar, divulgar informações críticas sobre a exploração, impactos e conflitos relacionados ao petróleo, mineração e outras temáticas ambientais desde a década de 70.

E no Brasil existe a campanha chamada de "Nem um Poço a Mais" lançada em 2015 reunindo sujeitos sociais de diferentes comunidades quilombolas, pescadores artesanais capixabas, da Bahia, do Ceará e do Rio de Janeiro, integrantes de redes, organizações não governamentais e movimentos sociais. Neste último grupo existe o Fórum de SUAPE e o Fórum do FAP-BG (Malerba et al., 2013).

O surgimento desta nova agenda política e científica faz parte do aumento da participação das universidades, dando função acessória junto com ONGs ambientalistas/de assessoria e defensoras de direitos humanos e com os próprios movimentos sociais atingidos.

Entre esses coletivos sociais, surge um novo sujeito histórico, aqueles indivíduos que foram "atingidos" pelos empreendimentos do capitalismo contemporâneo. Segundo Seva-Filho e Mesquita (2009), esse conceito está aberto, sendo representado por uma categoria social em disputa, isto é, vai apresentar variações bem grandes dependendo dos contextos políticos e culturais. De acordo com Vainer (2008), a concepção de atingido tem mudado ao longo do tempo (mais de 30 anos), provavelmente relacionadas às lutas e aos conflitos socioambientais que unem diversas categorias sociais que vão se materializando na ideia de atingido. Para esse autor, essa categoria esta relacionada àqueles que sofrem por não usar os recursos produtivos disponíveis, isto é, são os economicamente excluídos e vão muito além disso, sendo, também, culturalmente e simbolicamente massacrados (Vainer, 2008). E Seva-Filho e Mesquita (2009) chamam atenção para os processos de deslocamentos físicos desses grupos sociais, isto é, as atividades econômicas que causam o "desplazamiento" (expulsão) compulsória das suas terras, modificando a sua maneira de viver e sobreviver.

Essa classificação foi utilizada inicialmente para os atingidos pelas barragens, porém, podemos extrapolar esses conceitos para os sujeitos sociais que vivem a experiência dos conflitos socioambientais de qualquer natureza.

A partir das reflexões anteriores podemos pensar que tipo de pedagogia e mais especificamente que tipo de educação ambiental (EA) são desenvolvidas por esses "atingidos". Para Carvalho (2001, p. 46), a educação ambiental "é um fenômeno que não pode ser pensado fora do contexto de formação de um campo de relações sociais que se constitui em torno da preocupação com o meio ambiente".

Essa autora afirma que a origem e desenvolvimento da EA estariam mais relacionados aos movimentos ecológicos e ao debate ambientalista do que aos movimentos educacionais e suas respectivas teorias (Carvalho, 2001t.). Porém, seria possível observar praticas pedagógicas chamadas de EA em outros movimentos sociais?

Para Scherer-Warren (2007, p. 329), a EA poderá ser um agente efetivo de transformação social na medida em que contemple a construção de conhecimento do outro, do diferente, do desigual e promova os caminhos para uma política de reconhecimento social e cultural.

Como constatamos anteriormente, alguns estudos abordam a problemática da educação, em especial a educação ambiental, no contexto dos movimentos sociais, porém, quando observamos as investigações sobre os novos movimentos sociais temáticos citados anteriormente e e quais práticas pedagógicas esses sujeitos afetados desenvolvem no seu cotidiano, faz-se necessário um aprofundamento da análise acerca destas questões.

Desenho da pesquisa

As análises apresentadas nesse capítulo são de uma pesquisa exploratória fundamentada em metodologia qualitativa e operacionalizada pela análise de documentos. A principal referência teórico-metodológica deste capítulo foram os pressupostos da Educação Ambiental Crítica e Emancipatória (Loureiro, 2007) e as categorias desenvolvidas por Freire (1997; 1998) completam o instrumento de análise, entre elas: oprimido e teoria dialógica da ação.

Para iniciar essa análise realizamos uma busca (pesquisa livre) dos termos "movimentos sociais", "movimento ambientalista", "pedagogia ambiental" e "educação ambiental", na biblioteca virtual do Scielo, de saúde (BVS Saúde Pública), CLASCO, de periódicos da CAPES e em especial no Grupo de Trabalho (GT) 03 de movimentos sociais, sujeitos e processos educativos e GT 22 de educação ambiental da ANPED. Além das revistas brasileiras relacionadas ao tema tais como: *Revista de Pesquisa em Educação Ambiental*, *Revista Brasileira de Educação Ambiental* (REvBEA), *Revista do Mestrado em Educação Ambiental* (FURGs), *Revista Ação em Educação Ambiental* e *Revista Sergipana de Educação Ambiental*.

E depois realizamos uma pesquisa documental desde a criação desse Fórum até o ano de 2015, tendo como fontes primárias analisadas os próprios documentos do FAPP-BG, disponíveis em seu site/blog (<https://goo.gl/D9qQro>) e na FanPage do Facebook (<https://goo.gl/iSFDhy>), uma lista de e-mail (<fappbg@gmail.com>), livros e memórias das reuniões sendo a maioria delas escritas pelos seus próprios membros.

Pesquisa documental

A pesquisa documental pode ser definida como uma forma de coleta de dados direcionada a documentos de qualquer tipo (fontes primárias) (Marconi; Lakatos, 2010). Iglesias e Gómez (2004) afirmam que o tratamento documental tem por objetivo descrever e representar o conteúdo dos documentos de uma forma distinta da original, visando garantir a recuperação da informação nele contida e possibilitar seu intercâmbio, difusão e uso. Para Bardin (1997), essa técnica pode ser considerada como o tratamento do conteúdo de forma a apresentá-lo de maneira diferente da original, facilitando sua consulta e "referenciação", isto é, tem por objetivo dar forma conveniente e representar de outro modo essa informação, por intermédio de procedimentos de transformação. Esse tipo de pesquisa utiliza os documentos persistentes e continuados. Podemos citar como exemplo os documentos governamentais (Gil, 2008), os quais são investigados, a fim de se poder descrever e comparar usos e costumes, tendências, diferenças e outras características, estudando a realidade presente (Cervo; Bervian, 2002). Esses documentos escritos proporcionam informações que facilitam a compreensão dos fatos e relações, isto é, possibilitam conhecer o período histórico e social das ações e reconstruir os fatos e seus antecedentes, pois se constituem em manifestações registradas de aspectos da vida social de determinado grupo (Oliveira, 2007).

Além disso, esse tipo de análise permite a localização, identificação, organização e avaliação das informações contidas no mesmo, além da contextualização dos fatos em determinados momentos (Moreira, 2005). De todos os documentos escritos referentes ao FAPP-BG no qual foi realizada a pesquisa, selecionamos aqueles que faziam referência aos saberes, conhecimentos e ações relacionadas à educação ambiental.

Resultados e discussão

Na revisão da literatura científica observamos a presença de poucas pesquisas sobre os movimentos sociais e educação ambiental. Nessa pesquisa livre identificamos que os grupos sociais pesquisados até o momento foram o Movimento dos Trabalhadores Rurais Sem Terra (MST) por Moraes (2010); o Movimento dos Atingidos por Barragens (MAB), por Araujo (2006), o movimento ambientalista, pelos trabalhos de Loureiro (2003; 2008), Souza (2014); e mais especificamente como um desdobramento do movimento anterior à Rede Brasileira de Educação Ambiental (Rebea), por Sanchez (2010) e a Rede de Justiça Ambiental, por Loureiro, Layragues (2014).

Depois dessa etapa inicial, analisamos diversos documentos do movimento social do FAPP-BG. Esse movimento foi criado em 2012 a partir da realização exitosa em 2011 de um Seminário sobre os 50 anos de criação da Refinaria Duque de Caxias, conhecida como Reduc e os seus problemas socioambientais, por diferentes representantes de outros movimentos sociais,

ONGs, ativistas sociais, organizações de pescadores, moradores, sindicatos de trabalhadores, pesquisadores universitários, professores e estudantes de diferentes níveis educacionais do entorno da Baía de Guanabara que organizaram esse evento, além de outras instituições que integraram esse Fórum.

A estrutura de funcionamento desse Fórum se dá através de uma secretaria executiva, com a realização de reuniões mensais e uma anual para planejamento das atividades. O processo decisório do Fórum se dá por uma horizontalidade na tomada de decisões, sem a figura de uma liderança única que tem poder de veto ou maior força que os outros membros.

Dentro do escopo das atividades realizadas o fórum criou grupos de trabalho para facilitar a execução das ações e direcionar os interesses dos participantes para temas específicos de debate. Além dessas atividades, os membros organizam seminários em parcerias com outras instituições e ou participam como palestrantes em outros seminários, tais como II, III, IV e V Seminário de Justiça Ambiental, Igualdade Racial e Educação, III Encontro do Comitê dos Rios: Os povos em defesa da Baía de Guanabara Viva, Conferência Saneamento Básico a hora e a vez da Baixada entre outras; atos públicos articulados como exemplo o ato referente aos "14 anos do vazamento da Petrobras na Baía da Guanabara"; "Contra os novos leilões de áreas de exploração de Petróleo", bem como de audiências públicas como a da 12ª Rodada de Licitações de Petróleo e Gás, Audiência Pública sobre a execução do Termo de Ajustamento de Conduta (TAC) da Reduc e a Audiência Pública sobre Fracking.

Na área de comunicação, como citado anteriormente, o Fórum possui um blog, bem como um *Facebook*, e um grupo no aplicativo de mensagens chamado *Whatsapp* e uma lista de troca de e-mail que apresentam diversas atividades desse movimento, de outros movimentos (água e saneamento, fracking, energia nuclear, Rede de Justiça Ambiental e os seus GTs etc.), além de informações como cursos oferecidos por outras instituições etc. O grupo da lista de e-mail também permitia o debate virtual de alguns temas, estimular a mobilização e colocar em ação as atividades, porém, essas ações foram transferidas para o grupo do *Whatsapp*. E em nosso entender, uma das ações coletivas mais importantes desse grupo é a atividade chamada de "Tóxic-tour", isto é, realizar uma "visita de campo" as áreas de conflito socioambiental, bem como a empreendimentos com grandes impactos ambientais, convidando especialistas científicos e moradores dessas localidades conhecedores profundos dos seus problemas socioambientais para falar sobre esses problemas para grupos variados, desde alunos das escolas e de universidades publicas e privadas, moradores da região, até pesquisadores e ativistas estrangeiros participantes da Rio+20. O roteiro dessas vivências muda um pouco em relação ao grupo que vai passar pela experiência, porém, geralmente começa com todos os participantes embarcando em um ônibus e um dos membros do FAPP-BG inicia a conversa se apresentando e explicando quem é esse grupo, seus objetivos e ações e orientado sobre as atividades que ocorrerão durante aquele dia. Logo em seguida o ônibus desloca-se em direção à sua primeira parada no bairro de Jardim Gramacho, onde se localiza o antigo Aterro Metropolitano de Jardim Gramacho. Nesse ponto todos descem e caminham em direção ao portão de entrada do aterro que hoje se transformou em uma unidade de retirada de metano para ser vendido e transportado para a Reduc onde será utilizado. Nesse ponto ouve-se as explicações sobre as injustiças e os problemas socioambientais locais por um dos membros do FAPP-BG. Depois caminha-se entre as calçadas e ruas observando os terrenos baldios ainda cheios de lixo, depositados por caminhões que lançam os seus resíduos irregularmente nessa localidade.

Nesse ponto, também se conversa com moradores da localidade, bem como com pequenos comerciantes para conhecer mais dessa realidade, cheia de lixo de diferentes tipos, odores fétidos e moradias sem condições mínimas para que seres humanos residam nelas. Ao final dessa etapa o grupo retorna para o ônibus e segue em direção a outro bairro (Campos Elíseos) onde está localizado um complexo petroquímico com dezenas de empresas ligadas a esse segmento, bem como a refinaria Reduc. Durante esse caminho um militante do FAPP-BG continua as suas explicações sócio, históricas e econômicas sobre a região, bem como sobre as injustiças socioambientais relacionadas a essa cadeia produtiva. Ao descerem do ônibus o grupo repete o roteiro explicado anteriormente, porém agora com ênfase nas questões relacionadas ao petróleo e seus derivados. E ao final dessa etapa todos voltam para o ônibus seguindo em direção à nova parada, agora na ex-área de alagamento natural que hoje está virando um centro de logística, com diversos galpões, onde se repete os procedimentos citados anteriormente. Depois, novamente, entra-se no ônibus e parte-se para o outro ponto de parada, agora no bairro de São Bento, para conhecer os processos de especulação imobiliária e a degradação de um importante sitio ecológico, histórico-patrimonial com diversas estruturas físicas tombadas pelo Instituto Federal do Patrimônio (IFAM), bem como o remanescente da Área de Proteção Ambiental (APA) do São Bento com um sítio arqueológico com uma família de sambaquieiros enterrada, com mais de 9000 anos de existência, nessa localidade, sendo considerados os primeiros habitantes dessas terras.

Como podemos observar, essas visitas permitem que os participantes interajam com moradores afetados, sintam odores, observem a situação das condições de vida na localidade e percebam que a indústria, a mídia e as suas próprias propagandas as quais fazem alusão à prosperidade e felicidade trazem para essas pessoas afetados, dor, tristeza e sofrimentos de todos os tipos e ordens. Essa última questão é, também, corroborada por Malerba et al. (2013) e Ross (2015).

Sobre essa experiência, Silva, Freitas, Costa (2014) faz uma análise dela a partir da sua própria vivência, realizada em parceria com professores e alunos do Curso Técnico em Meio Ambiente da Escola Estadual Presidente Kennedy, dialogando essa ação educativa ao reconhecimento do espaço geográfico vivido, tendo como suporte teórico a discussão sobre justiça ambiental, como forma de denúncia dos conflitos socioambientais que refletem as contradições de um modo de produção, que "organiza" a sociedade e estrutura a organização espacial, sustentado por um padrão relacional de dominação e exploração desmedida.

Pezzullo (2009) amplia a análise anterior, falando que esse tipo de ação propicia possibilidades de transformação social paulatina e também cria oportunidades para a realização de uma abordagem mais incorporada à crítica retórica. Essa ideia de Peluzzo (2009) se estabelece a partir da análise de 3 "tóxic tour" realizados, também de ônibus, na Lousiana na localidade conhecida como "Death Alley Cancer".

Na pesquisa de Pezzullo (2009, p. 104), esse tipo de "passeio"

> [...] ilustra a possibilidade de um mundo mais democrático, desnaturalizando rótulos previamente estabelecidas do "sagrado"' e resacralizando os corpos de pessoas e terras na dor que anteriormente eram consideradas profanas.

Como podemos observar os autores anteriores destacam diferentes questões para essa atividade. Nesse capítulo iremos relacionar essas ações e as demais atividades desenvolvidas pelo FAPP-BG, com a Teoria Freiriana da Ação Dialógica (Freire, 1987). Como descrevemos anteriormente nos diferentes tipos da ação coletiva desse movimento social, elas se assemelham à ação dialógica-libertadora, pois permitem que os oprimidos, que no nosso caso podemos chamar de afetados/atingidos, reconheçam o porquê e o como de sua aderência e exerçam um ato de adesão à práxis verdadeira de transformação da realidade injusta (Freire, op. cit.) que nesse caso contém todas as questões relacionadas às injustiças socioambientais. A partir dessa análise podemos dialogar entre essa teoria e os sujeitos sociais desse movimento, na sua condição de afetados ou, como Freire (op. cit.) chamava, oprimidos urbanos, isto é, sujeitos sociais que se encontram em situação de vida que permite interações com o centro de comando opressor complexo e plural, constituídos de uma impessoalidade opressora. Nesse caso específico desse Fórum relacionaremos às empresas e empresários ligados à cadeia produtiva do Petróleo.

Como na ação cultural de Freire (op. cit.), os oprimidos/afetados por esse setor produtivo desenvolveram formas de resistência e luta com o mesmo objetivo, isto é, desvelar para esses sujeitos sociais (militantes ou moradores) as condições objetivas de vida, que está sendo mediatizada entre eles e os opressores claramente ou não. A partir dessas ações, esses sujeitos sociais dialógicos mergulham na sua realidade mediatizadora que problematizada, estimula esse grupo ao desafio. Esse processo de problematizar é construído por um olhar crítico sobre a sua realidade problema, modificando-a para a liberdade desse movimento social. Nesse caso, não podemos deixar de olhar o *modus operandi* desses opressores socioambientais, que mitifica a realidade para manter a dominação, buscando construir uma imagem "messiânica" de salvadores das massas populares. Esse processo de "salvação", através da falsa ideia da geração de emprego e renda para o município, a melhoria das condições de vida, bem como dos serviços públicos básicos que se constrói a imagem que as elites locais dominadoras estariam dando um "presente" às massas, rompendo o vinculo dialógico, convertendo as massas populares em incidentes dessa ação. Essa ação dominadora também pode estar relacionada ao processo de industrialização que chegou a essa região, por volta dos anos 60, trazendo pessoas para essas localidades as quais não encontravam uma infraestrutura urbana mínima, o que resultou na criação de loteamentos precários e desordenados que estão assim até hoje (Raulino, 2013). Essa precarização está associada à maior exposição dos moradores do entorno a processos considerados de risco/danosos aos quais os empreendimentos da cadeia produtiva do petróleo estão suscetíveis, tais como: vazamentos de óleo (como os de 1998 e 2000), gases (como o de alumínio silicato de sódio, o "pó branco", em 2001, e o de GLP em 2011), lançamento de efluentes industriais nos rios e Baía de Guanabara, contaminação de solos, transporte de cargas perigosas, proximidade de oleodutos e gasodutos, áreas de armazenamento de combustíveis e outros derivados do petróleo, emissões gasosas poluentes, explosões e incêndios, como os de 1972 (Raulino, 2013). Essas situações podem ser geradoras de conflitos socioambientais, pois podem ser entendidas como desigualdades ambientais, sendo relacionadas a um caso de injustiça ambiental, tal como definido pela declaração de princípios da Rede Brasileira de Justiça Ambiental como um processo vivenciado por sociedades desiguais, economicamente e socialmente, que direcionam os danos ambientais do desenvolvimento, em sua grande maioria às populações menos favorecidas economicamente e socialmente discriminadas, aos povos étnicos tradicionais, aos bairros operários, às populações marginalizadas e vulneráveis etc.

A partir desse dissenso, surge a necessidade de construir um consenso dirigido pelos opressores. Para implementar esse projeto hegemônico essas elites locais se utilizam dos instrumentos legais elaborando projetos sociais e ou de educação ambiental (geralmente aquela que atende às normas do processo de licenciamento ambiental), que na verdade simboliza o processo de mediação, controle e resolução de um conflito entre o opressor e o oprimido, porém, sem desejo real de resolução pelo primeiro.

Como podemos observar, a educação ambiental que se produz nessa relação geralmente é aquela que busca diluir o conflito e construir um consenso que interessa ao opressor (elites locais e pequena burguesia). Porém, o que constatamos nesse grupo é a presença de mais da metade do grupo de militantes que são moradores da região, e que buscaram na formação universitária inicial e continuada (mestrado e ou doutorado) estudar os problemas/conflitos socioambientais locais e desenvolveram ações coletivas que dialogam com os pressupostos da educação ambiental crítica transformadora (Loureiro, op. cit.).

A proposta de educação ambiental crítica dialoga com esse movimento que, na sua práxis libertadora, não busca desvelar o mundo para o outro (sujeito de seu próprio tempo), mas estimula os outros sujeitos, que mesmo iniciando esse processo de desvelamento, faz-se necessário que ele se torne sujeito do seu ato de desvelar-se (Freire, op. cit.). Esse processo permite aos sujeitos históricos que participam das atividades do FAPP-BG construírem uma adesão, isto é, se encontrem para repensar e enunciar o mundo construindo caminhos para a sua transformação.

Esse processo construído por esses sujeitos dialoga com a ideia de Tozoni-Reis (2006), que afirma que a educação ambiental crítica e transformadora refere-se a uma escolha político-educativa marcada pela noção de que vivemos numa sociedade ambientalmente desequilibrada e socialmente desigual, consequência das escolhas históricas que fizemos para nos relacionarmos com o ambiente. Loureiro (2002) complemente essa ideia afirmando que a educação ambiental é uma práxis educativa e social que tem por intuito a transformação e (re)construção de valores, conceitos, habilidades e atitudes que torna possível o entendimento da realidade vivida, bem como a elaboração de uma práxis lúcida e responsável de sujeitos históricos individualmente e coletivamente (Loureiro, 2002). Nesse sentido, contribui para a tentativa de implementação de um padrão civilizacional e societário distinto do vigente, pautado numa nova ética da relação sociedade-natureza, como podemos observar nos militantes do FAPP-BG.

Dessa maneira, para a libertação dos oprimidos atingidos/urbanos, faz-se necessária a concretização da transformação desse cenário de crise estrutural e conjuntural de nossa sociedade, através de ações dialógicas-libertadoras que não recebem nos documentos o nome de educação ambiental, porém, por definição se tornam o caminho estratégico na formação de ampla consciência crítica das relações sociais e de produção que situam a inserção humana na natureza, principalmente com ações culturais, tipo a campanha "nem um poço a mais", que problematiza a questão da nossa petróleo dependência e busca caminhos para uma agenda sem combustíveis fosseis, ainda utópicas em nossa sociedade com grandes conglomerados de empresas petroleiras que influenciam nos programas e leis buscando as facilidades necessárias para manter a sua hegemonia.

Considerações finais

Fazer essa pesquisa e mergulhar na vida cotidiana da Baixada Fluminense, encontrar mulheres, homens e crianças que como se diz na gíria "vendem o almoço para comprar a janta" me oportunizou refletir sobre minha própria realidade, que ao mesmo tempo está tão próximo e tão distante dessa. E pensando nessa realidade consigo sentir, mesmo que em parte, o sofrimento causado por essas atividades industriais, os "desplaçamentos", nas humilhações, bem como os sofrimentos de todas as ordens, me sensibilizando e solidarizando com esses sujeitos históricos que vivem por esses pesares, porém, não foi possível aprofundar nesse capítulo as diferentes concepções e os sentimentos desses sujeitos históricos, e ao ouvir os seus gritos narrados em papel ou em palavras, nos vídeos gravados pelos seus membros, me sinto pequeno diante de gigantes heróis da resistência. Tudo isso me levou a refletir também em nossa sociedade atual, individualista e egocêntrica, oprimidos sonhando em ser opressores e o quanto movimentos desse tipo e os sujeitos históricos oprimidos/atingidos dessa vida e aqueles que nela se (re)descobrem e na vida (re)descobrindo-se, com eles sofrem, mas, acima de tudo, com eles peleiam (Freire, 2006).

Gohn (2011) corrobora com as ideias anteriores afirmando que os movimentos sociais possuem uma capacidade de ser um nascedouro de inovações e de matrizes geradoras de saberes. Para essa autora, eles não se constituem de um processo isolado, mas de caráter político-social. Para essa autora, para analisar esses saberes devemos buscar as redes de articulações que os movimentos estabelecem na prática cotidiana e indagar sobre a conjuntura política, econômica e sociocultural do país quando as articulações acontecem. Essas redes são essenciais para compreender os fatores que geram as aprendizagens e os valores da cultura política que vão sendo construídos no processo interativo.

Dialogando com as construções de Freire (1979), podemos dizer que estes sujeitos expostos a situações de vulnerabilidade socioambiental são oprimidos ambientais, cujos saberes, ou seja, as construções epistemológicas dos afetados socioambientais urbanos está associado a uma pedagogia crítica que sai deles mesmos, que foi construída no método acima descrito, porém, gestada em uma dualidade, estabelecida entre o projeto da pedagogia hegemônica (Neves, 2010), das classes dominantes, referendada em um saber "oficial", conduzindo a uma escravidão de consciências, no silenciamento e retirada do direito de falar deles, sendo-lhe oferecido palavras e frases alienantes e o projeto de desmitificação da realidade, através da ação cultural, no caso deles socioambiental, a procura da liberdade.

Essa busca pela liberdade das amarras da opressão ambiental e da desalienação da ignorância gera um processo de mudança e possibilitando a construção de um sentimento de pertencimento e de desvelamento da realidade concreta, pois está relacionada à prática social desse grupo, permitindo a tomada de consciência, isto é, a conscientização ambiental.

Porém, não podemos nos deixar tomar por um entusiasmo ingênuo. Faz-se necessário aprofundar outras análises, principalmente sobre a relação entre a questão política e a educação ambiental crítica, principalmente pela grande diversidade de sujeitos sociais presentes nesse Fórum, tais como sindicatos dos petroleiros, militantes de movimentos de bairros, ONGs de assessoria e ambientalista, bem como moradores e professores sindicalizados e pesquisadores de universidades públicas, comunitárias e privadas, para aprofundar quais são os entendimentos sobre a educação ambiental, sobre a política que o movimento deve tomar, bem como outras questões para melhor entender os limites e desafios que esse Fórum ainda possui.

Referências

ACSELRAD, Henri. Justiça ambiental e construção social do risco. **Desenvolvimento e Meio Ambiente**, n. 5, p. 49-60, jan./jun. 2002. Disponível em: <https://goo.gl/e1xU51>. Acesso em: 12 fev. 2011.

_____. Ambientalização das lutas sociais – o caso do movimento por justiça ambiental. **Estudos Avançados**, a. 24, n. 68. 2010. Disponível em: <https://goo.gl/qpdoZ1>. Acesso em: 12 fev. 2011.

ALIER, Joan Martínez. El ecologismo de los pobres. **Revista WANI**, n. 125, abr. 1992. Disponível em: <https://goo.gl/rTCb7b>. Acesso em: 18 ago. 2018

ALONSO, Angela; COSTA, Valeriano; MACIEL, Débora. Identidade e estratégia na formação do movimento ambientalista brasileiro. **Revista Novos Estudos**, Centro Brasileiro de Análise e Planejamento (Cebrap), p. 154-167, 2010.

ARAÚJO, Christianne Evaristo. Educação Ambiental e Movimento dos Atingidos por Barragens, no contexto da Barragem Castanhão. Um estudo no Reassentamento Alagamar, Jaguaribara-Ceará Mercator. **Revista De Geografia Da UFC**, v. 5, n. 10, p. 134, 2006.

BOGADO, Adriana Marcela. A Luta Também te Ensina: Processos de ensino-aprendizagem no marco de movimentos sociais argentinos. **AURORA**, a. 5 n. 8, ago. 2011.

GOHN, Maria Gloria. **Movimentos sociais e educação**. São Paulo: Cortez, 2012.

_____. Movimentos sociais na contemporaneidade. **Revista Brasileira de Educação**, v. 16, n. 47, p. 333-513, maio/ago. 2011.

_____. **Movimentos sociais e redes de mobilizações civis no Brasil contemporâneo**. Petrópolis: Vozes, 2010.

GOSS, Karine Pereira; PRUDENCIO, Kelly. O conceito de movimentos sociais revisitado. **Revista Eletrônica dos Pós-Graduandos em Sociologia Política da UFSC**, v. 2, n. 1, p. 75-91, jan./jul. 2004.

HERCULANO, Selene. **Políticas ambientais**: o ambiente é você... e você... somos nós. Niterói: Editora UFF, 2013.

LAYRARGUES, Filippe Pomier (Org.). **Identidades da educação ambiental brasileira**. Brasília: Ministério do Meio Ambiente, 2004.

MEIRELES, M. **O povo não vai se cansar de protestar**. 2013. Disponível em: <https://goo.gl/qjiYzv>. Acesso em: 10 fev. 2014.

MORAES, Marcos. O CONCEITO DE EDUCAÇÃO AMBIENTAL DO MST EM PERNAMBUCO VALENÇA. In: **Reunião Anual da ANPED, GT**: Educação Ambiental / n. 22. Disponível em: <https://goo.gl/4Za6Em>. Acesso em: 21 jan. 2014.

SCHERER-WARREN, Ilse. Redes Sociais e de movimentos. In: FERRARO JUNIOR, Luiz A. (Org.). **Encontros e caminhos**: formação de educadoras (es) ambientais e coletivos educadores. Vol. 2. Brasília: MMA, 2007.

SEVA-FILHO, Osvaldo; MESQUITA, Erica. Ameaçados e Atingidos por grandes projetos de Engenharia: a problemática dos indígenas isolados no Acre e a prospecção de Petróleo. In: 26 REUNIÃO BRASILEIRA DE ANTROPOLOGIA. **Anais**. 2009. Disponível em: <https://goo.gl/JLmw7U>. Acesso em: 21 jan. 2014.

SILVA, Jose Miguel; FREITAS, Igor Gustavo de; COSTA, Igor da. "Toxictour" na Baixada Fluminense: visibilizando as injustiças socioambientais. In: IV SEMINÁRIO DE JUSTIÇA AMBIENTAL, IGUALDADE RACIAL E EDUCAÇÃO, 18 a 22 de agosto de 2014. Disponível em: <https://goo.gl/GRGWHw>. Acesso em: 23 jan. 2015.

TOURAINE, A. **Podemos Viver juntos?** Iguais e diferentes. Petrópolis: Vozes, 2003.

VAINER, Carlos Bernado. Conceito de "Atingido": uma revisão do debate. In: ROTHMAN, Franklin Daniel (Org.). **Vidas Alagadas** – conflitos socioambientais, licenciamento e barragens. Viçosa: UFV, 2008, p. 39-63.

VÁZQUEZ, Eva; et al. **La vida en el centro y el crudo bajo tierra El Yasuní en clave feminista**. Colectivo Miradas Críticas del Territorio desde el Feminismo. Quito, Equador. 2014. Disponível em: <https://goo.gl/s6aeNN>. Acesso em: 21 jan. 2014.

PEZZULLO, Phaedra. **Toxic tourism**. Alabama/USA: Universidade Alabama Press. Alabama, 2009. Disponível em: <https://goo.gl/uVWk8c>. Acesso em: 3 fev. 2015.

_____. Touring "Alley câncer", Lousianna: Performances of Community and Memory for Environmental Justice. Text and Performance Quarterly, p. 226-252, 2003. Disponível em: <https://goo.gl/n2Dai9>. Acesso em: 3 fev. 2015.

DIÁLOGOS NECESSÁRIOS NA CIÊNCIA MODERNA: GÊNEROS, SEXUALIDADES E JUSTIÇA SOCIAL

Renato Duro Dias[52]; Amanda Netto Brum[53]

Introdução

Em virtude das diversas transformações que a ordem social tem sofrido – provenientes das modificações nas ordenações paradigmáticas que a estrutura –, o arcabouço normativo da ciência moderna demonstra-se insuficiente para conferir amparo às diversas formas com que o corpo--sujeito pode experimentar, vivenciar e performatizar seus gêneros[54] e suas sexualidades[55]. Impõe-se, frente a esta realidade, fundamental repensar novos paradigmas para a ciência moderna capazes de desconstruir, desestabilizar e, em especial, (re)significar as categorias construídas a partir do marco normativo binarizante.

Ocorre que a pretensa universalidade dos saberes – (re)produzida pela atual ordem epistemológica – cria um sistema de distinção entre o verdadeiro e o falso, de modo que esse se torna o fundamento daquele (Santos, 2010). A ciência moderna consiste, então, no monopólio da distinção entre os saberes verdadeiros dos falsos, sendo assim, todo e qualquer conhecimento que não se encaixa na "forma de conhecer verdadeira" é interditado e precarizado em detrimento dos saberes verdadeiros, isto é, do conhecimento pretensamente hegemônico.

---

52. Professor da Faculdade de Direito e Mestrado em Direito e Justiça Social da Universidade Federal do Rio Grande – Furg, Doutor em Educação pela Universidade Federal de Pelotas – UFPEL.
53. Advogada, especialista em Direito e Processo do trabalho pela Anhanguera/UNIDERP, Mestre em Direito e Justiça Social pela Universidade Federal do Rio Grande – Furg.
54. Para significar as diferentes formas de expressar um gênero, como uma possibilidade para além do binarismo de gênero e do determinismo do sexo biológico (Pelúcio, 2009), o termo "gênero" é utilizado, neste capítulo, dentro dos limites que a própria linguagem impõe como "gêneros" (grifo dos autores).
55. No presente capítulo será utilizado o termo sexualidades, pois em conformidade com Dias e Alves (2012, p. 5) a terminologia sexualidade deve ser grafada como sexualidades por ser uma "terminologia cunhada nas duas últimas décadas com o sentido de pluralidade na diversidade sexual" (grifo dos autores).

Nesse cenário, tendo em vista que o atual padrão epistemológico torna precárias e abjetas[56] as experiências e vivências dos corpos-sujeitos que subvertem o discurso normativo, o presente capítulo propõe discutir sobre a reconstrução das categorizações de gêneros, das sexualidades e de justiça na ciência moderna, em especial nas ciências jurídicas, pois entende-se que aquela, ao (re)produzir e transmitir enunciado a partir do regime de verdades acerca dessas categorizações, via de regra, funciona como mais um mecanismo de controle e de dominação na ordem social (Foucault, 2014).

Diante disso, as regulamentações de gêneros e das sexualidades impostas pela atual ordem discursiva são normas que tendem a regular, interditar e silenciar as performances, as experiências e as vivencias de gêneros e das sexualidades para além do marco discursivo, pois estas normatizações funcionam como uma condição de inteligibilidade não apenas social, mas, sobretudo, jurídica na busca do reconhecimento dos sujeitos que extrapolam os padrões de gêneros e das sexualidades estabelecidos pelo padrão epistemológico tradicional.

Assim, nesta investigação, por meio de uma revisão bibliografa ancorada fundamentalmente nos estudos culturais, em especial das contribuições de Foucault (1999; 2010; 2014) e de Butler (2003; 2015a; 2015b) e de Fraser (1997; 2006), interpreta-se as categorias de gêneros, das sexualidades e de justiça (Fraser, 1997) a partir da perspectiva teórica que as compreende inseridas nas relações de poder (Foucault, 2010), bem como propõem tanto a categoria de gêneros quanto a das sexualidades performáticas e flexíveis, atribuindo-as potencial de fluidez (Brum; Dias, 2016).

Sendo assim, primeiramente, categoriza-se gêneros e a sexualidades e justiça social, bem como evidencia-se a necessidade da compreensão de maneira desconstituídas dessas categorias, já em um segundo momento, realiza-se uma reflexão acerca da atual política discursiva e, em especial, demonstra-se o necessário questionamento de padrões naturalizados e normatizados na ordem epistemológica acerca das categorizações de gêneros e das sexualidades.

Este capítulo pretende, portanto, evidenciar a necessária oposição à atual ordem epistemológica da ciência moderna que ao reafirmar a materialização dos saberes por meio das relações de poder engendra esses à construção discursiva hegemônica, encerrando as categorias de gêneros, das sexualidade e de justiça ao sistema discursivo binarizante.

---

56. De acordo com Butler (2015b), os corpos abjetos (que vivem na zona da abjeção) são os que não encontram legitimidade na ordem social por não se enquadrarem nos ideais hegemônicos, por exemplo, de gêneros, das sexualidades e de raça.

Teorizando gêneros, sexualidades e justiça

O questionamento em torno das categorias construídas a partir da atual ordem epistemológica sinaliza para a necessidade de repensar padrões construídos por meio da ordem discursiva imposta a partir da lógica dicotômica (Foucault, 2014). Nesse cenário, as relações de poder que são legitimadas e reproduzidas pelos saberes, na episteme atual, não apenas enfatizam – ao reafirmarem o processo de naturalização e normalização exercido sobre os corpos-sujeitos –, bem como possibilitam questionar a concepção das estruturas permanentes que estabelecem a própria ordem social (Foucault, 2014).

Dessa forma, considerando que os sistemas de significações e as ordens simbólicas da construção discursiva são designados pelo discurso (Scott, 1995) e como este é (re)produzido dentro da lógica discursiva dual (Foucault, 1999) é, portanto, fundamental redefinir e refletir sobre as construções ontológicas de gêneros e das sexualidades a partir da teorização que as pressupõem inseridas nas relações de poder (Foucault, 2014).

No âmbito destas significações, a partir do aporte teórico dos estudos culturais, sobretudo, influenciada pelos estudos *queer*[57], a concepção de gêneros, contemporaneamente, transpõe o determinismo biológico do sexo e passa a ser teorizada como uma categoria de análise e, com isso, é (re)significada no contexto social e cultural moderno.

Por meio dessa perspectiva, considera-se que a categorização de gêneros:

> é construída por meio das relações de poder e, especificadamente, de restrições normativas que não somente produzem, mas que também regulam os efeitos dos corpos. (Butler, 2015b, p. 12)

Importa referir, todavia, que esta normalização dos corpos ocorre através de uma condição constitutiva e compulsória das normas impostas pela naturalização discursiva (Butler, 2015b).

Desse modo, a concepção de gêneros passa – ao ser compreendida como um termo em constante construção/desconstrução (Butler, 2015b) e transformação discursiva – a provocar e perturbar as estruturas epistemológicas naturalizadas no campo dos saberes contemporâneo.

---

57. Vertente insurgente do início dos anos 90, a teoria *queer* (Queer Theory), a qual concede aporte teórico aos estudos *queer*, foi assim denominada pela primeira vez por Tereza de Lauretis durante uma conferência na universidade da Califórnia, em Sasujeinta Cruz (Lauretis, 2007).

Cabe pontuar que a estruturação do termo gênero[58] ocorreu em meados do século XX, com a criação efetiva das teorias feministas (Sá Neto; Gurgel, 2014). Foi por meio da oposição à subordinação social e à dominação experimentada pelas mulheres que o movimento feminista ocasionou — ao questionar a transformação do estado da relação de poder estabelecida entre os sexos —, impactos substanciais nas relações sociais (Bourdieu, 2002).

De lá para cá, muitas foram as provocações suscitadas pelo feminismo, dentre elas, vários questionamentos foram levantados acerca da (des)construção da concepção de gêneros, é, todavia, por meio da teorização *queer*, no final do século XX, que tal categorização é compreendida como uma forma de categoria para refletir a organização social da relação de poder estabelecida entre os sexos (Scott, 1995).

Transpõe, dessa maneira, a concepção de gêneros, a noção do determinismo do sexo genital e passa a ser estruturada por meio de uma compreensão mais ampla e flexível, na qual se considera não apenas representações das masculinidades e das feminilidades, como, também, a própria construção discursiva (Scott, 1995).

Há que se denotar, todavia, que tal premissa não tem a pretensão de negar o caráter biológico, ou, que "o gênero se constitui sobre corpos sexuados, mas propõe-se ressaltar a construção social e histórica produzida sobre as características biológicas" (Louro, 2003, p. 22).

Nesse pensar, oportuna a crítica de Lamas (2002) quando enfatiza a importância de não ser afastada por completo o caráter biológico da reconstrução da categorização de gêneros. Evidencia, a autora, que o reconhecimento do impacto que as elaborações culturais têm sobre a vida social dos sujeitos independentemente se homens ou se mulheres não deve impossibilitar uma análise biomédica, já que tal investigação pode, também, auxiliar a desvelar alguns dos mistérios que permeiam a construção do gêneros (Lamas, 2002).

No âmbito destas significações, há que se considerar, então, que:

> aparentemente se deduz uma identidade de gênero, sexual ou étnica de "marcas" biológicas; o processo é, no entanto, muito mais complexo e essa dedução pode ser (e muitas vezes é) equivocada. Os corpos são significados pela cultura e, continuamente, por ela alterados. Tal-

---

[58]. A terminologia gênero, *gender* no inglês, foi utilizada pela primeira vez pelo sexólogo norte-americano John Money, em 1950, e, posteriormente, por Robert Stoller, em 1968, ao teorizar acerca da distinção entre sexo e "gênero", contudo, tal terminologia ganhou popularidade com a incorporação, do movimento feminista, a sua nomenclatura como forma de distinção da terminologia *sex*, sexo (Weeks, 2012).

vez devêssemos nos perguntar, antes de tudo, como determinada característica passou a ser reconhecida (passou a ser significada) como uma "marca" definidora da identidade; perguntar, também, quais os significados que, nesse momento e nessa cultura, estão sendo atribuídos a tal marca ou a tal aparência. (Louro, 2000, p. 10)

O sistema binário de gêneros e das sexualidades, estabelecido pela normatização discursiva fixa encerra, contudo, no imaginário social e cultural, "implicitamente, a crença numa relação simétrica entre gênero e sexo, na qual gênero reflete o sexo biológico e é por ele restrito" (Butler, 2003, p. 24).

Ocorre que não existe uma única forma de masculinidade e de feminilidade de identificação dos corpos, pois os gêneros podem oferecer diversas outras formas de identificações. Identificar-se com o gênero masculino não indica necessariamente ser do sexo biológico masculino, bem como as construções de mulheres não se aplica exclusivamente aos corpos do sexo feminino (Butler, 2015b).

A inscrição dos gêneros – feminino ou masculino – nos corpos é feita, sempre, no contexto de uma determinada cultura e, portanto, com as marcas dessa cultura. As possibilidades da sexualidade – das formas de expressar os desejos e prazeres – também são sempre socialmente estabelecidas e codificadas. As identidades de gênero e sexuais são, portanto, compostas e definidas por relações sociais, elas são moldadas pelas redes de poder de uma sociedade. (Louro, 2000, p. 10)

Dessa forma, considerar a categorização de gêneros "é referir modos de sentir, de estar e até experimentar as noções de masculinidades e feminilidades" (Sá Neto, Gurgel, 2014, p. 70), portanto, "a categorização de gêneros deve ser compreendida como uma categoria histórica, cultural, social política, jurídica e linguística imposta sobre o corpo sexuado" (Brum; Dias, 2015b).

A teoria *queer* ao estabelecer, então, que a construção dos gêneros é performativa, flexível e fluída, atribui, igualmente, às sexualidades determinados adjetivos e, com isso, expande conceitualmente as sexualidades dos corpos-sujeitos. Assim, as sexualidades são, também, desveladas por meio do resultado do processo de construção histórica, cultural, política, social, linguística, jurídica e de poder.

Questionar a categorização das sexualidades é, portanto, também, problematizar a concepção de política (Foucault, 2010), pois as sexualidades sempre estiverem aliadas à demarcação das posições de poder, desde a formação das sociedades mais primitivas até a formação e estruturação da sociedade moderna (Sá Neto, Gurgel, 2014). O que significa dizer que o objeto das sexualidades é "um instrumento formado há muito tempo e que se constitui como um dispositivo de sujeição milenar" (Foucault, 2014, p. 395), de dominação e, sobretudo, de poder (Foucault, 2010).

As investigações *queer*, ao promoverem questionamentos a respeito do binarismo da norma, em especial da construção das masculinidades e das feminilidades (Butler, 2003), não apenas (des)constroem que não há gêneros e sexualidades que sejam permanentes e fixos – pois se compreende que o corpo-sujeito é atravessado pelas mais variadas performances, desejos e afetos (Brum; Dias, 2015a) –, mas, fundamentalmente, estabelecem que as possibilidades das concepções dos gêneros e das sexualidades disponíveis pela norma demonstram-se insuficientes frente à diversidade vivenciada, experimentada e performatizada pelos corpos sujeitos.

Frente a tal realidade, torna-se fundamental reconhecer que as relações de poder utilizam-se do campo jurídico para transmitir e reproduzir o regime de verdades acerca das categorizações de gêneros e das sexualidades. Assim, o Direito e as normas jurídicas (sociais) impõem, via de regra, a partir de suas regulamentações e normatizações, interdições capazes de regular os gêneros e as sexualidades dos corpos-sujeitos. Isso significa evidenciar o quão os discursos jurídicos estão perpassados por dogmas e padrões estáticos sobre as questões de gêneros e das sexualidades (Dias, 2015).

A norma e o discurso não somente marcam os corpos-sujeitos, a partir das relações de poder que operam sobre eles uma influência imediata (Courtine, 2013), como, também, os silenciam.

> Este silêncio (velado ou explícito) exclui, abjeta, nega a possibilidade de outro sujeito corpóreo. E mais, a partir desta narrativa discursiva excludente, se estigmatizam as identidades divergentes. Enfim, este silêncio produz um por vezes um vazio, produz, inclusive, dor e morte. (Dias, 2015, p. 479)

Diante desse cenário, ao refletir acerca da injustiça cultural-valorativa vivenciada e experimentada na contemporaneidade, Fraser (2006) reconhece que o padrão discursivo-normativo que permeia a ordem social é a heteronormatividade. Tal padrão reproduz nos espaços, nos discursos e nos corpos-sujeitos a equação da normalização da heterossexualidade, o que evidencia a necessidade da desinstitucionalização do dito padrão discursivo, para que possa ser desnaturalizada a atual lógica discursiva, que hierarquiza gêneros e sexualidades no contexto cultural (Fraser, 1997).

A desnaturalização da heteronormativa, no contexto social, requer alterações nas avaliações culturais e sociais que estabelecem e privilegiam a heterossexualidade como a única forma de vivenciar e experimentar as sexualidades. Para tal, faz-se urgente compreender que essa busca deve ser interpretada como uma questão de promoção de justiça social (Fraser, 2006) aos corpos-sujeitos, grupos, classes que vivenciam situações de precariedade e de abjeção no contexto societário (Butler, 2015b).

Refletir, portanto, sobre a desinstitucionalização da heteronormatividade é questionar a percepção de justiça, mas que nem por isso romper com o discurso hegemônico, pois compreende-se que para que isso ocorra faz-se necessário interpretá-la como forma de promoção de justiça social.

Isso ocorre quando os saberes pretensamente hegemônicos são questionados, interrogados e repensados no desafio de desestabilizar as dicotomias normatizadas e naturalizas estabelecidas na ordem epistemológica acerca das categorizações de gêneros e das sexualidades.

A partir dessa perceptiva, portanto, pode-se entender que somente há um rompimento com o discurso hegemônico quando a percepção de justiça é compreendida como uma questão de promoção de justiça social, isto é, quando as formas convencionais dos saberes são provocadas e perturbadas no desafio de transpor o marco epistemológico atual.

O discurso que silencia o corpo-sujeito

Mediante a necessidade de reconstruir padrões na atual ordem epistemológica, faz-se necessário questionar a política discursiva, que articula, na ordem social e, sobretudo, jurídica os discursos ditos verdadeiros e silencia, interdita e precariza os falsos (Foucault, 2010) acerca das categorizações de gêneros e das sexualidades.

Nesse sentido, em que as relações de poder reduzem as categorias de gêneros e das sexualidades dentro da lógica binarizante, cabe evidenciar que a ciência moderna, em especial a ciência jurídica, via de regra, reproduz, a partir das suas normatizações e regulamentações, os enunciados através do regime de verdades sobre as normatizações de gêneros e das sexualidades. Funcionando, dessa forma, como mais um mecanismo de controle e disciplinamento dos corpos-sujeito às normas hegemônicas, sobretudo, da heteronormatividade (Foucault, 2014).

Isto é, em termos foucaultianos, a episteme tradicional do conhecimento é composta – atribuindo um discurso hegemônico heteronormativizante:

pelas múltiplas relações de poder, que atravessam e constituem o corpo social, pois as relações de poder não podem se dissociar, estabelecer-se nem funcionar sem uma produção, uma acumulação, uma articulação e um funcionamento. (Foucault, 2014, p. 279)

Ocorre que a heteronormatividade, como discurso, não apenas faz circular os enunciados ditos verdades sobre os gêneros e as sexualidades vivenciados, experimentados e performatizados pelos corpos-sujeitos, como, em especial, forma, marca e interdita esses ao regime pretensamente natural da heterossexualidade. A heteronormatividade produz, então, por meio do regime de verdades, normalizações e naturalizações nos corpos-sujeitos. Assim, "o processo de sujeição ou os processos contínuos e ininterruptos que sujeitam os corpos, dirigem gestos e regem comportamento" (Foucault, 2014, p. 283).

Nesse cenário, importa compreender que as regras de formação discursiva heteronormativa:

> [...] não residem na mentalidade nem na consciência do sujeito, pelo contrário, elas constituem o próprio discurso e impõe a todos e todas que falam dentro de um dado campo discursivo. (Brum, 2016, p. 25)

Cabe pontuar que o regime de verdades regula o que será marcado como verdadeiro no discurso, ao mesmo tempo em que produz, por meio da norma, verdades que transmitem e reafirmam os saberes hegemônicos acerca das categorizações de gêneros e das sexualidades, isto é, da heteronorma (Butler, 2015a).

Dessa forma, "a produção de significações que se traduz a partir deste discurso" (Dias, 2015, p. 475) – da heteronormatividade –, "faz gerar uma inevitável e desastrosa sequência de novos discursos e práticas que acabam enjaulando/aprisionando o corpo a uma única e admissível performatividade" (Dias, 2015, p. 475).

São, portanto, desses discursos que os pares dicotômicos "masculino-feminino" "homem-mulher", "homo-hetero" marcam e formam no imaginário social e jurídico o contexto do permitido (lícito) e do proibido (ilícito). Essas dicotomias, contudo, não apenas interditam os saberes não permitidos (ilícitos), mas, principalmente, negam e inviabilizam outros saberes que não se encaixam em nenhuma dessas formas.

O discurso impõe, produz, reproduz e transmite verdades – seja vindo da psiquiatria, da psicologia, da medicina ou do direito –, padrões de normalidades e anormalidades (Butler, 2015a) na ordem social e sendo assim, por meio do discurso de aspirações científicas, reafirma os saberes impostos pela ordem epistemológica.

Trata-se, assim, de compreender que a hegemonia heterossexual, ao modelar as questões inerente às categorizações de gêneros e das sexualidades silencia e interdita todo e qualquer saber que não se enquadra nesse modelo. Desse modo, a ciência, através do discurso, ao instituir um determinado saber, confere não apenas reconhecimento aos corpos-sujeitos, mas, fundamentalmente, funciona como um mecanismo de sujeição contínuo.

Isso ocorre em consequência da heteronorma que, ao (re)produzir a lógica dual (Foucault 2010), estabelecendo as fronteiras ao corpo-sujeito, serve ao propósito de instaurar e naturalizar certas performances aos limites, posturas e formas apropriadas que definem o que constitui permitido-proibido, verdadeiro-falso (Butler, 2003) no cenário social e, sobretudo, jurídico.

Há que se compreender, neste contexto, que "a verdade está circularmente ligada ao sistema de poder, que a produz e apoia, e a efeito de poder que ela induz e que a reproduz" (Foucault, 2014, p. 54) e, portanto, como cada sociedade marca os tipos de discursos que são acolhidos como verdadeiros (Foucault, 2014), é fundamental compreender, no contexto social, que o ponto crucial é desvincular o poder das formas hegemônicas da materialização dos saberes.

A partir disso, sendo o discurso jurídico um espaço privilegiado para estabelecer saberes ditos verdadeiros, assim como para a própria manutenção do poder, entende-se que a ciência jurídica pode dar resposta aos novos interesses que ultrapassam os limites do sistema social moderno e às novas relações que se desenvolvem em torno dessa realidade, ao serem reconstruídas e (re)significadas as categorizações de gêneros, das sexualidades e de justiça.

Trata-se, então, sobretudo, de proporcionar – por meio da análise proposta– uma reflexão sobre o controle epistêmico atual; controle esse que possibilita a existência de um sistema de conhecimento que atua reforçando os saberes hegemônicos em detrimentos dos interditados e silenciados (Sparemberger, 2015).

> A voz e o discurso são mecanismos de comunicação e de linguagem do corpo. O silêncio sua interdição. É preciso produzir novas estratégias que rompam com a reprodução social excludente (Bourdieu, 2011). Estas rupturas podem ser problematizadas tendo como ponto de partida inúmeros elementos e métodos. (Dias, 2015, p. 482)

Ao interrogar, portanto, a reconstrução das categorizações de gêneros e das sexualidades na ciência moderna, em especial no campo do Direito, esta investigação espera contribuir para a construção de uma ciência menos sexista e heteronormativa.

Considerações finais

A dimensão discursiva da ciência moderna e, fundamentalmente, do Direito acerca das categorizações de gêneros e das sexualidades decorre, via de regra, da concepção pretensamente hegemônica, ou seja, da heteronormatividade. O silenciamento e as interdições de gêneros e das sexualidades encontram-se nos mais variados domínios do saber e nos múltiplos espaços de produção de poder.

Ocorre que a matriz discursiva atual de gêneros e das sexualidades reproduz e reafirma, na ordem social e cultural, através das relações de poder, a materialização dos saberes, engendrando-os as estruturas lineares da construção discursiva hegemônica acerca dessas categorizações.

Diante disso, muito embora o código normalizador da matriz cultural atual opere no sentido de reafirmar a lógica dual, por meio da reflexão possibilitada pelos estudos *queer*, não há gêneros e sexualidades que sejam permanentes e fixos, pois, ao serem atravessados pelas mais variadas performances, desejos e afetos, os corpos-sujeitos, podem experimentar e vivenciar seus gêneros e suas sexualidades para além do binarismo imposto pelo discurso hegemônico.

Torna-se fundamental, no cenário cultural e jurídico, ampliar os olhares para que se possa compreender a necessidade da desnaturalização e desinstitucionalização da heteronormativa na ordem social. Todavia, para que tal situação ocorra, faz-se primordial interrogar a percepção de justiça, pois, para que o discurso hegemônico acerca das categorizações de gênero e das sexualidades seja transposto, torna-se necessário interpretá-la como forma de promoção de justiça social.

Ao abordar, portanto, a necessidade da reconstrução das categorizações de gêneros, das sexualidades e de justiça na ciência moderna, em especial nas ciências jurídicas, esta investigação pretendeu problematizar a necessária oposição à episteme atual do conhecimento, particularmente da ciência jurídica moderna, que reafirma saberes hegemônicos em detrimentos dos invisibilizados, silenciados e interditados.

Acredita-se que consolidar investigações sobre as construções de gêneros, das sexualidades e de justiça, em uma perspectiva ancorada nas teorizações suscitadas pelos estudos pós-identitários, pós-modernos e de matriz critica pode ser um importante caminho para avançar neste campo.

Referências

BOURDIEU, Pierre. **A dominação masculina**. 2. ed. Rio de Janeiro: Bertrand Brasil, 2002.

BRUM, Amanda Netto. **O reconhecimento para além do reconhecimento**: a (re)significação do conceito de reconhecimento do direito às sexualidades nas decisões do Tribunal de Justiça do Estado do Rio Grande do Sul. 2016. Dissertação (Mestrado) – Universidade Federal do Rio Grande, Rio Grande.

BRUM, Amanda Netto; DIAS, Renato Duro. O reconhecimento trans. In: CONPEDI/UFS (Org.). **Sociologia, antropologia e cultura jurídicas** [Recurso eletrônico on-line]. 1. ed. Aracaju: CONPEDI, 2015a.

_____. A (des)construção dos corpos trans. In: II SEMINÁRIO INTERNACIONAL DESFAZENDO GÊNERO. Corpos, gêneros e multiplicidades: modos de subjetivação, processos políticos e outras/novas moralidades. **Anais**. 2015b. Disponível em: <https://goo.gl/prPtjG>. Acesso em: 22 mar. 2016.

BUTLER, Judith. **Problemas de gênero**: Feminismo e subversão da identidade. Rio de Janeiro: Civilização Brasileira, 2003.

_____. **Judith Butler**: Relatar a si mesmo: crítica da violência ética. 1. ed. Trad. Rogério Bettoni. Belo Horizonte: Editora Autêntica Editora, 2015a.

_____. **Cuerpos que importan** – Sobre los límetes materiales y discursivos del <<sexo>>. Buenos Aires, Argentina: Editoria Paidós Entornos, 2015b.

COURTINE, Jean-Jacques. **Decifrar o corpo**: Pensar com Foucault. Petrópolis-RJ: Editora Vozes, 2013.

DIAS, Renato Duro. Interdição de gênero: a lei que silencia o corpo. In: CONPEDI/UFMG/FUMEC/Dom Helder Câmara (Org.). **Direito, arte e literatura** [Recurso eletrônico on-line]. 1. ed. Belo Horizonte: CONPEDI, 2015.

DIAS, Renato Duro; ALVES, Ricardo Henrique Ayres. **A imagem do corpo masculino erotizado como potência reflexiva no campo religioso**. 2012. Disponível em: < https://goo.gl/gJC9JR>. Acesso em: 29 dez. 2013.

FOUCAULT, Michel. **Microfísica do Poder**. 28. ed. Rio de Janeiro: Paz e Terra, 2014.

_____. **A ordem do discurso**. São Paul: Edições Loyola, 1999.

_____. **A história da sexualidade** – A vontade de saber. Vol. 1. Rio de Janeiro: Graal, 2010.

FRASER, Nancy. Da redistribuição ao reconhecimento? Dilemas da Justiça na era Pós-socialista. In: SOUZA, Jessé (Org.). **Democracia hoje**: novos desafios para a teoria democrática contemporânea. Brasília: Editora Universidade de Brasília, 1997, p. 231-239.

_____. A Justiça Social na globalização: redistribuição, reconhecimento e participação. **Revista Crítica de Estudos Sociais**, p. 7-20, out. 2006.

LAURETIS, Teresa de. **Théorie queer et cultures populares** – De Foucault à Cronenberg. Trad.Marie-Heléne Bourcier. Paris: La Dispute Legenredumonde, 2007.

LAMAS, Marta. **Cuerpo**: diferencia sexual y gênero. Ciudad de México, México: Taurus, 2002.

LOURO, Guacira Lopes. **Gênero, Sexualidade e Educação** – Uma perspectiva pós- estruturalista. 6. ed. Petrópolis: Editora Vozes, 2003.

_____. **O corpo educado**: pedagogias da sexualidade. Belo Horizonte: Autêntica, 2000.

PELÚCIO, Larissa. **Abjeção e desejo**: uma etnografia travesti sobre o modelo preventivo de aids. São Paulo: Annablume: Fapesp, 2009.

SÁ NETO, Clarindo Epaminondas de Sá; GURGEL, Yara Maria Pereira. Caminhando ente a (In)visibilidade: Uma análise Jurídica sobre o projeto de Lei nº 5.012/2013-Lei da Identidade de Gênero. **Revista Direito e liberdade**, Natal: ESMARN, v. 16, n. 1, p. 65-85, 2014.

SANTOS, Boaventura de Sousa. Epistemologias do Sul. In: SANTOS, Boaventura de Sousa; MENESES, Maria Paula (Orgs.). **Para além do pensamento abissal**: das linhas globais a uma ecologia dos saberes. São Paulo: Cortez, 2010.

SCOTT, Joan. **Gênero**: Uma categoria útil para análise histórica. Vol. 20. Porto Alegre: Educação & Realidade, 1995.

SPAREMBERGER, Raquel Fabiana Lopes. O conhecimento jurídico colonial e o subalterno silenciado: Um olhar para o pluralismo jurídico In: WOLKMER, Antônio Carlos; LIXA, Ivone Fernandes M. **Constitucionalismo, descolonización y pluralismo jurídico en América Latina**. Aguascalientes: CENEJUS; Florianópolis: UFSC-NEPE, 2015.

WEEKS, Jeffrey. **Lenguajes de la sexualidad**. 1. ed. Buenos Aires: Nueva Visíon, 2012.

9
A QUESTÃO AMBIENTAL E OS MOVIMENTOS SOCIAIS: UM OLHAR A PARTIR DE ENRIQUE DUSSEL[59]

Cesar Augusto Costa[60]; Carlos Frederico Loureiro[61]

> Se emancipa o filho para ser como seu pai; para chegar a ser o que já foi; *se liberta o escravo para estar em um novo mundo em que nunca foi.* (Dussel).

Enrique Dussel e o contexto social latino-americano

O projeto societário dominante expressa, reproduz e fundamenta a colonização que marca saberes, práticas e poderes. Ela é nascida do projeto europeu imperial-mercantil-salvacionista, constituindo-nos em arquipélago de latifúndios monocultores, escravagistas e exportadores (Zanotelli, 2014). Descolonizar o pensamento exige, por outro lado, consciência histórica das suas origens, caminhos, procedimentos e pressupostos visando ao processo libertador, para o qual o pensamento do filósofo argentino Enrique Dussel, em contraposição à História Universal imposta pelo ideário eurocêntrico, traz contribuições inegáveis. Seu projeto filosófico, denominado de *Filosofia da Libertação* parte da realidade desse continente apontando formas de pensar e agir na superação destas estruturas desiguais que se implantaram no continente desde o sistema mundo moderno-colonial (Dussel, 2000).

Para este pensador, conhecer a formação histórica, e a atual situação da América Latina, em suas múltiplas determinações, contribui para a

---

59. O presente capítulo já foi publicado na revista *Argumentum* (2016) e ajustado com breves modificações para esta obra coletiva.
60. Sociólogo. Pós-Doutor em Direito e Justiça Social/Furg. Professor/Pesquisador no Programa de Pós-Graduação em Política Social/UCPEL. Pesquisador do Laboratório de Investigações em Educação, Ambiente e Sociedade (Lieas/UFRJ).
61. Doutor em Serviço Social/UFRJ. Docente/Pesquisador dos Programas de Pós-Graduação em Educação e em Psicossociologia de comunidades e Ecologia social – UFRJ. Coordenador do Laboratório de Investigações em Educação, Ambiente e Sociedade – Lieas/UFRJ. Pesquisador 1d do CNPq.

compreensão das relações sociais alienadas e da realidade em suas contradições, que estão encobertas pelo padrão civilizatório eurocêntrico. E esse posicionamento teórico-metodológico é desenvolvido por meio de sua *Ética da Libertação*. Para Silva (2012):

> A produção de Dussel remete-nos para a tentativa de construção de uma proposta filosófica que visa a contribuir com o debate contemporâneo. Sem dúvida, a ética e a política são os grandes desafios que Dussel enfrenta. A produção filosófica latino-americana ganhou, nas últimas décadas, um impulso importante, que tenta refletir o ethos do homem latino-americano de maneira criativa e autônoma. Se a América Latina almeja ser protagonista de sua História, cabe também, no âmbito da produção filosófica, buscar a sua libertação da reprodução da Filosofia europeia ou estadunidense. (Silva, 2012, p. 93)

Em relação à dimensão material de sua reflexão, o pensador argentino procura novas formulações sobre o problema ecológico que se realiza no sociometabolismo do capital e não somente na tecnologia subsumida no processo de trabalho. Para ele,

> [...] el desastre ecológico no es fruto sólo de una tecnología anti-ecológica, sino más bien del criterio antiecológico, contra la vida humana, del capital en cuanto tal. (Dussel, 2007a, p. 10-11)

Refletir os movimentos sociais frente à questão ambiental, na perspectiva de Dussel, significa querer libertar não apenas quebrando as formas de dominação e opressão que se realizam mediadas pela expropriação material, mas, também, desenvolvendo a vida humana, possibilitando que:

> [...] as instituições, o sistema, abram novos horizontes que transcendam a mera reprodução como repetição de "o mesmo" – e, simultaneamente, expressão e exclusão de vítimas. (Dussel, 2000, p. 566)

Dentro deste horizonte, os movimentos sociais latino-americanos podem ser vistos como sendo um "princípio-libertação". Isso quer dizer que,

> [...] princípio-Libertação pressupõe a libertação da vítima diante um projeto societário excludente e desigual, para outro, o qual é pautado na esperança e na construção efetiva da utopia possível, da utopia viável. (Oliveira; Dias, 2012, p. 99)

Podemos afirmar que a contribuição dusseliana ao processo de lutas sociais e ambientais se constitui num movimento dialético que parte das "vidas negadas" pelo projeto societário capitalista em sua matriz colonial. Tais lutas sociais objetivam uma luta pela sobrevivência, assim como do reconhecimento da dignidade humana como "Outro", a qual é negada por este projeto. Esta crítica radical ao sistema excludente só é possível com o reconhecimento deste contexto desigual, desumano e alienado nas suas relações com a natureza (momento ontologicamente determinante da constituição social do ser humano), pois, quando se nega o mito civilizatório e a inocência da violência, descobre-se o eurocentrismo e a falácia desenvolvimentista (Oliveira; Dias, 2012).

Logo, o tema discutido neste capítulo parte do reconhecimento de Enrique Dussel enquanto referência do pensamento filosófico latino--americano e da aproximação teórica dusseliana junto aos movimentos e lutas sociais e ambientais. Tal esforço argumentativo possui relevância por três razões fundamentais: trazer de forma mais direta a contribuição de Enrique Dussel para a questão ambiental; defender a posição dusseliana de que novas formas de relação com/na natureza passa necessariamente pela transformação social e superação das relações alienadas (Costa, 2015; Costa; Loureiro, 2013; Costa; Loureiro, 2015a) e reforçar as pesquisas na questão ambiental que reconhecem a diversidade social e cultural latino-americana não abdicando dos elos que unem os povos em suas buscas de superação das relações sociais alienadas no capitalismo latino-americano em sua feição colonial (Costa; Loureiro, 2015b).

Assim, o presente capítulo está sistematizado em três eixos, que se seguem à introdução. Inicialmente, abordamos a dimensão social e histórica das lutas sociais e ambientais a partir da ótica do movimento ambientalista e dos problemas colocados pela Ecologia Política. Em seguida, refletimos a relevância propriamente dita dos movimentos sociais, suas aproximações diante da questão ambiental na AL, a partir da leitura de Enrique Dussel.

Neste eixo, também evidenciamos a atualidade, a dinâmica e a variedade das lutas sociais diante do enfrentamento ao padrão de acumulação latino-americano, apontando como os movimentos sociais estão envolvidos nas lutas anticapitalistas instauradas pelo sistema-mundo moderno colonial (Dussel, 2000). Por fim, na parte conclusiva, indicamos de forma sintética algumas implicações políticas do pensamento de Dussel para a compreensão dos movimentos e das lutas sociais e ambientais, sobretudo na condição daqueles que historicamente estão postos como subalternos pelo projeto capitalista, tendo a *Ética da libertação* como premissa, condição teórica e práxica dos processos sociais de transformação.

Entre lutas sociais e lutas ambientais: o movimento ambientalista

Lowy (2005) entende que a convergência entre movimento social e ecologia teve, na AL e, no Brasil, um grande precursor na figura de Chico Mendes, sindicalista, militante da esquerda do Partido dos Trabalhadores e lutador incansável dos povos da Floresta Amazônica. Mendes se tornou um sujeito lendário, um defensor do povo brasileiro, mas o tratamento midiático de sua história tendeu a ocultar a *radicalidade social e política* de sua luta, se configurando em:

> [...] tentativas infelizes de cortar "pela metade" sua herança política: ecologistas reconciliados com o capitalismo "esquecem" seu compromisso socialista, enquanto que socialistas atrasados negam a dimensão ecológica de sua luta. (Lowy, 2005, p. 7)

Não é de hoje que, no Brasil, esta convergência entre movimento social e a questão ecológica pode ser reconhecida em exemplos de movimentos sociais, que assumiram esta discussão em suas atividades concretas. Temos o emblemático caso do Movimento dos Atingidos por Barragens (MAB) que, em seu processo de organização de defesa do território, constitui-se em movimento de resistência antissistêmica e enfrentamento dos conflitos ambientais. Seu principal foco de luta é a reação ao modelo de matriz energética e à construção de grandes hidrelétricas que deslocam populações e inundam áreas produtivas de importante valor natural criando para o movimento, na luta e na resistência, a identidade territorial e a capacidade coletiva de se antagonizar ao modelo de desenvolvimento (Loureiro, 2012).

Também podemos elencar o Movimento dos Trabalhadores Sem Terra (MST) chegando à conciliação histórica junto a grupos ambientalistas no processo de defesa de algumas áreas. Sendo que, em 1997, foi assinado um documento chamado

> [...] *Pacto Chico Mendes*, em que grupos ambientalistas e a direção do MST se comprometeram mutuamente a defender a justiça social e o acesso à terra sem reforçarem práticas destrutivas. (Loureiro, 2012, p. 52)

A partir deste contexto, consideramos que:

> Os desafios para o movimento não são simples. Há uma dificuldade concreta em se viabilizar assentamentos nos moldes da produção coletivizada e sustentável por meio da agricultura ecológica, orgânica e variações outras, em um contexto de subordinação ao mercado. Mas é exatamente aí que se explicitam os conflitos fundiários e de proteção natural, nos quais o MST cumpre função decisiva. (Loureiro, 2012, p. 52)

É pertinente observar o que os movimentos sociais possuem em comum com o movimento ecológico, e o que os diferencia. Diversos são os movimentos sociais que se apresentam: os operários, os camponeses, os indígenas, as mulheres, os negros, os homossexuais, os jovens e tantos outros que se organizam e lutam. Porém, há uma linha tênue entre todos estes movimentos os quais emergem partindo de determinadas condições de existência que lhes dão organização. Porto-Gonçalves (2013) faz o seguinte questionamento:

> Existe uma condição ecológica? [...] Há um corpo operário, camponês, indígena, mulher, negro, homossexual e jovem [...] Não há, corpo ecológico enquanto condição social [...] Essa é uma diferença extremamente significativa: o movimento ecológico é mais difuso, não apreensível do mesmo modo que os demais corpos que se movimentam social e politicamente. Esse caráter difuso não desqualifica o movimento ecológico. Ao contrário, é a fonte da sua riqueza e dos seus problemas enquanto movimento político e cultural. Ao propugnar uma outra relação dos homens (sociedade) com a natureza, aqueles que constituem o movimento ecológico estão, na verdade, propondo um outro modo de vida, uma outra cultura. (Porto-Gonçalves, 2013, p. 21)

Por ter este aspecto diversificado de um movimento que aponta para outra cultura é que os ambientalistas se encontram envolvidos com questões tão distintas (que permitem orientações ideopolíticas díspares) como a luta contra: desmatamento, alimentos contaminados, agrotóxicos, crescimento populacional, urbanização descontrolada, poluição, extinção de espécies animais etc. Assim, na caminhada deste movimento, este tem sido confrontado e interpelado por outros movimentos que procuram, também, as suas especificidades, gerando diálogos, aproximações, afastamentos e disputas, como também destaca Porto-Gonçalves (2013):

Quando os ecologistas europeus se colocam contra o complexo industrial militar, contra o militarismo, se defrontam não só com os empresários do setor, mas também com os operários que nele trabalham e temem perder seus empregos. Quando, no Brasil, denunciamos a contaminação dos rios por mercúrio usado por garimpeiros, pequenos produtores, nos vimos "apoiados" pela grande imprensa, inclusive por uma grande central de televisão que tem interesse no setor. Neste caso, a grande imprensa se mostra mais competente para evitar a contaminação dos rios em virtude das técnicas mais sofisticadas de que dispõe. Os pequenos produtores de ouro se vêem pressionados pela opinião pública mobilizada pela mídia em nome de causas ecológicas e, proibidos de continuar sua atividade, migram para outros lugares, indo disputar terras com posseiros ou comunidades indígenas ou indo engrossar o exército dos despossuídos urbanos. (Porto-Gonçalves, 2013, p. 21-22)

Já os movimentos sociais contemporâneos, que surgiram no contexto da década de 1990 e início dos anos 2000 na AL, formularam suas demandas a partir da diversidade das lutas frente às questões sociais e econômicas produzidas pelo receituário de ajustes estruturais na economia, não embora as variedades de lutas apresentem uma origem comum: *oposição à política neoliberal* (Montano; Duriguetto, 2010).

É nesta conjuntura que também se efetiva a ascensão de governos "progressistas" ou "democrático-populares" em vários países do continente (Venezuela, Bolívia, Equador, Argentina, Brasil), colocando resistências governamentais à expansão neoliberal na AL, a exemplo de Cuba. Por sua vez, constata-se que o capital e o Estado neoliberal não assistem de forma passiva tais movimentos e governos progressistas que buscam enfrentar o poder imperialista, favorecendo iniciativas de criminalização dos movimentos sociais e desmantelamento das organizações dos trabalhadores, adoção de políticas sociais focalizadas, incentivo à proliferação de políticas públicas reduzidas à lógica de prestação de serviços e execução de projetos por meio de Organizações Não Governamentais (ONGs) e redução de gastos com os direitos sociais (Loureiro, 2006). É dentro deste contexto neoliberal na AL que podemos vislumbrar outros aspectos:

> (i) um sistemático processo de expropriações, atingindo trabalhadores do campo (daí a luta secular pela reforma agrária), povos indígenas (lutando por seus territórios, em especial contra a proliferação de hidrelétricas, mineradoras a céu aberto, empreen-

dimentos agrícolas e de criação de gado, notadamente na região amazônica) e trabalhadores que vivem nas periferias das grandes cidades, expropriados de moradia e de direitos sociais básicos, e (ii) o baixo custo da força de trabalho. Com a entrada do setor financeiro na exploração do setor de commodities, a escala desses empreendimentos foi sumamente ampliada, configurando um "novo" agronegócio (agora moderno) em que prevalecem corporações de insumos químicos, sementes transgênicas e agroindústrias. Ao mesmo tempo, setores industriais, com a alavancagem do setor financeiro, ampliaram exponencialmente seus negócios, como é o caso das montadoras de automóveis, turbinadas pelo crédito "popular", setor que impulsiona as corporações petroleiras e de agrocombustíveis em geral. (Leher, 2013, p. 227)

É assim que o ambientalismo se insere de maneira contraditória. Por vezes se afinando e se articulando aos movimentos sociais antissistêmicos e, às vezes, reproduzindo um padrão pragmático ou conservador que se distancia dessas lutas sociais. Fica visível, portanto, que o movimento ecológico está inserido na sociedade através de práticas contraditórias e, não raro, dissonantes, uma vez que são diversas propostas acerca da apropriação dos recursos naturais ou que dissociam a dimensão ambiental, descolada da realidade material.

Exemplo disso é defender o zelo planetário como vários movimentos realizam, ignorando que crianças e povos morrem de fome e que outras espécies são dizimadas pela lógica capitalista é uma contradição tamanha (Loureiro, 2012). Saber distinguir dentre os diferentes usos da natureza, sua apropriação e relação constitutiva como "[...] corpo inorgânico do homem [...]" (Marx, 1993) é uma das tarefas políticas que o movimento ambiental possui como premissa fundamental (Porto-Gonçalves, 2013)!

Sendo assim, a bandeira de luta do movimento ambientalista é um fenômeno materializado por perspectivas afinadas e antagônicas no que tange à compreensão da relação *sociedade-natureza* através do projeto societário que aponte para a superação do atual padrão de sociabilidade. De uma coisa não podemos duvidar: a atualidade do movimento ambientalista latino-americano parte de determinadas condições sociais de existência que lhe conferem um caráter material e político!

No que se refere à importância no debate da *ecologia política*, ela possui origem na década de 60, e tem como objetivo a compreensão de que agentes sociais com opostos e desiguais níveis de poder e interesses diversos que demandam, na produção de suas existências, recursos naturais em um contexto ecológico (Loureiro; Layrargues, 2013). Seu objetivo é gerar conhecimentos e compreensão do próprio modo de funcionamento societário enquanto exigência para intervenções políticas superadoras ou reprodutoras das condições que engendram modos de produção e relações de propriedade dos bens criados ou naturais. Assim,

> O diferencial da ecologia política em relação à economia política, portanto, não está na aceitação da natureza como condição para a produção, pois isso é inerente a qualquer análise econômica, mas no modo como ela é qualificada. Na ecologia política a natureza é vista não somente como fonte de recursos, mas como ontologicamente prioritária para a existência humana, aquilo que nos antecede e que de nós independe, cuja dinâmica ecológica, mesmo que por nós mediada e transformada, precisa ser conhecida e respeitada a fim de que o modo de produção seja compatível com sua capacidade de suporte e de regeneração. (Loureiro; Layrargues, 2013, p. 56)

Para a perspectiva crítica da *ecologia política*, existem elementos que evidenciam por que os movimentos sociais não podem ser vistos como secundários para este estudo, pois desqualificar as lutas dos movimentos sociais clássicos, que denunciam as mazelas do capitalismo é um equívoco que despolitiza o debate e estabelece uma leitura não compatível com a dinâmica contraditória do real, sobretudo com as necessidades materiais na vida das pessoas.

Isto significa apontar que as lutas dos movimentos sociais na AL se destacaram por terem enfrentado e exposto as incongruências do processo produtivo, tais como: agronegócio, indústria de celulose, a mineração, as reservas extrativistas. Estes aspectos deram concretude ao debate ambiental e trouxe para a arena política tais questões! Por fim, temos a convicção de que o tema ecológico não é propriedade de nenhum agente social, nem mesmo dos que com eles buscam identificação, sendo uma dimensão da prática política e fator de identidade entre sujeitos e grupos (Loureiro; Layrargues, 2013).

O não uso da categoria "ambiente" no Brasil como estratégia de luta política dos movimentos sociais na década de 1990 possui duas explicações. Segundo Loureiro (2012):

> O modo como o ambientalismo se consolidou durante os anos de 1970 e 1980 fez que ele assumisse muito do debate europeu. Além disso, por ser um pensamento de classe média e pertencendo

à elite intelectual, veio com a desvantagem de não conseguir obter a adesão de grupos populares, uma vez que emerge ainda em um momento do fim da ditadura militar e da redemocratização do país, e essa era a questão prioritária para os grupos de maior poder econômico. Com isso, um perfil majoritariamente fundado em abordagens estruturadas na cisão cultura–natureza ou em uma leitura idealizada da natureza impedia o diálogo com os movimentos sociais. O outro elemento se relaciona ao fato de que não só os movimentos sociais se rearticulam tardiamente (nos anos de 1980), como também as suas formas de organização se voltaram com muita ênfase (e não sem motivos) para o enfrentamento da ditadura. Assim, o foco se localizava na superação dos intensos mecanismos de dominação e no fortalecimento da democracia no país. (Loureiro, 2012, p. 49-50)

A partir desse percurso que evidencia as contradições existentes no ambientalismo, cabe destacar, em função do recorte do texto, as possibilidades de aproximação entre as lutas sociais e ambientais, quando esta última entende as determinações históricas dos problemas ambientais e a unidade sociedade-natureza. Não interessa para o ambientalismo vinculado às lutas emancipatórias, compreender o quadro histórico vivido a partir da categoria *crise ecológica* pautando a compreensão dos problemas na essência humana (Loureiro, 2009). Assim, refutamos este entendimento do movimento ambiental assinalando que:

> [...] tal postura pragmática pensa a sociedade dissociando a esfera social, das esferas econômica e política, e estas da natural, na crença de que a parceria e a cooperação entre grupos sociais resolverão o quadro observado e de que o pretenso consenso obtido arbitrariamente se a explicitação dos conflitos existentes (numa ordem de dominação aparentemente democrática) é o caminho para a salvação planetária. O resultado é uma postura ideológica de neutralidade científica e de interesses em nome do bem comum, que acaba por reforçar os padrões de poder hierarquizado e de exclusão das classes populares no acesso ao patrimônio natural e gestão do ambiente em que vivem. (Loureiro, 2009, p. 66)

Posto isso, um dos desafios centrais para a questão ambiental é promover espaços e estratégias capazes de enfrentar a hegemonia neodesenvolvimentista. Haja vista que nenhuma luta ou mitigação de problemas socioambientais será bem-sucedida se não for capaz de articular as lutas locais e particulares com a análise crítica do padrão de acumulação da AL e suas lutas diante os enfrentamentos contra o capital em escala global.

> De fato, o neodesenvolvimentismo é intrinsecamente intensivo em recursos naturais, em energia e assentado nas expropriações e na hiperexploração do trabalho. É um desafio de grande monta. (Leher, 2013, p. 228)

3. Os movimentos sociais e a questão ambiental na leitura de Dussel

A abordagem latino-americana dos movimentos sociais descobre sua vitalidade e alcance crítico neste esforço de diálogo e aproximação com o ambientalismo crítico. No entendimento de Dussel:

> Até muito recentemente a política não tinha descoberto sua responsabilidade ecológica [...] A previsão de permanência da vida da população de cada nação na humanidade que habita o planeta Terra é primeira e essencial função da política [...] Uma humanidade extinta obviamente aniquilaria o campo político e todos seus sistemas possíveis. (Dussel, 2007b, p. 64)

Dussel, na obra *20 Teses de Política* (2007b), adverte que o campo político atravessa os campos materiais por excelência: o *ecológico, o econômico e o cultural*, nos quais estes determinam a esfera *material da política*. Em cada um destes campos, o princípio material crítico-político possui exigências particulares, todas em torno da vida dos cidadãos, em suas diversas dimensões. Na esfera ecológica da política a vida humana se encontra em perigo de sua extrema extinção. Para Dussel (2007b), a práxis indica a relevância do tema no mundo, sendo que a mesma é a presença política no campo político. Logo, a práxis de libertação também põe em discussão as estruturas hegemônicas do atual sistema político.

Dussel, em *Materiales para una política de liberación* (2007a), aponta que tais determinações históricas se desenvolveram a partir da sociedade civil, nascendo forças diferenciais que são organizadas na exterioridade da ordem estabelecida efetuando lutas para o reconhecimento de novos direitos políticos (social, econômica, cultural, ambiental). Estes atores coletivos das mais diversas fisionomias têm se chamado de "novos movimentos sociais". Tais movimentos, do ponto de vista político, passam a ser sujeitos políticos de "cidadania ativa" a muitos membros excluídos ou "passivos" que habitavam o território controlado pelos Estados europeus ao final do século XVIII. Para ele,

> En efecto, en el seno mismo de la Revolución francesa la «Revolución de los iguales» (recuérdese a Babeuf en 1794) confrontó ya a la burguesía triunfante. Los movimientos sociales, obreros y campesinos (los sindicatos, Trade Unions, de los siglos XIX y XX) ampliaron la ciudadanía a los asalariados del capital, no propietarios ni suficientemente alfabetizados al comienzo. (Dussel, 2007a, p. 309)

No entendimento de Dussel (2007a), emergiram de maneira mais decisiva, ao curto e longo prazo, os movimentos ambientalistas que simultaneamente lutam pela sobrevivência da humanidade pelas futuras gerações, e cobram cada vez, não somente o sentido social, mas estritamente político. É o desafio do aspecto material (a reprodução da vida em última instância) por excelência que conduz essas organizações que denominam "verdes" em várias partes do mundo. Ou seja,

> Todos estos Nuevos Movimientos Sociales atraviesan transversalmente a la sociedad política y civil y se sobredeterminan unos a otros. Así el feminismo determina a los movimientos que luchan contra la discriminación racial y a los ecologistas, mostrando que en último término se «feminiza» la exclusión de manera preponderante; el racismo se ejerce en primer lugar contra las mujeres de color, las que sufren además las peores condiciones antiecológicas, urbanas, etc. (Dussel, 2007a, p. 309)

Para o pensador argentino (2007a), o processo de democratização, de transformar e ampliar o horizonte da cidadania "ativa" dos sujeitos políticos antes excluídos (subjetivação política) significa uma radicalização, universalização e maior envolvimento simétrico das novas "vítimas do sistema". Do ponto de vista político, é uma abstração viver sem as contradições e conflitos que atravessam a vida social, pois, para Dussel:

> Se todos os setores da comunidade política tivessem contemplado suas demandas, não haveria protesto social nem formação de movimentos populares que lutassem pelo cumprimento insatisfeito de suas reivindicações. É a partir da negatividade das necessidades – de alguma dimensão da vida ou da participação democrática – que a luta pelo reconhecimento se transforma frequentemente em mo-

bilizações reivindicatórias (que não esperam a justiça como dom dos capitalistas, mas sim como conquistas dos próprios movimentos. Haverá tantos movimentos quanto reivindicações diferenciais. (Dussel, 2007b, p. 89)

Ou seja, também compreende que outras reivindicações possam ser incorporadas à "dimensão material e política" dos movimentos sociais, pois, para ele:

> O feminismo descobre que mulheres de cor negras são as mais maltratadas; que as operárias recebem menos salário; que as cidadãs não ocupam espaços de representação. Que as mulheres nos países periféricos são mais discriminadas. Da mesma forma, o indígena descobre a exploração da comunidade no capitalismo, na cultura ocidental dominante, no racismo sutil, mas vigente, etc. Ou seja, por mútua informação, diálogo, tradução de suas propostas, práxis militante compartilhada, lentamente vai se constituindo um *hegemón analógico*. (Dussel, 2007b, p. 90-91)

Para o filósofo argentino, a ação política intervém no campo político-institucional modificando sua estrutura, uma vez que todo sujeito é o motor, a força, o poder que *faz história*, principalmente quando é uma atividade *crítico-prática* à qual denomina de *práxis de libertação*. Para ele, esta práxis terá dois momentos: uma luta *negativa* contra o que é dado, e um momento *positivo*, de construção do novo.

> Assim que "liberta" (ato pelo qual é emancipado da escravidão), suas potencialidades criadoras se opõem, ao final triunfando sobre as estruturas de dominação, de exploração ou exclusão que pesam sobre o povo. (Dussel, 2007b, p. 116)

Neste horizonte político,

> [...] o possível se coloca diante de aparentes impossibilidades práticas que terá que subverter. A práxis de libertação exige princípios, coerência, fortaleza até a morte, paciência infinita. (Dussel, 2007b)

Como indica o nosso autor em outra passagem magistral:

> A práxis de libertação não é solipsista, efetuada por um sujeito único e genial: o líder (que deve ser distinto da liderança *obediencial*). É

sempre um ato intersubjetivo, coletivo, de consenso recíproco (que não nega a liderança, como indicamos, mas que deixa para trás o vanguardismo). É uma ação de "retaguarda" do próprio povo, que educa os movimentos sociais em sua autonomia democrática, em sua evolução política, em ter atores mutuamente responsáveis por seus destinos. O político libertador, o intelectual orgânico de A. Gramsci, é mais um promotor, um organizador, uma luz que ilumina um caminho para o povo em seu caminhar constrói, desdobra, aperfeiçoa. A liderança política é serviço, obediência, coerência, inteligência, disciplina, entrega. (Dussel, 2007b, p. 116)

Dussel aponta que, para cumprir a *vontade-de-vida*, os movimentos populares devem se organizar em um processo de transição da *potentia* (o poder do povo, dos movimentos sociais) para a *potestas* (o poder que se delega às instituições para exercer o poder). Sem esta cisão (poder *em--si* potencial e poder *para-si* institucional), sem organização, o poder do povo é pura *potência*, possibilidade, inexistência objetiva, voluntarismo ideal, anarquismo. Isto vem assinalar que:

> Organizar um movimento, um povo é criar funções heterogêneas, diferenciadas, em cada membro aprende cumprir responsabilidades diferentes, mas dentro da unidade do consenso do povo. É um nível intermediário, social, civil da existência do exercício delegado do poder (é uma instituição política civil: o Estado em sentido amplo, gramsciano). Na organização homogenia e indiferenciada, e, portanto, impotente alcança a possibilidade do exercício do poder. Torna-se *potente:* pode-dispor os meios para sua sobrevivência. (Dussel, 2007b, p. 120)

A partir destes elementos elencados pelo pensador argentino e que determinam a trajetória das lutas sociais e ambientais, torna-se evidente considerar que o controle dos recursos naturais é estratégico, pois significa a materialidade indispensável para assegurar o atual padrão de *acumulação do capital* (Leher, 2007), bem como determina a esfera *material da política* (Dussel, 2003; 2007b).

Para Quijano (2005), a globalização é um fenômeno iniciado com a constituição da América e com a conformação do capitalismo eurocentrado como um novo padrão mundial. Para este autor, o entendimento das lutas dos povos originários não se resume apenas as lutas étnicas, mas como lutas de classes, visto que a AL tem cor. Ou, como reitera Dussel, pois, para ele:

El proceso de globalización de la Europa moderna, cuando todavía no era «centro» del sistema-mundo, comenzó con la invasión de América Latina en 1492, naciendo así el mundo colonial constitutivo y originante de la Modernidad. (Dussel, 2007a, p. 310)

Levando estes aspectos em conta, para Leher (2007):

A problemática ambiental ganha novos contornos quando analisada à luz dos protagonistas das lutas sociais que vêm transtornando a ordem neoliberal latino-americana. Mas é preciso não apenas constatar a existência dessas lutas, ma as notar, perceber, ver sob um prisma não eurocêntrico. Longe de expressarem vestígios modernos de tempos pretéritos [...]. [...] é possível constatar que as lutas sociais latino-americanas estão no olho do furacão do padrão de acumulação em curso, expressando a atualidade da luta de classes na região. (Leher, 2007, p. 226)

Os conflitos pela "posse da natureza" desde o começo de século na AL expressam um período de crise de legitimação do neoliberalismo que tem ensejado movimentos contrários a esta lógica de dominação nos marcos do capitalismo neocolonial, como expressa Lowy (2005):

É nestes anos que o combate dos seringueiros e outros trabalhadores que vivem da extração (castanha, babaçu, juta) para defender a floresta vai convergir com o das comunidades indígenas e grupos componeses diversos, dando lugar à formação da Aliança dos Povos da Floresta. Pela primeira vez, seringueiros e indígenas, que tantas vezes se haviam enfrentado no passado, unem suas forças contra o inimigo comum: o latinfúndio, o agro-business, o capitalismo agrícola destrutor da natureza. (Lowy, 2005, p. 11)

Para Leher (2007), tais elementos apontados remetem ao padrão de acumulação, na AL, que favoreceu a emergência dessas lutas, a partir da constituição do capitalismo dependente e das lutas de resistência e pela ampliação dos direitos sociais, em que a questão ambiental adquire novos contornos nesta dinâmica classista. Assim, na compreensão deste panorama de lutas sociais é essencial considerar o fim da década de 90 a partir da correlação de forças entre as frações de classes e as perspectivas marcantes dos principais protagonistas sociais.

Do ponto de vista dos setores dominantes, em particular das frações que operam o capital portador de juros, o agronegócio, o setor de *com-*

modities, bem como as que atuam na complexa e heterogênea base industrial, os últimos anos da década foram instáveis pela decorrência da crise que vinha convulsionando a América Latina, particularmente a partir da Crise Mexicana de 1994 (Leher et al., 2010). Segundo Seoane (2005):

> La extensión de las contrarreformas neoliberales a toda la región durante la década de los noventa, las más recientes olas de libre comercio (con las iniciativas de controlmilitar y gobernabilidad sistémica que las acompañan) y el incremento de la demanda del mercado mundial durante el último año hicieron de la explotación de estos recursos naturales (intensiva, orientada a la e x p o rtación y, en gran parte, bajo control del capital transnacional) una de las fuerzas centrales de la recuperación del crecimiento económico regional, afirmando este modelo societal. Por otra parte, frente a sus devastadoras consecuencias sobre el medio ambiente y el hábitat de pueblos y comunidades enteras, y a la apropiación privada de esas riquezas y de los beneficios resultado de su explotación, un sinnúmero de movimientos sociales, coordinaciones, conflictos y resistencias se han desplegado en los últimos años em toda la región construyendo alternativas y promoviendo horizontes emancipatórios. (Seoane, 2005, p. 93-94)

Quanto ao padrão de acumulação que favorece a emergência destas diversas lutas sociais, quando debatido a partir da consideração do capitalismo dependente e das renovadas lutas de resistência e pela ampliação dos direitos sociais,

> [...] a questão ambiental adquire novos contornos e magnitude. Mas os nexos que permitem pensar a questão ambiental não estão dados: é preciso ir além do "imediato"', buscando as nervuras que compõem o padrão de acumulação em curso na América Latina. (Leher, 2007, p. 230)

Tal padrão de acumulação reitera que:

> Tendo em vista a crescente expansão de corporações originadas no Brasil em diversos países latino-americanos e de outras regiões, bem como de corporações multinacionais de *commodities* no Brasil, movimentos atingidos por essas corporações têm buscado melhor articulação para que as lutas sejam mais eficazes. Exemplo importante dessas iniciativas aconteceu em 2008. O Tribunal Internacional dos

Povos, reunido em Lima, no Peru, condenou a Vale do Rio Doce e a empresa alemã ThyssenKrupp por crimes ambientais e violação dos direitos humanos e trabalhistas. As duas empresas são sócias na Companhia Siderúrgica do Atlântico (CSA). A CSA está promovendo a construção de uma termelétrica a carvão, altamente poluente, e de um porto na Baía de Sepetiba, em Santa Cruz, no Rio de Janeiro, na região Sudeste do estado. (Leher et al., 2010, p. 65)

É neste contexto da AL que o pensamento ambiental crítico vem se desenvolvendo contra os fundamentos de uma matriz eurocêntrica, cuja tradição tem na geopolítica atual a "sustentabilidade" como nova forma de colonização/exploração em sua feição colonial. Do outro lado, temos:

[...] respostas críticas com o novo protagonismo, a partir das lutas locais/regionais de camponeses, de povos indígenas e de afroamericanos que, no novo contexto geopolítico que se abre pós anos 1960, passam a ter condições de se expressar à escala internacional, inclusive se apropriando dos vetores ecológico e tecnológico. (Porto-Gonçalves, 2012, p. 16)

Por isso,

É nesse momento que a relevância da categoria conflito ambiental para os movimentos sociais se explicita. Esta qualifica e integra a ação organizada em defesa de justiça social e do direito à vida emancipada, saudável e sustentável, uma vez que trata das relações estabelecidas nos processos antagônicos de interesses entre agentes que disputam recursos naturais e buscam legitimar seus modos de vida. (Loureiro, 2012, p. 51)

Ou, como reafirma Leher (2007):

O território está no cerne do campo de batalha, como mostram, de forma dramática, os protagonistas das lutas sociais. A causa ambiental terá muito a ganhar se articulada às lutas anti-sistêmicas que propugnam uma nova caracterização do território, dos recursos naturais e de suas mediações com o plano simbólico dos povos e dos movimentos. Mas nesse plano a luta possui outra radicalidade, pois, indubitavelmente, os (multi)territórios são compreendidos pelas corporações como lugares de negócios e não de vida social. (Leher, 2007, p. 252)

Segundo Dussel (2000), o sistema-mundo moderno não superou a contradição capital-trabalho, sendo que sua *Ética da Libertação* busca refletir filosoficamente, a partir deste horizonte planetário, o duplo limite ao qual está configurada a crise do processo civilizatório: a) *a destruição ecológica da vida no planeta*; e, b) *a extinção da vida humana pela miséria o qual sobrevive grande parte da humanidade*. Já em anos anteriores, em sua clássica obra *Filosofia da Libertação na América Latina* (Dussel, 1980), apontava que é a partir do mundo, desde um mundo histórico, político, erótico ou simbolicamente determinado, que compreendemos a natureza e interpretamos os entes naturais. Se há uma história do mundo, há, também, a história da natureza. Para o filósofo argentino, a natureza é politicamente interpretada e visualizada desde o centro ou a periferia, desde as diversas classes sociais, desde os sistemas políticos, principalmente, como matéria de um modo de produção (capitalista) numa formação social determinada (Dussel, 1980).

Na compreensão de Dussel (1986), a terra como "matéria explorável", destrutível sem limite, causa do crescimento da taxa de ganância, de mera produção, constitui um momento da ação dominadora do homem. Esta mudança da relação "pessoa-natureza" culminou com a Revolução Industrial e chegou a alucinantes projeções no estado atual do capitalismo transnacional, de uma sociedade "agressivo-destrutiva" da ecologia natural, que corrompeu a natureza como um momento interno ao processo de dominação sobre os outros homens, sobre os pobres, as classes dominadas, os países periféricos. Em *Etica Comunitaria*, ele afirma:

> Las transnacionales colocan em los países subdesarrolados las industrias más contaminantes em lãs menores garantias de seguridad. Los desechos de lãs fabricas matam los peces y los vegatales de los mares, enrarecen la atmosfera com gases asfixiantes, aniquilan a los productores naturales de oxígeno [...]. La respuesta es aumento de contaminación....; el colapso ecológico gigantesco crece. Llega el momento em que la natureza, côo por um acto de venganza cósmica, exterminará a la espécie do homo de la superfície del planeta Tierra. (Dussel, 1986, p. 212-213)

Para Dussel (2007a), um critério fundamental que se impõe na América Latina para o movimento ambiental é a defesa dos recursos nacionais frente o avanço dominador das transnacionais extrativas, produtivas e financeiras, que deixaram populações inteiras sem recursos futuros para reproduzir suas vidas. Segundo ele, o sistema vigente tem vítimas, as quais não-podem-viver plenamente. Sua vontade-de-viver é negada pelo projeto societário capitalista. Assim, Dussel entende ser necessária uma transformação deste "princípio material" da seguinte forma:

> A mudança de atitude diante a natureza, que significa uma transformação no nível das instituições modernas, enfrenta algo muito mais radical que um mero projeto sócio-histórico diferente. Com efeito, a Modernidade – faz 500 anos (da invasão da América em 1492) – não foi somente o começo do capitalismo, do colonialismo, do eurocentrismo, mas o começo de um tipo de civilização. [...] É necessária uma *revolução ecológica* nunca antes sonhada, por nenhum outro pensador ainda nos séculos XIX e XX. (Dussel, 2007a, p. 139)

Segundo Dussel (2012), há cinco momentos para a efetivação desta tarefa política aos quais podemos relacionar a perspectiva dos movimentos sociais à questão ambiental: o primeiro: a elevação do abstrato ao concreto; o segundo: descenso da totalidade concreta à determinação concreta explicada; o terceiro: questionamento crítico da totalidade; o quarto corresponde à formulação do "projeto de emancipação" e o quinto concerne à própria "práxis de emancipação".

Para Dussel (2003), refletir os movimentos sociais na AL, compreendendo como "princípio material da política", significa reconhecer o processo de libertação histórico, num processo de luta, no conflito de classes. Ou seja, indicar que a realização da utopia possível se dá na medida em que é negada a alienação e a construção de outra sociedade humana, o qual seja capaz de emancipar e libertar o homem.

O filósofo argentino procura construir uma *ética material da natureza*, cujo objetivo é, também, resgatar a vida negada às vítimas dos sistemas de opressão e, para esse propósito, desenvolve uma *Filosofia da Libertação* desde a América Latina que enfrenta os enormes desafios do continente (exclusão, injustiça, analfabetismo). Nesse âmbito, seu pensamento para os movimentos sociais alicerça uma responsabilidade ético-política para além do modelo hegemônico da totalidade europeia na AL que perpassa a dimensão da natureza, como princípio material.

Leher (2013), ao refletir o caráter dos movimentos sociais contrapostos a lógica sistêmica do capitalismo latino-americano, aponta que:

> Os movimentos sociais antissistêmicos, críticos ao neodesenvolvimentismo, têm forjado experiências educativas auto-organizadas, como a educação do campo, a agroecologia e a Escola Nacional Florestan Fernandes (MST), nas comunidades quilombola, nas re-

servas extrativistas e nas periferias, em iniciativas culturais, como o hip-hop, o funk, etc. Os povos indígenas (AbyaYala) da América Latina vêm difundindo um outro horizonte civilizatório, expresso no Bem Viver, radicalmente crítico ao neodesenvolvimento e ao capitalismo verde. Iniciativas internacionalistas como CLOC-Via Campesina forjam outros horizontes econômicos e sociais que recusam as expropriações e a exploração, bem como a colonialidade do saber. Nas lutas contra a mercantilização da natureza e de todas as esferas da vida, outra hegemonia vem sendo forjada. Os educadores ambientais, no campo e na cidade, podem ser sujeitos da interculturalidade, favorecendo diálogos, estudos, resistências, lutas em prol do Bem Viver. Podem contribuir, também, para a difusão e elaboração do ecossocialismo. Se a luta pela soberania alimentar requer o enfrentamento do agronegócio e a educação histórico-crítica e libertária exige o combate à mercantilização da educação, também a dignidade dos trabalhadores das fábricas, supermercados, centros de telemarketing, requer a negação de suas condições de fatores descartáveis da produção, processo que coisifica o trabalho e, por conseguinte, as mulheres e os homens. (Leher, 2013, p. 229)

À luz destes elementos supracitados, concordamos com Dussel (2000), pois:

> O conflito começa quando vítimas de um sistema formal vigente não podem viver, ou foram excluídas violenta e discursivamente de tal sistema; quando sujeitos sócio-históricos, movimentos sociais (p.ex. ecológicos), classes (operários), marginais, um gênero (o feminino), raças (as não brancas), países empobrecidos periféricos, etc., tomam consciência, se organizam, formulam diagnósticos de sua negatividade e elaboram programas alternativos para transformar tais sistemas vigentes que se tornaram dominantes, opressores, causa de morte e exclusão. (Dussel, 2000, p. 546)

É por compreender o caráter dialético dos movimentos sociais que o horizonte político de Dussel auxilia neste debate na adoção de estratégias políticas dirigidas à emancipação/libertação inscritas nos marcos de um processo de radicalização da questão social através destes movimentos, sendo contrários a lógicas neoliberais hegemônicas, próprias da feição que o capitalismo assume na América Latina em sua matriz colonial, pois, "[...] a questão de classe é fundante do capitalismo, logo, central para qualquer movimento de ruptura e superação societária" (Loureiro, 2012, p. 51).

Considerações finais

Finalizamos este capítulo destacando que *Ética da Libertação* proposta pelo filósofo Dussel é relevante para a unidade das lutas sociais e ambientais de cunho emancipatórias, por apresentar argumentos e proposições concretas de transformação de um sistema expropriador e destrutivo da natureza, a partir do horizonte das vítimas e da luta pelo reconhecimento dos movimentos sociais. A AL se configurou no sistema mundo subordinando sua geografia econômica à divisão internacional do trabalho como região exportadora de matérias primas agrícolas e minerais, reproduzindo internamente a colonialidade com relação às populações originárias e às de origem africanas, pois, "[...] o fim do colonialismo não significou o fim da colonialidade" (Quijano, 2005). Para Porto-Gonçalves (2012):

> [...] há uma tensão territorial de novo tipo em curso e já não se trata mais do territorial confundido com a escala do estado (mono)nacional. O aprofundamento da mundialização do capital e as novas oportunidades abertas por novos meios de comunicação, como a internet, assim como a popularização dos telefones móveis, proporcionaram as condições materiais para que outros protagonistas adentrassem a arena política e colocassem em xeque o estado (mono)nacional e seu colonialismo interno. Enfim, os movimentos sociais quebraram o monopólio estatal e empresarial nas relações internacionais e contribuíram para complexificar a cena política ao se tornarem protagonistas também na escala global. (Porto-Gonçalves, 2012, p. 38)

É neste horizonte que a luta que os camponeses e os povos originários vêm travando adquire um sentido mais amplo junto às suas lutas históricas contra a desterritorialização/expropriação, mas, também, pela defesa das culturas em sua diversidade, posto que suas lutas implicam a defesa das condições naturais de existência com as quais desenvolveram valores que emprestam sentidos a suas culturas (Porto-Gonçalves, 2012).

No centro das contradições do sistema mundo moderno-colonial (Dussel, 2000) surgiram grupos sociais, etnias e classes que reinventam sua resistência histórica à tomada de seus territórios, de suas terras e demais condições de existência desde a invasão/conquista. Nesses termos, não podemos esquecer que a crise ambiental é conseqüência da crise de um "modelo de civilização", configurando a necessidade deste enfrentamento epistêmico-político latino-americano (Zanotelli, 2014). Tais elementos redefinem novos horizontes políticos nos quais a questão ambiental ganha alcance e reconhecimento. Sendo assim,

> Neste sentido, a reflexão que Dussel faz sobre a questão ecológica parte concretamente da degradação infligida pelo sistema capitalista tanto ao homem quanto à natureza; de um sistema de produção injusto, que explora o trabalhador e o aliena do produto de suas mãos; de um sistema social, econômico e político de dominação que se alimenta de vida natural e humana. Procurar as causas e estabelecer as relações que a elas conduzem e as esclarecem, tem sido o propósito de Enrique Dussel. Propor e aprofundar o debate na esfera material e concreta da vida, situar o debate no nível da reflexão filosófica crítica e no campo da ecologia política, parece ter sido uma estratégia profícua de nosso pensador. (Costa, 2014, p. 56)

A perspectiva assumida por Dussel quer, a partir dos antagonismos do projeto societário capitalista e da compreensão de sua natureza material, realizar o enfrentamento político e a transformação das nações, populações, culturas e economias (Dussel, 2007a). É neste sentido que, para Dussel, a natureza é determinada como um "princípio material", que dá aos movimentos sociais e suas lutas, sentido e possibilidade de transformação.

Entendemos que a posição política de Dussel constitui uma referência epistemológica para a compreensão dos movimentos sociais e suas lutas ambientais dando materialidade às questões, mediante a "[...] necessidade concreta de produção, reprodução e desenvolvimento da vida humana e a possibilidade ético-crítica de transformação dos sujeitos" (Oliveria; Dias, 2012, p. 104). Logo:

> A exclusão social se constitui num problema ético e político, o que implica, a partir do olhar de Dussel, não apenas reconhecer a existência de vítimas ou de oprimidos ou de abstrair conceitos e valores que reforçam a solidariedade, a justiça social, os direitos humanos, mas há necessidade de se problematizar as causas da exclusão a partir do reconhecimento do outro não só como excluído, mas também como sujeito, assumindo-se um compromisso ético com o outro, denunciando a exclusão e se apontando perspectivas de mudança. (Oliveria; Dias, 2012, p. 108)

Dussel nos coloca como critério determinante da destruição ambiental a exclusão social promovida por este padrão de acumulação na AL, ou seja, seu olhar para a lógica da modernidade é de "negação" deste modelo social que vitimiza, discrimina e marginaliza reforçando a identidade eurocêntrica marcada por assimetrias epistêmicas, geopolíticas e sociais e por uma noção de desenvolvimento linear e fundado na produção intensiva de mercadorias. Entendemos que a contribuição do pensador argentino qualifica o debate acerca do "princípio material da política" para os movimentos sociais e suas lutas ambientais confrontando a lógica do projeto societário capitalista que condicionou as nossas relações com a natureza à luz do sistema-mundo moderno colonial e propondo um "princípio-libertação" deste modelo eurocêntrico instaurado.

Referências

COSTA, César A. S.; LOUREIRO, Carlos F. B. Educação Ambiental Crítica: uma leitura ancorada em Enrique Dussel e Paulo Freire. **Revista Geoaraguaia**, Mato Grosso, v. 3, n. 2, p. 83-99, 2013. Disponível em: <https://goo.gl/NwS5VZ>. Acesso em: 17 de abr. 2016.

_____. Contribuições da Pedagogia Crítica para a pesquisa em Educação Ambiental: um debate entre Saviani, Freire e Dussel. **Revbea**, São Paulo, v. 10, n. 1, p. 180-200, 2015a.

_____. Interculturalidade, exclusão e libertação em Paulo Freire na leitura de Enrique Dussel: Aproximações "Crítico-Metodológicas" para a pesquisa em Educação Ambiental. **Revista Pesquisa em Educação Ambiental**, São Carlos, v. 10, n. 2, p. 70-87, 2015b.

_____. Ontologia dusseliana: uma leitura político-pedagógica para a Educação Ambiental crítica. **Revista Terceiro Incluído**, UFG, v. 4, n. 2, p. 19-29, 2015.

COSTA, Deodato Ferreira. Ética e reflexão teológica em Enrique Dussel. In: MENEZES, Magali Mendes; SILVA, Neuza Vaz; SANTA MARIA, Cristiane Nunes (Orgs.). **Anais Filosofia da Libertação**: historicidade e sentidos da libertação hoje. Nova Petrópolis: Harmonia, 2014, p. 53-57.

DUSSEL, Enrique. Alguns princípios para uma ética material de libertação. In: PIXLEY, J. (Coord.). **Por um mundo diferente**: alternativas para o mercado global. Petrópolis: Vozes, 2003.

_____. **Materialis para una política de la liberación**. México: Universid Autónoma de Nuevo León; Plaza y Valdés Editores, 2007a.

_____. **20 teses de política**. São Paulo: Expressão popular, 2007b.

_____. **A Produção teórica de Marx**. São Paulo: Expressão Popular, 2012.

_____. **Ética da Libertação**: na idade da globalização e da exclusão. Petrópolis: Vozes, 2000.

_____. **Filosofia da libertação na América Latina**. 2. ed. São Paulo: Loyola, 1980.

_____. Etica ecologico-cultural. In: _____. **Etica comunitaria**. São Paulo: Paulinas, 1986, p. 209-220.

LEHER, Roberto. Iniciativa para a Integração da Infra-estrutura Regional da América Latina, Plano de Aceleração do Crescimento e a questão ambiental: desafios epistêmicos. In: LOUREIRO, Carlos F. B. (Org.). **A Questão ambiental no pensamento crítico**. Rio de Janeiro: Quartet, 2007, p. 223-255.

_____. Hegemonia, contra-hegemonia e problemática socioambiental. In: FERRARO JUNIOR, Luiz A. (Org.). **Encontros e Caminhos**: Formação de Educadoras(es) Ambientais e Coletivos Educadores. V. 3. Brasília: MMA/DEA, 2013, p. 223-230.

_____; et al. Os rumos das lutas sociais no período 2000-2010. **Observatorio Social de América Latina**, Buenos Aires, ano 11, n. 28, p. 49-70, 2010.

LOUREIRO, Carlos F. B. **Sustentabilidade e educação**: um olhar da ecologia política. São Paulo: Cortez, 2012.

_____. **Trajetória e fundamentos da Educação Ambiental**. 3. ed. São Paulo: Cortez, 2009.

_____. **O movimento ambientalista e o pensamento crítico**: uma abordagem política. Rio Janeiro: Quartet, 2006.

LOUREIRO, Carlos F. B.; LAYRARGUES, Philippe P. Ecologia política, Justiça e Educação Ambiental Crítica: perspectivas de aliança contra-hegemônica. **Trab. Educ. Saúde**, Rio de Janeiro, v. 11, n. 1, p. 53-71, jan./abr. 2013.

LÖWY, Michael. **Ecologia e socialismo**. São Paulo: Cortez, 2005.

MARX, Karl. **Manuscritos Econômicos-filosóficos**. Lisboa: Edições 70, 1993.

MONTAÑO, Carlos; DURIGUETTO, Maria Lúcia. **Estado, classe e movimento social**. São Paulo: Cortez, 2010.

OLIVEIRA, Ivanilde Apoliceno; DIAS, Alder Sousa. Ética da libertação de Enrique Dussel: caminho de superação do irracionalismo moderno e da exclusão social. **Conjectura**, Caxias do Sul, v. 17, n. 3, p. 90-106, set./dez. 2012.

PORTO-GONÇALVES, Carlos W. A Ecologia política na América Latina: reapropriação social da natureza e reinvenção dos territórios. **Interthesis**, Florianópolis, v. 9, n. 1, p. 16-50, 2012.

_____. Lutas sociais, Lutas ecológicas. In: _____. **Os (Des) caminhos do meio ambiente**. São Paulo: Contexto, 2013, p. 18-22.

QUIJANO, Aníbal. Colonialidad do poder, eurocentrismo e América Latina. In: LEHER, Roberto; SETÚBAL, Mariana. (Orgs.). **Pensamento crítico e movimentos sociais**: diálogos para uma nova práxis. São Paulo: Cortez; Ouro Brasil, 2005, p. 35-95.

SEOANE, José. Movimientos sociales y recursos naturales en América Latina: resistencias al neoliberalismo, configuración de alternativas. **Observatorio social de América Latina**, Buenos Aires, a. 6, n. 17, p. 93-108, 2005.

SILVA, José Medeiros. Filosofia, responsabilidade e educação em Enrique Dussel. **Perspectiva Filosófica**, Recife, v. 2, n. 38, p. 91-107, ago./dez. 2012.

ZANOTELLI, Jandir. Educação e descolonialidades dos saberes, das práticas e dos poderes. **Revista de Educação Pública**, Cuiabá, v. 23, n. 53/2, p. 491-500, maio/ago. 2014.

10

ENSAIOS TRANSVERSAIS DE JUSTIÇA, BIOÉTICA E MEIO AMBIENTE: O BUENVIVÍR COMO EXPRESSÃO DA IDENTIDADE LATINO-AMERICANA

Francisco Quintanilha Veras Neto[62]; Clêncio Braz da Silva Filho[63]; Natália Centeno Rodrigues[64]

Em que mundo vivemos? O capitalismo excludente

Os seres humanos são pobres. São pobres em muitos sentidos. Para análise do mundo em que vivemos, são pobres materialmente. Nota-se essa premissa fundamental de que há uma multidão de pobres e miseráveis que habitam o planeta. Tal fato visto isoladamente não revela muito do que somos e só é possível de ser desvelado quando observamos a existência de diminuta parcela de indivíduos que detém e concentra uma enorme parte da renda e patrimônio: acúmulo de riqueza material derivada do trabalho de transformação da natureza da exploração do homem pelo homem (Marx, 2007).

Atualizando este quadro de injustiça material generalizada, Thomaz Piketty (2014), em sua obra *O capital no século XXI*, deduz esta realidade por nós vivenciada por meio da seguinte sentença:

> O 1% mais rico, cerca de 45 milhões de adultos sobre 4,5 bilhões, possui um patrimônio médio da ordem de 3 milhões de euros [...], o que equivale a cinquenta vezes o patrimônio médio, de modo que a participação no patrimônio total é de 50%. (Piketty, 2014, p. 427)

---

62. Bacharel em Direito (UFSC), Mestre em Direito (UFSC), Doutor em Direito das Relações Sociais (UFPR), professor associado da Faculdade de Direito e do Mestrado em Direito e Justiça Social (Furg) e professor colaborador do Programa de Pós-Graduação em Educação Ambiental (Furg). E-mail: <quintasveras@gmail.com>.
63. Licenciado em História (Furg), Mestre em Educação Ambiental (Furg), bacharel em Direito (Furg), mestrando em Direito e Justiça Social (Furg), membro do Grupo Transdisciplinar de Pesquisa Jurídica para Sustentabilidade (GTJUS/Furg). Advogado (OAB). E-mail: <clenciobraz@hotmail.com>.
64. Bacharel em História (Furg), bacharel em Direito (Furg), mestranda em Direito e Justiça Social (Furg), Pesquisadora do Grupo Transdisciplinar de Pesquisa Jurídica para Sustentabilidade (GTJUS/Furg), Bolsista Capes. E-mail: <naticenteno@gmail.com>.

Corroborando tal entendimento, o recente relatório da Oxfam Internacional (2015) – *Riqueza: ter tudo e querer mais* – demonstra o agravamento desta situação. Segundo o mesmo, a parcela 1% mais rica da população possuía, em 2014, 48% da riqueza mundial; enquanto os 99% restantes deteriam 52% desta. Ademais, estes 52% estariam concentrados entre os 20% mais ricos deste grupo, restando aos 80% restantes apenas 5,5% da riqueza mundial a ser compartilhada. Progressivamente, em 2016, o 1% mais rico deterá mais que 50% da riqueza da existente em todo o planeta.

Neste sentido, quando se trata de justiça socioambiental, a equitativa distribuição da renda e patrimônio produzidos pelo homem na transmutação do meio ambiente (Acselrad, 2009), está-se frente a um dilema, a saber: ou distribuímos de forma mais harmônica aquilo que existe na forma de riqueza concentrada; ou elevamos os mais pobres a patamares mais próximos dos mais ricos, o mito do desenvolvimento sustentável (Montibeller Filho, 2001). Em ambos os casos, as dificuldades se avolumam. Não há bens naturais suficientes para ofertar a todos o mesmo estilo de vida ocidental consumista e, por tal, capitalista; assim como não há um Estado forte suficiente para enfrentar as forças dominantes do capital distribuindo a renda e o patrimônio dos hiperssuficientes aos hipossuficientes.

Se não se pode subtrair deste dilema uma resposta na forma de solução, o relato demonstra o sentido ético, aquilo que reciprocamente desejamos para nós e para os outros, de como vivemos nos dias atuais. Então, os discursos que tratam de uma ausência de ética – de uma *ética naturalista* e não *deontológica* (Giles, 1993), não dizem outra coisa se não a ausência de uma vontade comum capaz de ser compartilhada. Não ter ética é não ter nada a compartilhar com o outro, nada daquilo que desejamos de bem para nós e que possa ser estendido ao outro.

Em que mundo queremos viver? A bioética latino-americana

É na América Latina que surgiu uma nova forma de pensar, filosofar, sobre si e o outro: uma nova ética que alimenta novas premissas de justiça. Leopoldo Zea (2005) disse de um *Calibán* que não deseja mais ser *Próspero*. A ética da prosperidade do colonizador/civilizador ocidental trouxe ao homem e à ilha/ao mundo o isolamento, o egoísmo e dor para vida. A ilha e o homem que a ela se confunde na forma de um híbrido (Latour, 1994), a América Latina, falará para o mundo *sem mais*. Desta forma, partindo das ideias de Leopoldo Zea, que Jorge Álvarez-Díaz (2012) nos diz que se fará uma ética para vida, a bioética *sem mais*.

Segundo Zea (2005), o povo latino-americano agora fala não como ecos ou subprodutos; e sim como sujeitos que enunciam suas histórias e protestam. Sujeitos que reclamam aos ocidentais os valores que sua filosofia proclama como universais. Valores que para eles nunca foram a sua amplitude válidos. Desta forma, Leopoldo Zea (2005) nos propõe um pesar e um agir filosófico comprometido com a realidade social atual, no caso latino-americano um continente marcado por desigualdades sociais, pois só olhando para o nosso local, pensando e refletindo sobre ele, se torna possível construirmos um discurso próprio, que seja uma apologia da alteridade, o espaço de encontro e reconhecimento, em meio às diferenças e às singularidades de cada sujeito. A assunção desta postura faz possível emergir um discurso bioético comprometido com a transformação socioambiental, sendo esse um fazer bioético *sem mais*.

Deste modo, José Junges (2014) afirma que é neste recanto periférico da civilização capitalista ocidental que a bioética retomará sua *episteme*, um saber relacional entre as condicionantes ambientais e a própria existência humana. Desde Potter, a bioética estava assentada nesta relação basilar que não se pode viver bem (*buenvivír*) sem se reencontrar o meio ambiente como parte importante da saúde física e subjetiva do homem. É do pensamento ecológico que nasceu a bioética, a qual tem "seu berço na ecologia" (Junges, 2014, p. 14). Assim, há a imbricação entre o humano e não humano e a proposta do desenvolvimento sustentável alinhado ao desenvolvimento das forças tecnológicas adjetivando a bioética como princípio do bem social, conforme Potter e Whitehouse (1998). Talvez Bruno Latour (1994) expresse melhor esse híbrido de história humana e história natural, uma *natureza projeto* da qual François Ost (1995) igualmente fala, que clarifique e restabeleça os vínculos e limites com a natureza perdidos no nosso encanto com a modernidade.

Neste cenário latino-americano, pujante em natureza e sofrimento humano, daqueles 99% que aduz Piketty (2014) é que os princípios individualistas da bioética anglo-saxã darão espaço para outros tipicamente regionais. Contrapondo ao modelo bioéticomicro-clínico anglo-saxão com forte apelo à autonomia, complementarmente associados à benemerência, não maleficência e justiça; surgirá uma macrobioética, solidária e justa, composta por um "*bios* humanista e um *etho* scomunitário" (Passini, 2008, p. 44). Esse nosso saber-agir bioético pressupõe outra base principiológica em que a solidariedade, a equidade, a cooperação e a responsabilidade com a biosfera e a justiça social assumem o centro da base que falamos, conforme nos ensina Volnei Garrafa (2013). Uma bioética forte, intervencionista para a garantia da vida, voltada aos pobres, marginalizados e vitimizados que, apesar de não menosprezar a importância do avanço tecnológico, compreende a medicina como um direito à vida de muitos e não somente de uma melhor vida para poucos capazes de pecuniariamente pagar por ela.

Assim, percebemos que em nosso continente a bioética possui uma "função social" (Alarcón, 2012, p. 46). Uma função que visa romper com a visão hegemônica capitalista, que resumiu o saber bioético a um saber médico referencial. Desta forma, vimos uma bioética que se alastra nas mais variadas esferas de nossa vida, que prescinde de uma posição política assumida. Assim, conforme assenta Volnei Garrafa (2013), podemos perceber que o nosso fazer bioético latino-americano é como um movimento político que objetiva a transformação social, estando comprometido com a proteção dos vulneráveis, a prevenção de doenças, a precaução frente a danos possíveis e indesejáveis e a prudência frente a questões como os transgênicos e modificações genéticas.

A nossa bioética orienta-se e baseia-se eticamente nos princípios de solidariedade e de justiça, uma ideia de justiça social, segundo Rodrigo Alarcón (2012), temas conceitos fundamentais para entendermos a nossa realidade desigual. A solidariedade se constitui como um pensar em conjunto, que busca saídas que superem as desigualdades e não se constituam com a vitimização dos sujeitos. O agir solidário é a base do nosso ser e fazer bioético, pois a partir dele é que conseguimos pensar as reformas sociais que visam contribuir com a nossa realidade. Aqui a justiça não é entendida como um conceito vazio, e sim preenchida por significados. Em nosso continente a justiça deve superar o sentido distributivo, deve restaurar e reparar as mazelas sociais, por isso falamos em justiça social. Em nosso continente, a bioética exerce um papel de resistência, pois busca reconhecer a nossa realidade histórica sem perder o rigor acadêmico, sem aceitar ou importar conceitos econômicos, sociais e políticos; pois, segundo Volnei Garrafa (2013), estamos construindo uma bioética mais politizada, anti-hegemônica, inter e transcultural.

De que justiça falamos?

Todavia, é necessário se deter ao conceito de Justiça. Único princípio que liga as duas visões de bioética. O que é justiça no contexto latino-americano? Serve ela para o mundo, como uma bioética *sem mais*? Legarda (2007) já havia apontado à direção de que se trataria de uma *justiça sanitária*. Uma justiça preocupada com as doenças coletivas da civilização moderna, dos vetores microbacterianos que produzem as mazelas infecciosas nas populações mais pobres, que não possuem saneamento básico, medicina comunitária, familiar e preventiva, sem acesso à baixa complexidade hospitalar. Esta população de 99% que é tão marginalizada e pouco letrada; limitada na educação sanitária e que em muitos casos é incapaz de ler uma bula de remédio.

No entanto, José Junges (2014) compreendeu de forma plena, completa e complexa; a América Latina como uma imensa *zona de sacrifício* humano e ambiental (Acserald, 2004), pois aqui se tornou espaço de implementação de grandes projetos econômicos, os quais compreendem a natureza como um estoque de recursos, local onde os bens naturais ficam expostos como produtos em uma prateleira e são livremente trocados. Tais projetos entendem a natureza como um conjunto de recursos, disponíveis para o seu consumo, escamoteados em um discurso do "ecologismo de resultado", "ecoeficiente" (Alier, 2007), desenraizado (Acselrad, 2010) e técnico-científico (Zhouri, 2008) dos estudos e relatórios de impacto ambiental (EIA/RIA). No entanto, ainda não foi capaz de internalizar relações de equidade demandadas pelas populações atingidas por alterações no meio ambiente em que vivem. Notadamente, é uma referência a outro ecologismo: dos pobres, popular, de subsistência, de libertação (Alier, 2007).

E essa concepção entra em conflito, com a visão de natureza, do ecologismo popular que compreende a natureza como um serviço em que estão disponíveis bens de uso para a sobrevivência; ou seja, não se utilizam da natureza como meio de obtenção de riquezas. Dessa forma, podemos perceber que existe um conflito gigantesco entre as distintas concepções de natureza, e, por consequência, se estabeleceu linhas abissais entre elas, pois um lado se compreende de forma "vital/simbólica e outra econômico-crematística de intercâmbio comercial" (Junges, 2014, p. 15), ficando evidente que a última concebe a natureza como um meio de produção e obtenção de riquezas.

No mundo em que vivemos e do modo com que vivemos, são os ricos que mais transformam a natureza em bens para vida, ou para nada, distribuindo os danos ambientais desta transformação a todos (Alier, 2007); sendo os mais pobres aqueles mais desorganizados socialmente, com menos acesso às práticas médicas, no qual a única escolha é a da sobrevivência dos mais vulneráveis e atingidos pelos danos desta transformação cremástica (Junges, 2014): o racismo ambiental, que justapõe em locais insalubres os bolsões de miséria e poluição na forma de completa ausência de uma ética para vida. Estes, tomados como culpados da crise ambiental, tão pobres que não podem ser verde (Acselrad, 2009), ignorando a regra basilar de que quem mais produz e consome, mais gera dano ao meio ambiente (Alier, 2007).

Desta forma, a bioética adentra a esfera das mazelas sociais que afligem a vida, a sociedade na forma da vida em coletividade e, por fim, a alteridade entre formas de vida diversas dentro da mesma coletividade. Torna-se, assim, um movimento político-socioambiental que prima por reformar e/ou revolucionar as instituições e as práticas para a emergência da justiça sócio ambiental. Aqui, como já dizemos antes, os princípios moventes são outros: o da solidariedade e da justiça. Notamos que a bioética assume o caráter de um princípio ideológico que se baseia na consciência individual e permite transformar a sociedade, não só nas relações humanas, mas, também, na responsabilidade com o meio ambiental e, por seguinte, com o futuro do planeta, conforme assenta Rodrigo García Alarcón (2012). Dessa forma, afirma Volnei Garrafa (2013), os direitos humanos são o pano de fundo da bioética.

Enrique Dussel (1996) propôs, assim como Zea (2005), uma filosofia da libertação deste estado de coisas que impedem o ser humano de pensar e viver dignamente no contexto latino-americano. Anotou, o autor, ainda, um caminho: não compreender o *outro* como qualquer indivíduo indistinto no mundo (totalidade), compreender seu sofrimento particular por um meio (mediação) de livrá-lo daquela dor, para além daquilo que o mundo (sistema capitalista) não nos deixa enxergar (exterioridade). Eticamente, nada mais próximo à medicina e à bioética como um todo do que curar alguém de um sofrimento insuportável, que tem como origem a doença do capitalismo. Neste sentido, nos diz Rosillo (2013), a vida do outro é condição para a minha vida, o reconhecimento da alteridade é o caminho para pensarmos comunitariamente e modificarmos as relações de poder estabelecidas na nossa sociedade. Disse Rosillo (2013, p. 86): já não dizem "penso logo existo"; e sim, "penso, logo posso continuar a existir".

Dramaticamente, o primeiro direito humano nas sociedades marginalizadas e periféricas é o de não morrer. "Tenho fome, quero comer", anota Rosillo (2013). Pergunta que poderia ser feita à bioética da seguinte forma: "Estou doente, quero viver". É dessa relação pragmática com a vida e o ambiente natural e histórico que sobrevive o homem marginalizado pelo capitalismo indiferente, que a filosofia da libertação encontra o repouso nas formas de mediação, que impulsiona um novo direito a partir da realidade: o direito de ter direitos. Completa Rosillo (2013, p. 86):

já não dizem "penso, logo existo" de uma ética deontológica – da qual Rawls (2000) dá exemplo; e sim, "penso, logo posso continuar a existir".

Alejandro Rosillo (2013) afirma que os direitos humanos, narrados a partir do drama latino-americano, possuem um enraizamento histórico, pois possuem tempo e lugar. Não há direitos humanos de um sujeito universal, como querem os europeus e norte-americanos, com suas premissas universalistas. Há um direito que nasce e emerge cotidianamente das diversas comunidades de vitimizados, de excluídos, conforme nos relata Antonio Wolkmer (2001), que pouco ou quase nada tem a ver com o Estado e com a violência simbólica do direito formal, legal e universal (Bourdieu, 2010). Afirma-nos Rossilo (2013) que morar em Chiapas é diferente do que morar em Nova Iorque. Por isso o autor apresenta um novo papel para os direitos humanos aos fundamentá-los desde a alteridade. Assim, tornam-se ferramentas de luta para aqueles que são vitimados pelo sistema vigente (capitalista), os quais devem subverter, transformar e revolucionar a nossa sociedade. Coadunando do mesmo entendimento, Joaquín Herrera Flores (2009) assenta que os direitos humanos são cotidianamente disputados e que dessas batalhas cotidianas emergem direitos, pelos processos de luta e de resistência, e que esses direitos são tão, se não forem mais, legítimos dos que os concedidos pelo Estado, pela via formal. Essas fundamentações nos possibilitam ter uma ideia clara do que protegemos e pelo que estamos lutando, pois os direitos humanos são objetos das lutas sociais, incluídas aquelas lutas por uma vida saudável em um ambiente ecologicamente equilibrado. Assim como o *Calibán* de Zea possuía lugar e história, compreendeu e foi submetido à "civilização" por meio da língua do colonizador; agora emerge outro *Calibán* que fala por si em sua ilha e revela ao mundo na linguagem que lhe foi ensinada que ele é e do que ele precisa para viver bem (*buenvivír*).

Como queremos viver? O *buenvivír*

Neste cenário, o equivocado entendimento de desenvolver entra em contradição com as possibilidades mínimas de reprodução da própria vida (Rosillo, 2013). Assim, é necessário um entendimento inequívoco acerca do outro, que não se perca na semelhança indistinta de todos os indivíduos como iguais; evidentemente, os indivíduos não são uma massa indistinta de consumidores.

Afirma Dussel (1996), são indivíduos que em seus microssistemas sofrem de privações diversas; diversos nas suas feições e na sua dor, na mais básica delas a privação dos bens necessários à vida e a ausência das condições ambientais mínimas de saúde e sobrevivência. Vítimas da cegueira indistinta da multidão que o capitalismo impõe, daqueles que veem direitos *para si* e não *para o outro*. Para além deles, da sua dor e da sua condição de vítima, está a exterioridade que possibilita a cada um libertá-lo. Este espaço social que permite um ato de ética para a vida. Reconhecer tal entendimento é fundamental para um compromisso em que cada um é eticamente responsável pelo outro.

O equívoco partiria de uma noção errônea de educação socioambiental, como aponta Silva Filho (2012). Não são os pobres os vitimizados, imersos pelo capitalismo e por incorreto entendimento do desenvolver, os excluídos sociais considerados "demasiados pobres para serem verdes que deveriam desenvolver-se para escapar da pobreza" (Alier, 2007, p. 42). Aqui, invertendo a tese de Dussel, são os mais ricos os vitimizados pela modernidade racionalista e consumista; incapazes de internalizar outra forma de viver que não aquela imposta pelo modo de vida capitalista: consumo, logo existo.

Caberia aos mais pobres aqueles que detêm uma visão mais harmoniosa e equilibrada de ambiental, que ao consumir menos encontram outros sentidos para a existência, que não o único que o capital lhe oferece: ter. Mostram ao outro que é possível viver com menos, consumindo menos, poluindo menos, tendo mais saúde física e mental. É possível escapar das imposições da violência simbólica dominante, bem vivendo e sendo feliz. Desacelerando, decrescendo, desconectando da ideologia dominante; e, com isso, reencontrando a vida com mais harmonia com o meio ambiente. Esta é uma compreensão que a América Latina tem levado ao mundo, uma ética nova que produz novos direitos, inclusive aquele de não pertencer à massa indistinta de consumidores que deriva do mal viver do capitalismo.

É neste sentido que o discurso do "bem viver" busca legitimidade

> [...] de aquí en adelante, se afirma como parte de una corriente crítica frente a las "ideologías" del progreso, de la racionalización y del universalismo, propias de la modernidad europea. (Vanhulst; Beling, 2013, p. 4)

Dessa forma, o discurso do *buenvivír* oferta um novo olhar para os desafios do desenvolvimento sustentável, o símbolo atual do discurso desenvolvimentista, elaborado para amenizar as críticas que denunciam as deficiências socioambientais e econômicas.

Epistemologicamente, o *buen vivír* poderia ser conceituado como a:

> [...] oportunidad para construir otra sociedad sustentada en la con vivencia del ser humano en diversidad yarmonía con la naturaleza, a partir del reconocimiento de los diversos valores culturales existentes en cada país y en el mundo. (Gudynas; Acosta, 2011, p. 103)

BuenVivíré, neste sentido, a esperança de construirmos uma Pátria Grande de solidariedade continental, que nos una em uma mesma vontade: vivermos felizes, imersos e conectados com a *Pachamama*, que delimitou as fronteiras naturais desta porção de terra antes que qualquer homem tentasse separá-la com dor e sangue.

O *buenvivír*, na visão de JulienVanhulst e Adrian Beling (2013), representa como podemos viver plenamente, sabendo viver em harmonia com os ciclos da Terra, do Cosmos, da vida e da história e em equilíbrio com toda forma de existência em constante respeito. Pois evidencia um equilíbrio necessário, o respeito à vida, não só com a dos seres humanos e sim com todos os seres existentes, conforme salienta Zaffaroni (2011). Quando falamos do *BuenVivír* estamos tratando de um duplo processo de emancipação: a respeito da concepção originária de universo e da reelaboração política e acadêmica, que se constitui como um discurso atual e assume um papel crítico sobre as intenções discursivas do desenvolvimento econômico-tecnológico mundial. A reelaboração acadêmica se faz possível pois possibilita a combinação de potenciais, o "descolonizador o alternativo, el que anima de forma predominante lareflexión intelectual alrededor de este nuevo discurso" (Vanhulst; Beling, 2013, p. 5).

Essa construção do *buenvivír* coaduna com a perspectiva da ética do cuidado, em que tratamos não de uma ética com os outros seres humanos; e sim um compromisso de cuidado do planeta. Dessa forma, o agir bioético não se restringe aos saberes médico e jurídico. Deve, também, se:

> [...] encarregar pela promoção de uma ética do cuidado focado no combate às ameaças das crises sociais e ecológicas que acompanham ao mundo contemporâneo, que como tem-lo planteado. (Cuevas Silva, 2014, p. 10)

Essa concepção ética que dialoga fortemente com a concepção latino-americana de bioética.

Essa concepção do *buenvivír*já foi reconhecida juridicamente em algumas Constituições da América Latina, como o caso do Equador[65] (2008) e da Bolívia[66] (2009), situação que se torna importante, pois esses textos constitucionais avançam no sentido mais próximo de uma ecologia profunda, na qual é reconhecida a personalidade jurídica da natureza. Conforme assenta Zaffaroni (2011), há uma ruptura com a lógica de dominação, em que a natureza se apresenta a serviço do humano, à sua disposição para o seu uso. Realiza uma fratura ainda mais profunda, pois rompe com o conceito científico/racional onde saber se converte em diversas formas de dominação. Demonstra o mesmo autor que nestas constituições há um ecologismo constitucional, pois há a invocação da *Pachamama* e exigem o seu respeito, no qual existe uma regra ética fundamental do *sumakkawsay* (expressão que significa *buenvivír*) que *a fortiori* pode ser conceituada como:

> [...] o pleno vivir y cuyocontenido no esotra cosa que la ética – no la moral individual – que deberegirlaaccióndel estado y conforme a la que tambiéndeben relacionar se las personas entre sí y en especial con la naturaliza. (Zaffaroni, 2011, p. 111)

Como bem vimos, há uma construção de uma ideia de bem comum, que agora abriga não só os seres humanos e sim todos os viventes. Esse imperativo de bem comum demonstra que devemos elaborar novas formas de utilizarmos a natureza e as técnicas. Não há uma ruptura total e sim uma adequação ética do uso, na qual o respeito a todos não humanos e humanos devem norteá-las, pois essas ações implicam nas mais variadas esferas da nossa vida (política, social e econômica) e se apresentam como um freio ao capitalismo. Contra o modelo civilizatório (capitalista/desenvolvimentista), o novo constitucionalismo latino-americano optou:

> [...] por proclamar una convivencia de todos los seres vivientes dentro de Tierra, denunciando coyunturalmenteal fundamentalismo de mercado de las últimas décadas delsiglo pasado, aunque desde una perspectiva mucho más amplia y universal. (Zaffaroni, 2011, p. 113)

---

65. Preâmbulo da Constituição do Equador (2008): o povo soberano do Equador, reconhecendo suas raízes milenares, forjadas por mulheres e homens de diferentes povos, exaltando a natureza, a Pachamama, da qual somos parte e que é vital para nossa existência.
66. Preâmbulo da Constituição da Bolívia (2009): Cumprindo o mandato dos nossos povos, com a fortaleza de nossa Pachamama e, graças a Deus, refundamos a Bolívia.

O *buenvivír* representa uma cultura ancestral de convivência com a natureza, um modelo, uma ética para e com a vida, uma bioética, uma bioética latino-americana, uma identidade frente ao mundo e sua filosofia eurocêntrica. A *Pacha* e seu espírito são um só, embora todos nós participemos dela. Desse modo, se faz necessário que haja cooperação para que consigamos viver em harmonia e em equilíbrio para que possamos *buenvivír*. Destaca Eugenio Zaffaroni (2011):

> [...] pachamama es la natureza y se ofende cuando se maltrata a sus hijos. [...] No impida la caza, la pesca y la tala, pero si la depredación, como buena reguladora de la vida de todos os que estamos en ella. (Zaffaroni, 2011, p. 118)

Fica claro que podemos retirar da natureza os bens necessários à vida, mas sempre respeitando preceitos éticos, respeitando a necessidade, a quantidade e a técnica. Por isso falamos que a bioética latino-americana encontra no *buenvivír* uma expressão concreta de um modelo contra-hegemônico que abarca a realidade sociocultural do nosso continente e nos ensina a pensar alternativas e possibilidade de nos relacionarmos com o planeta, trazendo o viés ético para o centro das relações entre os seres viventes. Ressalta as lutas sociais que os povos latino-americanos vivenciam, demonstrando uma outra forma de se relacionar com a natureza.

Considerações finais

O *buenvivír* se revela como capaz de conectar pontos aparentemente desconexos de uma identidade latino-americana. Tal identidade estaria fundada em sociedades distintas, mas capazes de conviver harmoniosamente, em um pujante ambiente natural. Neste viés, sociedades que não alcançaram o estágio civilizatório ocidental e que nem por isso o almejam. Por tal, é a possibilidade de um modelo menos acelerado de transformação da natureza, capaz de ser sustentável. Por fim, é uma ética para a vida.

BuenVivír é, por fim, a esperança de construirmos uma Pátria Grande de solidariedade continental, que nos una em uma mesma vontade: vivermos felizes e bem imersos e conectados com a *Pachamama*, que delimitou as fronteiras naturais desta porção de terra antes que qualquer homem tentasse separá-la com dor e sangue.

Referências

ACSELRAD, Henri. Ambientalização das lutas sociais: o caso do movimento por justiça ambiental. **Estudos Avançados**, v. 24, n. 68, p. 103-119, 2010.

_____. Apresentação: de "botas foras" e "zonas de sacrifício" – um panorama dos conflitos ambientais no Estado do Rio de Janeiro. In: _____ (Org.). **Conflito social e meio ambiente no Estado do Rio de Janeiro**. Rio de Janeiro: Relume--Dumará, 2004, p. 7-18.

ACSELRAD, Henri; MELLO, Cecília Campello do A.; BEZERRA, Gustavo das Neves Bezerra. **O que é justiça ambiental**. Rio de Janeiro: Garamond, 2009.

ALIER, Juan Martínez. **O ecologismo dos pobres**: conflitos ambientais e linguagens de valoração. São Paulo: Contexto, 2007.

ÁLVAREZ-DÍAZ, Jorge Alberto. ¿Bioética Latinoamericana o bioética en latinoamérica? **Revista Latinoamericana del Bioetica**, v. 12, n. 1, 22. ed., p. 10-27, 2012.

BOURDIEU, Pierre. **O poder simbólico**. 13. ed. Rio de Janeiro: Bertrand Brasil, 2010.

CUEVAS SILVA, Juan María. Bioética: entre la ética del cuidado, la solidaridad y la dignidade. **Revista Latinoamericana de Bioética**, v. 14, n. 2, p. 10-11, 2014.

DUSSEL, Enrique. **Filosofia de la Libertación**. Bogotá: Nueva América, 1996.

FLORES, Joaquín Herrera. **A Reinvenção dos Direitos Humanos**. Florianópolis: Fundação Boiteux, 2009.

GARCÍA ALARCÓN, Rodrigo Hernán. La Bioética en perspectiva Latinoamericana, su relación con los Derechos Humanos y la formación de la consciencia social de futuros profesionales. **Revista Latinoamericana de Bioética**, v. 12, n. 2, p. 44-51, 2012.

GARRAFA, Volnei. Diez años de la Redbioética. **Revista Redbioética**/Unesco, v. 2, n. 8, p. 17-27, 2013.

GILES, Thomas Ransom. **Dicionário de Filosofia**: termos e filósofos. São Paulo: EPU, 1993.

GUDYNAS, Eduardo; ACOSTA, Alberto. El buen vivir o la disolución de la ideia del progreso. In: ROJAS, Mariano (Coord.). **La medición del progreso y del bienestar**. Propuestas desde América Latina. Foro Consultivo Científico y Tecnológico: AC, México, DF, 2011, p. 103-110.

JUNGES, José Roque. Bioética e Meio Ambiente num Contexto de América Latina. **Revista Redbioética**/Unesco, v. 1, n. 9, p. 13-19, 2014.

LATOUR, Bruno. **Jamais fomos modernos**: ensaio de antropologia simétrica. Rio de Janeiro: Ed. 34, 1994.

LEGARDA, Calderón Germán. Uma leitura crítica da bioética latino-americana. In: BARCHIFONTAINE, Christian de Paul de; PESSINI, Leo (Orgs.). **Bioética na Ibero-américa**: História e Perspectivas. São Paulo: Editora Loyola, 2007, p. 329-345.

MARTÍNEZ, Alejandro Rosillo. **Fundamentación de derechos humanos desde América Latina**. San Luis Potosí: Editora Itaca, 2013.

MARX, Karl; ENGELS, Friedrich. **Manifesto Comunista**. São Paulo: Boitempo Editorial, 2007.

MONTIBELLER FILHO, G. **O mito do desenvolvimento sustentável**: meio ambiente e custos sociais no moderno sistema produtor de mercadorias. Florianópolis: EdUFSC, 2001.

Oxfam INTERNACIONAL. **Riqueza**: ter tudo e querer mais. Disponível em: <https://goo.gl/KD6x83>. Acesso em: 5 maio 2015.

OST, François. **A natureza a margem da lei**: ecologia à prova do direito. Lisboa: Instituto Piaget, 1995.

PESSINI, Leo. Bioética na América Latina: algumas questões desafiantes para o presente e futuro. **BIOETNIKOS** – Centro Universitário São Camilo, v. 2, n. 1, p. 42-49, 2008.

PIKETTY, Thomas. **O capital no século XXI**. Rio de Janeiro: Intrínseca, 2014.

RAWLS, John. **O liberalismo político**. 2. ed. São Paulo: Editora Ática, 2000.

SILVA FILHO, Clêncio Braz da. **Educação Ambiental transformadora e bacharelismo**: uma leitura a partir de Pierre Bourdieu. 2012. 279f. Dissertação (Mestrado em Educação Ambiental) – FURG, Rio Grande.

VANHULST, Julien; BELING, Adrian E. Buen vivir: la irrupción de América Latina en el campo gravitacional del desarrollo sostenible. **Revista Iberoamericana de Economía Ecológica**, v. 21, p. 1-14, 2013.

ZAFFARONI, Eugenio Raúl. **La pachamama y el humano**. 1. ed. Buenos Aires: Colibue; Ciudad Autônoma de Buenos Aires: Ediciones Madres de Plaza de Mayo, 2011.

ZEA, Leopoldo. **Discurso desde a marginalização e a barbárie, seguido de A Filosofia latino-americana como filosofia pura e simplesmente**. Rio de Janeiro: Garamond, 2005.

ZHOURI, Andréa. Justiça ambiental, diversidade cultural e accountability: desafios para a governança ambiental. **Revista Brasileira de Ciências Sociais**, v. 23, n. 68, out. 2008, p. 97-194.

WOLKMER, Antonio Carlos. **Pluralismo Jurídico**: Fundamentos de uma nova cultura no Direito. 3. ed. São Paulo: Editora Alfa Omega, 2001.

Título	Pensamento Latino-Americano e Justiça Social:
	Perspectivas Críticas
Organizadores	Cesar Augusto Costa
	José Ricardo Caetano Costa
Assistência Editorial	Paloma Almeida
Capa e Projeto Gráfico	Bruno Balota
Assistência Gráfica	Wendel de Almeida
Preparação	Júlia Francozo
Revisão	Taine Fernanda Barriviera
Formato	16 x 23 cm
Número de Páginas	192
Tipografia	Life BT
Papel	Alta Alvura Alcalino 75g/m^2
1ª Edição	Setembro de 2017

Caro Leitor,

Esperamos que esta obra tenha correspondido às suas expectativas.

Compartilhe conosco suas dúvidas e sugestões escrevendo para:

atendimento@editorialpaco.com.br

Conheça outros títulos em

www.pacolivros.com.br

Publique Obra Acadêmica pela Paco Editorial

Teses e dissertações
Trabalhos relevantes que representam contribuições significativas para suas áreas temáticas.

Grupos de estudo
Resultados de estudos e discussões de grupos de pesquisas de todas as áreas temáticas. Livros resultantes de eventos acadêmicos e institucionais.

Capítulo de livro
Livros organizados pela editora dos quais o pesquisador participa com a publicação de capítulos.

Saiba mais em
www.editorialpaco.com.br/publique-na-paco/

PACO EDITORIAL

Av. Carlos Salles Block, 658
Ed. Altos do Anhangabaú – 2º Andar, Sala 21
Anhangabaú - Jundiaí-SP - 13208-100
11 4521-6315 | 2449-0740
contato@editorialpaco.com.br